GOLDMANN

W0038905

Buch

Junge Mütter fühlen sich nach der Entbindung geschwächt, überfordert, ängstlich, und oft ist in der ersten Zeit die Beziehung zum Partner problematisch. Ihre hohen Ansprüche und Ideale stürzen sie allzuleicht in Depressionen und Schuldgefühle, denn niemand hat ihnen eine realistische Einstellung zum Muttersein vermittelt. All das ist jedoch normal und durchaus zu verarbeiten.

Schwierig wird es erst, wenn die Betroffenen sich nicht an der Wirklichkeit, sondern an einem Mutterbild orientieren, dem keine Frau entsprechen kann. Die Autorin hat mit Müttern und Fachleuten über die Konflikte junger Mütter gesprochen. So ist ein Ratgeber für Frauen entstanden, deren Welt beim ersten Kind ziemlich aus den Fugen gerät. Die Erfahrungsberichte werden durch Stellungnahmen von Fachleuten ergänzt.

Autorin

Regine Schneider, geboren 1954, ging nach dem Studium zu einer Tageszeitung, war dann Redakteurin bei *Brigitte* und ist heute freie Autorin. Von ihr liegen außerdem vor: *Powerfrauen. Die neuen Vierzigjährigen* (Krüger Verlag, Frankfurt 1993), *Schwiegermütter – Schwiegertöchter. Eine schwierige Beziehung* (Krüger Verlag, Frankfurt 1994) sowie *Gute Mütter arbeiten. Ein Plädoyer für berufstätige Frauen* (Krüger Verlag, Frankfurt 1995).

REGINE SCHNEIDER

Oh, Baby...

*Das hatte ich mir
anders vorgestellt:
Erfahrungen von Frauen
beim ersten Kind.*

GOLDMANN VERLAG

Umwelthinweis:
Alle bedruckten Materialien dieses Taschenbuches
sind chlorfrei und umweltschonend.

Der Goldmann Verlag
ist ein Unternehmen der Verlagsgruppe Bertelsmann

Aktualisierte Taschenbuchausgabe Juni 1995
Wilhelm Goldmann Verlag, München
© 1991 Mosaik Verlag GmbH, München
Gruner + Jahr AG & Co, Hamburg
Umschlaggestaltung: Design Team München
Umschlagabbildung: Tony Stone Bilderwelten
Lektorat: Marita Heinz
Herausgeberin: Anne Volk
Satz: IBV Satz- und Datentechnik GmbH, Berlin
Druck: Presse-Druck Augsburg
Verlagsnummer: 13852
ss · Herstellung: Heidrun Nawrot
Made in Germany
ISBN 3-442-13852-3

10 9 8 7 6 5 4 3 2 1

Inhalt

Das hatte ich mir
ganz anders vorgestellt

Ich bin schwanger. Kurz nach meinem 37. Geburtstag entdecke ich es. Obwohl ich mir ein Kind wünsche, bekomme ich weiche Knie. Der Vater und ich haben uns gerade getrennt. Ich bin in eine Stadt 500 Kilometer entfernt gezogen. Habe bei einer neuen Arbeitsstelle angefangen. Einer Stelle, um die ich mich sehr bemüht habe. Bin in der Probezeit. Ein unpassender Zeitpunkt für ein Baby. So hatte ich mir mein Mutter-Werden nicht vorgestellt. Gibt es überhaupt den passenden Zeitpunkt für ein Baby?

Mein Entschluß steht schnell fest. Ich werde dieses Kind bekommen. Notfalls auch ohne Vater. Mein Frauenarzt stärkt mir sehr den Rücken. Er ist selbst gerade Vater geworden.

Zu meinem Lebensplan gehört nicht unbedingt ein Kind. Zu Hause hatte ich immer gehört: Schaff dir keine Kinder an, bau dir dein eigenes Leben auf, mach dich nicht von einem Mann abhängig. Auf der anderen Seite ist da die Sehnsucht nach einem Kind. Ich möchte auf keinen Fall kinderlos alt werden. Ich hätte das Gefühl, etwas sehr Wesentliches im Leben zu verpassen.

Um mich in meiner ersten Unsicherheit zu schützen, gehe ich sehr behutsam mit meiner Schwangerschaft um. Ich spreche nur mit Leuten darüber, von denen ich sicher weiß, daß sie mich vorbehaltlos unterstützen werden. Ich will nicht riskieren, verletzt oder entmutigt zu werden. Die ersten drei Monate sind schwer. Sicher fühle ich mich erst, als der mögliche Zeitpunkt für eine Abtreibung vorbei ist. Ich bin froh, daß mein Frauenarzt mich so engagiert unterstützt.

Im vierten Monat wird die Schwangerschaft schön. Alle wissen es. Verunsichernde Bemerkungen habe ich verkraftet. Der Vater meines Babys wagt einen neuen Anfang. Nachdem die erste Hürde genommen ist, nur eitel Sonnenschein. Alle Zeichen stehen auf glückliche Familie. Die Hormone tun ihr übriges, und ich habe bis zum achten Monat eine euphorische Zeit. Nur rosige Gedanken und Freude auf das Kind. Ich sehe meine Schwangerschaft in sehr verklärtem Licht, habe nur ein Ziel vor Augen: die Geburt. Weiter denke ich nicht. Mein Freund verstärkt die Euphorie, indem er mir pausenlos versichert, wie hübsch und ausgeglichen mich die Schwangerschaft macht. Wir haben eine Wohnung gefunden und ziehen zusammen.

Ab dem sechsten Schwangerschaftsmonat gehen mein Freund und ich gemeinsam zur Geburtsvorbereitung. Welches Bild: Vierzehn Paare hocken verklärt lächelnd ineinander verknäult und sich pausenlos zärtlich streichelnd auf dicken Kissen und Decken. Selige Väter in spe stopfen aufmerksam kleine Kissen in die Rücken ihrer gerundeten Frauen. Seht her, in diesen liebevoll massierten Bäuchen befindet sich die Krönung unseres gemeinsamen Lebens. Das pure Glück.

Ich fordere nachdrücklich ein, noch sensibler gestreichelt zu werden. Ich bin eine Königin. Der Nabel der Welt. Und so will ich vom Vater meines Babys behandelt werden.

Manchmal versucht unsere Geburtsvorbereiterin sanft, uns auf den Teppich zu holen. Erzählt von schwierigen Geburten und von den Strapazen junger Mütter. Sie will unsere schönen Bilder nicht brutal zerstören, aber sie will uns auch nicht unvorbereitet in die Realität entlassen. Sie eckt heftig damit an. »Halt den Mund. Du machst uns ja angst. Du solltest uns lieber Mut machen.« Ich will meine rosigen Phantasien behalten. Und weil ich mir die Geburt nicht vorstellen kann, will ich auch nicht hören, wie hart sie ist. Ich wundere mich nur, daß die Mütter, die ihr zweites Kind erwarten, solche Angst davor haben.

Zu einer Unterrichtsstunde ist eine Mutter mit einem wenige Wochen alten Baby eingeladen, einem Schreibaby. Zwei Stunden kreischt es ununterbrochen. Jeder versucht, es zu beruhigen. Keine Chance. Argwöhnisch schaue ich mir die Mutter an. Es muß an ihr liegen, daß das Baby pausenlos schreit. Das ist doch nicht normal.

Als ich höre, daß der Vater die beiden verlassen hat, ist mir klar: Deshalb ist das Baby so verstört! Kein Wunder. Unser Baby wird nicht so weinen müssen.

Daß die Geburtsvorbereiterin uns häufig rät, wir sollten uns für die erste Zeit viel Hilfe organisieren, kann ich nicht ganz verstehen. Wozu viel Hilfe? Ich bin doch nicht krank. Ich werde doch wohl in der Lage sein, so ein kleines Baby zu versorgen. Ich bin darauf eingestellt, daß das Baby mich auch nachts wecken wird. Aber ich brauche sowieso nicht viel Schlaf. Ich bin darauf eingestellt, daß ich auch tagsüber nicht mehr so viel Zeit für andere Dinge haben werde. Gut, aber irgendwann wird das Kind schlafen. Kleine Babys schlafen sich groß, sagt man. Und sein Vater ist ja auch noch da. Der wird sich nach der Geburt eine Woche freinehmen.

Ich bin überzeugt davon, daß ich eine gute Mutter werde, die alles meistert. Ich werde sensibel auf mein Kind eingehen und alles für es tun. Mein Kind soll ein psychisch stabiler glücklicher Mensch werden. Und ich werde wohl bald wieder fit sein.

Die letzten Schwangerschaftswochen sind sehr beschwerlich. Ich lausche ungeduldig in mich hinein. Eigentlich könnte meine Tochter (das weiß ich durch die Fruchtwasseruntersuchung) schon kommen. Ich habe dick geschwollene Hände und Füße. Wasser. Auch mein Gesicht ist aufgedunsen. Sechs Wochen vor dem errechneten Termin habe ich 40 Pfund zugenommen.

Ich kann mich kaum noch bewegen. Nachts ist jedes Umdrehen eine Qual. Ich schlafe nur noch halb sitzend. Der Sommer ist brüllend heiß. Ich ertrage es nicht mehr, in der Sonne zu sitzen. Die Hitze ist die reinste Tortur. An einem Sonntag morgen um drei Uhr träume ich, ich läge in einem angenehm angewärmten See. Alles sei naß. Ich werde wach. Es ist alles naß. Das Fruchtwasser strömt in Schwällen aus mir heraus. Ich springe auf, wecke meinen Freund. Will noch schnell duschen, drehe den Wasserhahn aber gleich wieder zu. Zu spät. Das Fruchtwasser läuft mir die Beine hinunter. Ich stürze in die letzte Hose, die noch paßt, und schon sitzen wir im

Auto auf dem Weg ins Krankenhaus. Unterwegs die erste richtig schmerzhafte Wehe. O Gott, kommt das Baby etwa gleich? So eine Wehe ist ja die Hölle. Hoffentlich bekomme ich nicht viele davon.

Im Krankenhaus werde ich sofort ans CTG (den Wehenschreiber) angeschlossen. Meinem Baby scheint es gutzugehen. Die Herztöne sind in Ordnung. Was ist denn jetzt überhaupt? Wie geht es weiter? Was soll ich machen? Wie lange wird es dauern? Das interessiert mich am meisten, denn die Wehen finde ich tierisch. Der Muttermund ist erst zwei Zentimeter weit auf. Mein Freund wird noch mal nach Hause geschickt. Er soll ordentlich frühstücken, damit er den Tag übersteht. Ich bitte ihn ängstlich, schnell wiederzukommen.

Es hat mir noch keiner gesagt, wie das jetzt weitergeht. Die Hebamme rät: »Gehen Sie den Krankenhausflur auf und ab.« Das mache ich unter großem Stöhnen. Ich schleppe mich den langen kahlen Gang mit dem häßlichen Linoleumfußboden hin und her. Wenn eine Wehe kommt, halte ich mich am nächsten Türpfosten oder Stuhl fest und versuche, den Schmerz wegzuatmen. Das gelingt mir aber nicht. Ich fühle mich unendlich verlassen. Die Hebamme und die Schwestern sind entweder verschwunden oder huschen nur schnell vorbei. Völliges Desinteresse! Ich bekomme mein erstes Baby, und keinen kratzt das hier. Ich kenne niemanden, und mich will auch niemand kennenlernen. Ich soll hier nur mein Baby heil aus dem Bauch bringen. Alle fünf Minuten sehe ich auf die Uhr. Hoffentlich kommt mein Freund gleich wieder. Das dauert ja ewig.

Ich fühle mich, als hätte man mir den Boden unter den Füßen weggezogen. Habe so viele Fragen. Würde sich doch einer etwas Zeit für mich nehmen. Dann ginge es mir sicher besser. Dann könnte ich besser mit dieser Situation umgehen. Irgendwann antwortet jemand auf meine -zigste Frage, wie lange es denn noch dauern werde: »Bei Erstgebärenden rechnet man durchschnittlich mit zwölf Stunden.« Da bin ich gerade drei Stunden da. Wie soll ich die Schmerzen so lange aushalten?

Als mein Freund zurück ist, bin ich soweit, daß ich ein Schmerzmittel haben will. Los, gebt mir jetzt sofort ein Schmerzmittel. Ich halte das ohne nicht mehr aus. Das ist ja Wahnsinn. Im Kreißsaal schreit eine Frau. Erschütternd. Ich bekomme eine Gänsehaut. Die Hebamme läßt sich Zeit mit dem Schmerzmittel. Ich werde aggressiv. Krümme mich. Endlich kommt sie mit einer Tablette. Die wirkt aber kaum noch. Lächerlich. Wie ein Tropfen auf einen heißen Stein. Ich bin wütend. Nach einer Stunde will ich etwas Stärkeres. Die Wehen sind noch mal schlimmer geworden. Ich kann nicht mehr stehen. Das ist ja mörderisch. Mir ist langsam alles egal. Ich will nur noch die Schmerzen weghaben. Ich komme in den Kreißsaal. Die Hebamme läßt ein heißes Bad ein. Darin soll ich mich entspannen. Gut, ich versuch's. Aber ich kann mich nicht mehr richtig entspannen. Ich bin total verkrampft. Kaum sitze ich im Wasser, will ich wieder raus. In nichts als einem hellgrünen Krankenhauskittel mit einem Bändchen am Rücken, der nicht mal richtig den Hintern bedeckt, werde ich auf den Geburtsstuhl gelegt.

Ich werde verkabelt. An den Wehenschreiber angeschlossen. Mein Kind bekommt eine Sonde ans Köpfchen. Mein Freund einen Stuhl neben das Entbindungsbett. So läßt man uns allein. Stunden. Ich bin so fertig, daß ich nur noch wimmere. Irgendwann schütteln mich die Wehen derartig, daß ich nach einer Rückenmarksspritze schrie. Ich habe überhaupt keine Beherrschung mehr. Ich schreie, stoße wilde Flüche aus, schimpfe. So habe ich mich noch nie erlebt. Ich habe das Gefühl, die Wehen reißen mich in Stücke. Die Hebamme schreit zurück, aber das nehme ich kaum wahr. Nach einer weiteren Stunde bekomme ich endlich die erlösende Spritze. Nachdem ich mich zehn Stunden in Schmerzen gewunden habe. Der Muttermund ist neun Zentimeter auf. Jetzt kann es nicht mehr lange dauern.

Aber die Betäubung wirkt so stark, daß ich nicht nur – wie beabsichtigt – in den Beinen und im Unterleib gefühllos werde. Die Wehentätigkeit läßt nach. Gerade jetzt, wo das Baby kommen soll. Der Professor wird gerufen. Er untersucht mich. »An den Wehentropf anschließen.« Der Muttermund ist auf, und es tut sich nichts mehr.

Infektionsgefahr. Der Professor beschließt: Noch eine Viertelstunde. Dann holen wir das Baby mit der Zange.

Das ist wie eine Ohrfeige. Mein Baby eine Zangengeburt. Ich mobilisiere meine letzten Kräfte und protestiere heftig. Das Bild eines Kindes mit schrecklich verbeultem Kopf taucht auf. Furchtbar. Das tue ich meiner Tochter nicht an. Lieber lasse ich mich in Stücke schneiden. Aber keine Zange. Darauf bin ich nicht vorbereitet. Das will ich auf keinen Fall. Der Professor gibt mir eine letzte Chance – so nennt er das: »Wenn eine Wehe kommt, mit aller Kraft pressen.« Mein Freund soll mir den Kopf auf die Brust drücken. Die Hebamme und der Arzt werfen sich auf meinen Bauch. Aber ich habe keine Kraft mehr. Nichts tut sich.

In diese Phase fällt ein Hebammenwechsel. Die neue Hebamme ist sichtlich schlecht gelaunt, ungeduldig und hat offensichtlich nicht die geringste Lust, mir in irgendeiner Weise behilflich zu sein. Das ist absolut entmutigend. An der Zange geht jetzt kein Weg mehr vorbei. Ich habe auch keine Kraft mehr, mich zu wehren. Man verspricht mir, mein Kind nicht zu berühren, sondern nur den Geburtskanal zu weiten. Die nächste Wehe wird abgewartet. Die Hebamme donnert Kommandos in den Kreißsaal. Dann ist meine Tochter da. Sie schreit sofort laut und kräftig.

Ich höre sie schreien, bevor ich sie sehe. Dann liegt ein kleines warmes, von Käseschmiere weißes Bündel auf meiner Brust und sieht mich mit weitgeöffneten tiefblauen Augen durchdringend an. Dieser Blick, so intensiv und allwissend. Wie ein Ungeheuer, durchzuckt es mich. Der Blick macht mir angst. Ich bekomme plötzlich eine Ahnung davon, was es bedeuten könnte, für so ein kleines Wesen verantwortlich zu sein. Nun ist die Stunde Null, die Geburt, vorbei. Und jetzt? Statt des puren Glücksgefühls ist da eine Mischung aus Erschöpfung, Angst und Unsicherheit. Es geht etwas Bedrohliches von meiner Tochter aus. Etwas, das mich ahnen läßt, daß sich mein Leben grundlegend verändern wird. Es ist noch so unwirklich. Mein Kind auf meinem Bauch ist irgendwie überwältigend. Ein Wust von nicht klar zu definierenden Gefühlen.

Noch ehe ich Klarheit in meine Gedanken bekomme, grapscht die unfreundliche Hebamme ohne Vorwarnung das klitzekleine Bündel von meinem Bauch. Halt, ich möchte mein Baby noch berühren – aber sie ist schon verschwunden, und ich höre Selmas quäkiges Weinen. Ihr Vater ist auch verschwunden.

Ich werde genäht und gewaschen. Ich bin fix und fertig, und alles zieht wie in einem Film an mir vorüber. Ich liege völlig ermattet da. Und frustriert. Wie lieblos das abgelaufen ist. Wie eine Operation.

Als wir medizinisch versorgt sind, läßt man uns allein. Man stellt uns ein Telefon in den Kreißsaal. Weder Selmas Vater noch ich wollen telefonieren. Die Atmosphäre ist nicht so, daß wir jetzt nach außen glückliche Familie demonstrieren wollen. Der Professor hat übrigens Wort gehalten. Nur ein klitzekleiner roter Fleck an Selmas Stirn läßt die Zange merken. Meine Tochter hat ein wohlgeformtes schönes, vom Geburtskanal gerundetes Köpfchen. Der Fleck ist am nächsten Tag verschwunden.

Eine medizinisch einwandfreie Geburt. Ist das für die Ärzte eine schöne Geburt? Ist das der schönste Augenblick im Leben einer Frau? Ich habe irgendwie das Gefühl, eine wehleidige Versagerin zu sein. Wieso können andere Frauen ihre Kinder ohne Rumschreien und ohne schmerzstillende Mittel zur Welt bringen und ich nicht? Ich erzähle niemandem, daß Selma eine Zangengeburt ist. Denn ich habe das Gefühl, damit gäbe ich mein persönliches Versagen zu. Es nagt an meinem Selbstwertgefühl.

Gegen Abend komme ich auf die Wöchnerinnenstation. Selmas Vater will von zu Hause aus alle informieren. Mein kleines Mädchen wird mir von der Kinderschwester abgenommen. Es müsse über Nacht zur Beobachtung im Babyzimmer bleiben. Kein Wort von verschiedenen Rooming-in-Systemen, wie der Professor beim Einführungsabend lang und breit erzählt hatte. Ich werde weder informiert noch gefragt. Da liege ich nun.

Das Wochenbett habe ich mir so vorgestellt: Ich bleibe eine Woche im Krankenhaus, um mich zu erholen. Die Schwestern bringen mir bei, wie man ein Baby füttert und pflegt. Ins Krankenhaus sollen auch Verwandte, Bekannte und Freunde kommen, um sich Selma anzusehen. Später, zu Hause, vertraut mit der Babypflege, will ich dann meine Ruhe haben.

Der Aufenthalt im Krankenhaus wird keine Erholung, sondern eine Tortur. Und er trägt überhaupt nicht dazu bei, mich zu einer sicheren, glücklichen Mutter zu machen. Im Gegenteil. Ich fühle mich verunsichert und als Unmündige behandelt. Ich werde in keine Entscheidung einbezogen. Mir wird nichts erklärt. In kurzangebundenem Befehlston werde ich in die Krankenhausroutine eingewiesen. Ohne Warum und Wieso.

Obwohl ich völlig erschöpft bin, kann ich in der Nacht nach Selmas Geburt nicht schlafen. Mein Zimmer liegt dem Säuglingszimmer gegenüber, und ich höre dauernd Babys schreien. Ist es Selma? Ich möchte zu ihr. Ich möchte mein kleines Mädchen in die Arme nehmen. Um Mitternacht halte ich es nicht mehr aus. Ich gehe hinüber. Die Schwester im Babyzimmer ist unfreundlich. Sie herrscht mich an: »Können diese Mütter denn gar keine Ruhe geben?« Ich fühle mich zu schwach, um mich zu wehren. Lassen hier denn alle ihre schlechte Laune an den geschwächten Müttern aus? Oder stelle nur ich mich so an? Bin ich überempfindlich?

Um fünf Uhr morgens werden die Betten gemacht. Ich bin gerade eine halbe Stunde eingenickt. Eine Stunde später wird Selma in mein Zimmer geschoben. Wie schön, sie endlich bei mir zu haben. Ich fühle mich gerädert. Ich nehme Selma in mein Bett und sehe sie einfach nur an. Was für ein lebhaftes Mienenspiel sie hat. Obwohl ihre Augen geschlossen sind. Manchmal verzieht sie das Mündchen, als ob sie weinen wollte, und dann wieder lächelt sie so selig und süß. Ich würde gerne wissen, woran sie denkt. Ich kann mich nicht an ihr sattsehen. Ich bin richtig verliebt und möchte mit ihr allein sein. Sie in Ruhe halten und anschauen. Ich möchte meine Tochter kennenlernen.

Aber ich werde ständig gestört. Selma wird zum Waschen und Wickeln abgeholt. Ich muß Fieber messen, Frühstück kommt, Visite. Ich muß ein Sitzbad nehmen, und das Telefon fängt an zu läuten. Es hört nicht wieder auf. Kaum liegt der Hörer auf der Gabel, ruft der nächste an. Alle wollen gratulieren. Alle freuen sich mit mir. Alle meinen es gut. Ich fühle mich völlig gestreßt. Ich komme nicht dazu, meine Tochter kennenzulernen.

Irgendwann knallt mir eine Schwester ein Milchfläschchen in einem Flaschenwärmer auf den Nachttisch. Keine Erklärung. Was soll das? Ich will doch stillen. Ich ignoriere das Fläschchen. Meine Brüste werden immer praller, aber es kommt keine Milch. Man erklärt mir, mit fünf Pfund sei meine Tochter so klein, daß ich entweder ganz schnell Milch haben muß oder man zufüttern wird. Das setzt mich unter Druck. Ich will nicht, daß zugefüttert wird.

Auch in der nächsten Nacht schlafe ich nicht. Bin total überdreht. Ein Ohr im Babyzimmer, wo ein Baby permanent schreit. Ich bin überzeugt, es ist Selma. Natürlich ist sie es nicht. Der zweite Tag ist nicht besser als der erste. Keine Zeit für Selma und mich. Untersuchungen, Anrufe, Besuche. Meine Brust noch praller. Ich muß meine Tochter vor jedem Stillen wiegen. Knapp zehn Gramm hat sie getrunken. Niederschmetternd. Ich habe nicht den Eindruck, daß meine Tochter hungrig ist, aber man sagt mir, sie muß trinken. Eine Kinderschwester kommt mit einem Fläschchen. Sie greift mein Baby wie eine Gans, die man stopft, und würgt dem kleinen Würmchen die Flasche in den Hals. Kaum ist sie leer, erbricht Selma den gesamten Inhalt. Das ist zuviel. Ich protestiere mit Tränen in den Augen. Sage, daß ich das für absolut unnötig und eine Quälerei halte. Bekomme zur Antwort, daß es mir wohl lieber sei, mein Kind käme an den Tropf. Wenn sie noch ein paar Gramm abnähme, könne ich sie in der Kinderklinik besuchen. Wo bin ich hier gelandet? Wo bleibt unsere menschliche Würde? Ich werde immer frustrierter. Nachmittags steht eine Pumpe neben meinem Bett. Mir ist die Logik nicht klar. Was soll ich damit, ich will doch stillen?

Ich habe als Zimmernachbarin eine Frau mit einem kleinen Jungen bekommen. Wenn Selma ruhig ist, schreit er. Immer mehr dicke Blumensträuße. Ich habe keine Augen für Blumen. Ich habe nur

Augen für meine Tochter. Ich möchte endlich eine glückliche Mutter werden. Ich bin aber eine absolut verunsicherte, genervte und frustrierte Mutter.

Dritter Tag: Besucher kommen. Jede Menge. Sie wollen Selma sehen. Strecken, ohne zu fragen, die Hände nach ihr aus. Das ertrage ich nicht. Ich wage selbst noch kaum, sie anzufassen. Mein Baby ist kein Allgemeingut. Wißt ihr nicht, daß man Neugeborene nicht einfach anfaßt? Selma ist mein Baby. Nur ich darf sie berühren.

Jeder, der sich Selmas Bettchen nähert, versetzt mich in Alarmzustand. Ich komme mir vor wie eine Löwenmutter, deren Jungem sich ein Jäger nähert. Ich entwickele einen richtigen Beschützerinstinkt. Selmas Vater muß allen Leuten sagen, daß sie Selma nicht anfassen dürfen. Ist das normal? Nur wenige haben Verständnis. Ich spüre zum ersten Mal, daß man mich für überdreht hält. Bin ich's wirklich? Bin ich unnormal? Verlange ich zuviel Nachsicht? Ich bin so unglücklich. Wie gerne würde ich den Erwartungen entsprechen. Man erwartet eine strahlende Mutter, die sich über jeden Besuch freut und glücklich ihr Kind vorzeigt. Ich bin eine überreizte Mutter, die gar keinen Besuch haben will. Warum gibt mir keiner Zeit, mich umzustellen? Das Leben hat sich um 180 Grad gedreht, aber ich soll weiter so funktionieren wie bisher. Es geht mir immer schlechter.

Meine Brüste sind schwer, prall und rot. Ich bestehe darauf, daß sie angesehen werden. Ich habe Glück. Eine Schwester nimmt sich Zeit für mich. Das erste und einzige Mal in diesem Krankenhaus. Sie massiert die ganze Milch aus meiner Brust. Sie macht kalte Umschläge und erklärt mir, wie das Stillen besser klappt. Ich bin dieser Schwester so dankbar. Sie hat mich vor einer Brustentzündung gerettet. Wie gut, daß gerade sie Dienst hatte. Muß man im Krankenhaus Glück haben?

Nach vier Tagen sitze ich im Bett und heule von morgens bis abends. Keiner nimmt mich ernst. Die Schwestern kennen das: Babyblues. Außerdem sind sie überlastet. Pflegenotstand. Der Kinderarzt untersucht Selma. Ich möchte sie ihm aus den Händen reißen und schreien: Fassen Sie mein Baby nicht so grob an. Ich stehe neben ihm, und die Tränen laufen nur so. Auch er nimmt mich nicht ernst. Streift mich nur mit einem mitleidigen Blick. Ich will hier keinen Tag länger bleiben. Am fünften Tag darf ich endlich raus.

Gerädert von schlaflosen Nächten, frustriert davon, wie ich mich im Krankenhaus habe behandeln lassen, überreizt von Anrufen und Besuchen und mit schlechtem Gewissen, weil ich keine glückliche Mutter bin, komme ich nach Hause. Ich fühle mich hundsmiserabel. Komme mir vor wie durch die Mangel gedreht. Physisch und psychisch erschöpft. Was ich mir im Krankenhaus habe gefallen lassen, lastet schwer auf meiner Seele. Schon wieder versagt. Ich fühle mich völlig unfähig. So hatte ich mir das nicht vorgestellt.

Ich habe die Hoffnung, mich zu Hause ausruhen zu können. Es wird kein Besuch kommen. Selmas Vater hat eine Woche frei, um sich um uns zu kümmern. Ich sinke aufs Sofa. Aber ich spüre nicht die erwartete Erleichterung, sondern einen plötzlichen Druck, der sich schwer auf meinen Brustkorb legt und mir die Kehle zuschnürt. Ich habe auf einmal das Gefühl, ich bin völlig unfähig, mein Kind zu versorgen. Wie soll ich das alles schaffen? Diese Riesenverantwortung. Von mir hängt ein Leben ab. Meine Tochter ist mir hilflos ausgeliefert, und wenn ich etwas falsch mache, muß sie darunter leiden. Ich kann nicht mehr sagen: »Ich will lieber doch kein Kind.« Ich habe keine Wahl mehr. Nebenan liegt meine Tochter, und wenn sie schreit, hat sie Hunger, dann muß ich sie stillen. Das kann mir keiner abnehmen.

Und wenn ich in Ohnmacht falle? Plötzlich bekomme ich Angst, daß ich in Ohnmacht falle. Und wenn ich jetzt völlig zusammenbreche und zu nichts mehr zu gebrauchen bin? Wie ich's auch drehe und wende, ich kann mich nicht drücken. Es geht kein Weg dran vorbei: Selmas Leben hängt von mir ab. Das haut mich um. Ich sitze schweißnaß auf dem Sofa und heule: »Ich kann Selma nicht versorgen, ich schaffe das nicht.« Selmas Vater nimmt mich in den Arm. Er will mich trösten: »Mensch, sieh doch mal, was du in deinem Leben schon alles geschafft hast, da wirst du dieses bißchen wohl auch noch schaffen.« Dieses »bißchen«! Warum hat mich keiner besser auf dieses »bißchen« vorbereitet? Warum hat mir keiner gesagt, was da auf mich zukommt? Oder haben andere Mütter nicht solche Probleme? Bin ich besonders kompliziert und unfähig? Ich wühle in den vielen Büchern, nach denen ich mich so gut vorbereitet hatte. Da steht was von »total erschöpfter Mutter« und: »Es ist schwierig, plötzlich Mutter zu sein.« Allerdings. – Aber alle diese Sätze hören sich harmlos an. Gar kein Vergleich zu dem, was ich jetzt empfinde. Es ist nicht nur schwierig: Ich fühle mich aus den Angeln gehoben. Es haut mich um. Ich habe die Fassung verloren. Ich bin völlig aus dem Gleichgewicht. Und ich habe das Gefühl, ich bin die einzige Mutter auf der Welt, die es nicht packt, ihr Baby zu versorgen.

An Ausruhen jedenfalls ist gar nicht zu denken. Schon deshalb nicht, weil ich bei jedem Ton, den Selma von sich gibt, zusammenzucke, als hätte mich ein elektrischer Schlag getroffen. Diese Antenne, die eine Mutter zu ihrem Kind hat! Wie ein Motor, der nicht abzuschalten ist. Jeder Schrei Selmas geht mir durch Mark und Bein. Alle paar Minuten renne ich zu ihrem Bettchen und sehe nach, ob sie in Ordnung ist. Schlaf streiche ich erst mal. Das wußte ich vorher. Es ist auch nicht nur der Schlafentzug, der mich fertigmacht. Es ist dieses »Anders-gepolt-Sein«. Der totale Draht zu Selma läßt mich nicht zur Ruhe kommen. Sind das die Hormone? Ich empfinde es wie Folter, fühle mich an meinen physischen und psychischen Grenzen.

Das schlimmste ist, daß ich mit alledem so unendlich allein bin. Bin ich normal? Geht es anderen Müttern auch so? Ich rufe zwei Frauen aus dem Geburtsvorbereitungskurs an. Die zwei scheinen glückliche Mütter zu sein. Das zieht mich noch mehr runter. Die anderen schaffen es. Ich nicht.

Ich komme nicht darauf, mir Hilfe zu besorgen. Selma schläft viel weniger, als ich mir vorgestellt hatte. Zweimal am Tag eine halbe Stunde. Wenn sie wach ist, will sie beschäftigt werden. Wenn ich etwas anderes machen will, schreit sie. Sie schreit viel mehr, als ich erwartet hatte. Besonders abends. Manchmal bin ich völlig verzweifelt. Meine Vorstellung ist: Ich darf sie auf keinen Fall schreien lassen. Es soll ihr immer gutgehen. Ich weiß aus meinen Büchern, daß Babys kein Urvertrauen entwickeln, wenn man sie schreien läßt. Also renne ich jedesmal hin, wenn sie nur »pieps« sagt. Von Zeit zu Zeit bekomme ich zu hören: »Du mußt sie auch mal schreien lassen.« Das empört mich, und ich denke: Ihr habt keine Ahnung von der Seele eines Kindes.

Alle zwei Stunden will Selma gestillt werden und hängt dann eine Stunde an meinem Busen. So bin ich den ganzen Tag damit beschäftigt, mein Kind zufriedenzustellen. Sobald sie schläft, hetze ich, um zu duschen, mich anzuziehen und die liegengebliebenen Dinge zu erledigen. Alles geht mir schwer von der Hand. Selbst die einfachsten Sachen werden zu kaum zu bewältigenden Problemen. Jeder Einkauf wird eine gründlich vorzubereitende Expedition. Eine Planungsleistung ersten Ranges. Selma muß satt, trocken und zufrieden sein. Fängt sie im Supermarkt an zu schreien, hetze ich wie ein kopfloses Huhn zur Kasse und schnell nach Hause.

Ich wage nicht, mich mit einer Freundin im Café zu verabreden. Denn immer, wenn der Kinderwagen steht, wird Selma wach und schreit. Dann kann ich nicht in Ruhe sitzen bleiben und Kaffee trinken. Unsere einzige Abwechslung sind Spaziergänge an der Elbe. Dabei starre ich ununterbrochen in den Kinderwagen. Ich kann mich nicht erinnern, in dieser Zeit je ein vorbeifahrendes Schiff registriert zu haben. Ich bin ausschließlich mit meinem Kind beschäftigt.

Ich will eine gute Mutter sein, die alles für ihr Kind tut. Ich möchte heiter dabei sein und ausgeglichen. Statt dessen bin ich völlig verkrampft und frage mich ständig: Mache ich auch alles richtig? Oft stehe ich weinend vor der Wickelkommode und sage zu Selma: »Es tut mir so leid, daß du keine lustige Mama hast.« Ich opfere mich auf und habe doch das Gefühl, eine schlechte Mutter zu sein.

Dann merke ich: Ich kann nicht mehr mit Selma auf den Balkon gehen. Mich überfällt die Phantasie, ich würfe mein Kind über die Brüstung. Panik. Ich klammere beide Arme fest um Selma und stürze zurück ins Wohnzimmer.

Angst. Was für furchtbare Gedanken. Wäre ich in der Lage, mein Kind umzubringen? Oder sind das nur absurde Phantasien? Wie kommen solche Gedanken in meinen Kopf? Bin ich jetzt reif für die Klapsmühle? Ich suche verzweifelt in meinen Büchern und finde: »Es kann völlig normal sein, wenn du kurz nach der Geburt wegen jeder Kleinigkeit weinst, verzweifelt bist und Angst hast, daß du es nie schaffst, dein Baby zu versorgen...« Aber Selma ist bald vier Wochen alt. Ist das noch »kurz nach der Geburt«??

Mir ist schwindelig. Ich gebe nur noch. Meine eigenen Bedürfnisse zählen überhaupt nicht mehr. Ich fühle mich ausgepowert. Ich habe niemanden, bei dem ich auftanken könnte. Das hatte ich von Selmas Vater erwartet. Ich hatte erwartet, daß er mich auffängt. Daß er mir hilft und mich stützt. Statt dessen fühle ich mich auch von ihm gefordert. Ich fühle mich nicht von ihm entlastet, sondern zusätzlich belastet. Ich empfinde ihn als verständnislos und unzuverlässig. Sieht er denn nicht, wie mir alles über den Kopf wächst?

Nein. Ich habe den Eindruck, daß er verwundert registriert, wie seine lebenstüchtige Freundin bei der natürlichsten Sache der Welt versagt. Er kann nicht glauben, daß ich nicht schaffe, was Millionen Frauen vor mir geschafft haben: ein Baby zu versorgen. So eine Kleinigkeit. Ich entspreche überhaupt nicht dem Bild, das er sich von einer Mutter macht. Seiner Meinung nach müßte ich strotzen vor Glück und Zufriedenheit. Statt dessen bin ich schlecht gelaunt, weinerlich, hysterisch. Er hält mich für völlig überdreht.

Ich bin verzweifelt, daß er mich nicht versteht. Ich fühle mich noch mehr wie eine Null. Warum fängt er mich nicht auf? Warum nimmt er mich nicht in den Arm und hilft mir? Ich habe das Bedürfnis, behütet und beschützt zu werden. Warum merkt er das nicht? Kann mich niemand begreifen? Ich fühle mich so entsetzlich unverstanden.

Früher haben wir jedes Problem lang und breit diskutiert. Das geht jetzt nicht mehr. Selma läßt uns keine Zeit dafür. Unsere Beziehung wird immer schlechter. Ich schreie ihm nur noch bittere Vorwürfe entgegen. Er ist dauernd gekränkt und zieht sich schweigend zurück. Er fühlt sich von mir unter Druck gesetzt. Ich fühle mich im Stich gelassen. Schreit er mal zurück, flippe ich ganz aus. Die Fetzen fliegen. Einmal stelle ich seine Sachen vor die Tür. Immer öfter fällt das Wort Trennung. Dazu kommen schlaflose Nächte. Abends falle ich todmüde und erschöpft ins Bett. Aber mein Kopf bleibt wach. Der Schlaf will nicht kommen. Ich zermartere mein Hirn. Warum kann ich nicht schlafen? Ich müßte doch schlafen können wie ein Stein. Ich bin halbtot vor Müdigkeit. Ist es der Streß? Die totale Erschöpfung? Es ist grausam. Es ist wie Folter.

Mit eiserner Disziplin gelingt es mir, trotz allem weiter zu funktionieren. Niemand scheint mir etwas anzumerken. Ich gehe sogar stundenweise wieder arbeiten. Das tut mir gut. Weil es etwas Gewohntes, Vertrautes ist. Bekanntes Terrain nach diesem gefühlsmäßigen Ausland.

Zwei- oder dreimal in dieser Zeit passiert es mir, daß ich eine unsägliche Wut auf Selma bekomme, als sie nicht aufhört zu schreien. Einerseits möchte ich sie würgen. Andererseits vergehe ich deswegen vor Schuldgefühlen. Zweimal lasse ich sie mit wütendem Schwung in ihr Bettchen sausen und fluche dabei laut und heftig. Selma weint noch mehr, wenn sie meinen Zorn spürt. So geht es nicht. Ich muß eine andere Lösung finden. Ich gewöhne mir an, im Auto laut zu schreien, wenn der Druck zu stark wird. Zwar weiß ich theoretisch, daß es Mütter gibt, die einen Haß auf ihr Kind bekommen. Aber es ist trotzdem schwer, damit fertig zu werden. Eine gute Mutter darf keinen Haß spüren. Mütter müssen lieb sein. Immer.

Als Selma dreieinhalb Monate alt ist, werden wir zum ersten Mal zu dritt eingeladen. Zum Abendessen. Mit zwei kinderlosen Paaren. Sekt. Small talk. Lachen über ein Filmprojekt. Witzchen. Interessiert mich alles nicht. Mir fällt kein Small talk ein. Mir fällt überhaupt kein Wort ein, das hier passend wäre. Mir ist unbehaglich. Ich komme mir blöd vor. Schweige. Alle plaudern locker. Ich sitze verklemmt auf dem Sofa und kann nicht mithalten. Was mich jetzt interessieren würde, wäre: Wie stillt man ab? Ich habe mich nämlich entschlossen abzustillen. Weil ich mich so ausgesaugt fühle. Natürlich habe ich wieder ein schlechtes Gewissen. Stillen ist in! Die Mütter um mich herum werden ihre Kinder wenigstens ein Jahr stillen. Man weiß ja, Muttermilch ist das Allerbeste und durch nichts zu ersetzen. Ich kann aber nicht mehr. Jetzt wurde ich gerne wissen: Muß Selma meine Brust bis zum letzten Tropfen leertrinken? Oder kann sie einen Rest Milch darin lassen? Das steht nicht in meinem Stillbuch, und ich wurde gerne darüber reden. Und fragen, wie das Abstillen für andere Mütter war. Wie lange es gedauert hat, und ob noch mal ein Babyblues kommt. Ich quäle mich durch den Abend. Habe das Gefühl, alle amüsieren sich. Bloß ich stehe außerhalb. Schließlich wird »Trivial persuit« gespielt. Entsetzlich. Ich bin mit meinen Gedanken ganz woanders. Stelle mich so blöd an, daß mein Partner ärgerlich wird. Nein, hier gehöre ich im Moment überhaupt nicht hin. Ich bin froh, als Selma zu schreien anfängt. Ein Grund zu gehen. Nichts ist mehr so, wie es vorher war. Geht es anderen Müttern auch so?

Mit der Zeit tut sich eine Kluft auf zwischen den meisten meiner kinderlosen Bekannten und mir. Sie können nicht verstehen, daß Selma mich rund um die Uhr fordert. Daß für nichts mehr Zeit bleibt. Nicht mal zum Telefonieren. Ich versuche, das zu erklären. Aber ich merke, sie halten mich für eine Übertreiberin. Denken, das Problem läge bei mir. Glauben, das Kind sei nur ein Vorwand. Können nicht nachvollziehen, warum ich ständig Selma im Kopf habe. Ihr guter Wille, mich zu tolerieren mit meinen neuen Eigenheiten, meinen Veränderungen, weicht einer immer größer werdenden Verständnislosigkeit. Das muß doch mal aufhören. Die muß doch irgendwann wieder normal werden. Es gibt auch offene Beschwerden.

Ich fühle mich mißverstanden. Ich komme mir vor, als müsse ich mich rechtfertigen. Aber wofür soll ich mich rechtfertigen? Dafür, daß meine Tochter mein bisheriges Leben über den Haufen geworfen hat? Daß ich nach neuen Regeln leben muß? Das sehe ich nicht ein. Ich begreife, daß es Dinge gibt, die man nicht erklären kann. Und registriere mit Bedauern, daß sich Wege trennen. Es gibt tatsächlich Dinge, die kann man nur mit Müttern teilen. Die verstehen nur Mütter.

Vier Monate nach Selmas Geburt gehe ich in die Therapie. In der Überzeugung, eine totale Versagerin zu sein. Nach wie vor voller Schuldgefühle und Selbstzweifel. Mit glücklich lächelnden Reklamemüttern habe ich nichts gemein. Weder kann ich dauernd selig lächeln, noch bin ich schlank, attraktiv und vorteilhaft geschminkt. Nur hastig geduscht, ohne vernünftigen Haarschnitt, immer voller Breiflecken und noch viel zu dick. Ich bin überzeugt, ich bin die einzige Mutter auf der Welt, die so schlecht klarkommt.

Es ist eine unvorstellbare Erleichterung für mich, als ich von meiner Therapeutin erfahre, daß es auch anderen Müttern so geht. Daß ich mich in einer Krise befinde, die auch andere Mütter erleben. Aber warum weiß ich nichts davon? Sie sagt: »Die Krise nach der Geburt ist tabu. Darüber spricht man nicht.« Später lese ich in einem Vorwort von Doris Reim, der Herausgeberin des Buches »Frauen berichten vom Kinderkriegen«: »Ein Thema, das fast so wie Sterben und Tod tabuisiert ist.« Es dauert eine ganze Weile, bis ich das richtig begreife.

Was mich im Moment am meisten ängstigt: Warum kommen diese schrecklichen Gedanken, wenn ich mit Selma auf den Balkon will? Die Therapeutin erklärt mir: Was mich Selma über die Balkonbrüstung fallen lassen will, sei das Kind in mir (siehe auch Seite 126). Es melde sich, weil es zu kurz komme. Mir fällt ein Stein vom Herzen. Was ich für klapsmühlenreif gehalten habe, ist erklärbar. Ich kann es verstehen.

Ich wage nun, offen über meine Probleme zu reden. Und erfahre von einer Kollegin, sie hätte in den ersten Wochen nach der Geburt ihrer Tochter einen großen Bogen um jedes Gewässer gemacht. Sie hatte Angst, den Kinderwagen ins Wasser zu stoßen. Eine Mutter aus der Krabbelgruppe erzählt von Messerphantasien im Zusammenhang mit ihrem Sohn. Eine Bekannte spricht von Aggressionen, die sie gegen ihr Kind empfand.

Plötzlich bin ich nicht mehr allein. Es gibt Frauen, die kennen meine Sorgen. Die halten mich nicht für übergeschnappt. Und ich erfahre, andere Mütter sind auch nicht perfekt und auch nicht nur glücklich.

Die erste große Hürde, die ich mit Unterstützung meiner Therapeutin nehme: Ich begreife langsam, daß ich etwas für mich tun muß. Nur wenn ich Kraft tanken kann, kann ich auch wieder geben. Ich lerne, daß ich das Recht habe, die Verantwortung für mein Kind zeitweise zu delegieren. Das fällt mir schwer. Eine gute Mutter hat schließlich immer für ihr Kind da zu sein. Vor allem, wenn es noch so klein ist.

Halbherzig organisiere ich für einmal die Woche abends einen Babysitter. Damit ich zum Rückbildungs-Yoga gehen kann. Überzeugt hat mich meine Therapeutin noch nicht so richtig. Die erste Yogastunde kann ich nicht genießen. Die Sorge um Selma sitzt mir im Nacken. Alle Gedanken sind bei ihr. Wird sie weinen? Fühlt sie sich verlassen? Als die Stunde zu Ende ist, stürze ich nach Hause. Öffne gespannt die Tür. Erwarte eine Katastrophe. Selma und ihr Babysitter strahlen mich an. Mir fällt ein Stein vom Herzen. Sollte ich doch nicht so unentbehrlich sein, wie ich glaube? Die nächste Yogastunde genieße ich.

Der nächste Schritt: Ich plane eine Dienstreise. Ein Unterfangen, das mir fast unmöglich erscheint. Ich komme mir vor wie eine Rabenmutter. Zweifel, ob Selmas Vater seine Tochter so gut versorgen kann wie ich. Er hat sich zwei Tage freigenommen. Bevor ich ins Flugzeug steige, rufe ich das erste Mal zu Hause an. Bereit, notfalls umzukehren. Alle zwei Stunden hänge ich am Telefon. Die Kollegen frotzeln bei jedem öffentlichen Fernsprecher: »Hallo, Mutter, da ist ein Telefon.« Am zweiten Tag kann ich es nicht erwarten, nach Hause zu kommen. Wieder rechne ich mit dem großen Chaos. Natürlich ist alles gutgegangen. Selmas Vater stöhnt ein bißchen über die Anstrengung, die es kostet, Selma zwei Tage ohne Unterbrechung zu versorgen. Ich merke, was für eine phantastische Entlastung es ist, mal zwei Tage ohne meine Tochter zu sein. Ich freue mich um so mehr auf sie und bin viel geduldiger. Trotzdem diese Gedanken: Darf eine gute Mutter froh sein, wenn sie ihr Kind zwei Tage nicht sieht? Bin ich selbstsüchtig?

Die nächste Dienstreise plane ich dennoch mit Vorfreude. Es hat einen weiteren Vorteil, daß mein Freund sich genauso intensiv um Selma kümmern muß wie ich. Selma entwickelt eine feste intensive Beziehung zu ihrem Vater. Ihr Vater wird genauso wichtig wie ihre Mutter. Dadurch, daß die zwei von Zeit zu Zeit ohne mich auskommen müssen, wachsen sie zusammen.

Heute kann ich Selma gut bei ihrem Vater lassen. Obwohl er viele Dinge ganz anders regelt als ich. Ich muß einen Teil meiner Muttermacht abgeben. Das fällt nicht immer leicht. Ich halte das väterliche Gegengewicht aber für unverzichtbar. Ich möchte meine Tochter nicht nur mir und meinen Eigenheiten aussetzen. Sie allein prägen mit all meinen Unzulänglichkeiten. Väter gleichen eine Menge aus. Heute bin ich überzeugt, für die Entwicklung von Töchtern ist ein männliches »Gegenstück« zur Mutter unentbehrlich.

Ich habe nur ein halbes Jahr Mutterschaftsurlaub genommen. Aus finanziellen Gründen. Selmas Vater hat gerade erst sein Studium beendet. Ich kann daher nicht sporadisch jobben, sondern muß zurück in den geregelten Redaktionsalltag. Wir beschließen, eine Tagesmutter zu suchen. Das ist schwer. Es gibt zu wenige. Ich treffe Frauen, die bereit wären, Selma zu nehmen. Ich bin aus den verschiedensten Gründen nicht bereit, ihnen Selma anzuvertrauen. Da kommen wieder diese Gedanken: Eine gute Mutter gibt ihr Kind nicht den ganzen Tag weg. Die Menschen in meiner Umgebung machen es mir nicht leichter. Das einzige Argument, das meine Umwelt akzeptiert, ist: Ich muß Geld verdienen. Ich fühle mich sehr schlecht. Nach langem Suchen und Grübeln beschließe ich, meine Redakteursstelle zu kündigen und frei zu arbeiten. So kann ich mir die Arbeitszeit einteilen und mich mehr um Selma kümmern. Das ist ein Kompromiß. Einerseits bin ich erleichtert, diese Lösung gefunden zu haben. Andererseits bekomme ich schreckliche Existenzängste. Ich gebe meine ganzen Sicherheiten auf. Und das in meinem Alter, mit der Verantwortung für ein Kind. Wieder fühle ich mich, als hätte man mir den Boden unter den Füßen weggezogen. Werde ich genug Aufträge bekommen? Es folgen zwei Wochen mit schlaflosen Nächten. Grübeln, Angst. Dann bin ich sicher: Die schlechteste Entscheidung wäre, Selma den ganzen Tag wegzugeben. Nach und nach gewöhne ich mich an den Gedanken und suche nun in Ruhe eine Tagesmutter für halbe Tage.

Ich habe großes Glück. Als wir Birgit das erste Mal treffen, merke ich sofort, wie wohl sich Selma bei ihr fühlt. Birgit hat eine neunjährige Tochter, Steffi, und ein weiteres Tageskind. Sie nimmt Selma. Von Anfang an gibt es keine Probleme, und immer noch halte ich Birgit und ihren Mann Fritz, der voll mitzieht, für große Glückstreffer.

Mein schlechtes Gewissen vergeht in dem Maße, wie ich sehe, daß Selma die neue Erfahrung guttut. Sie entwickelt sich prächtig, fühlt sich wohl und geborgen und bekommt geboten, was ich ihr nicht bieten kann: eine Familie mit mehreren Kindern. Wo sie frühzeitig lernen kann, sich an andere Kinder zu gewöhnen und mit ihnen zu teilen. Eine große Bereicherung.

Inzwischen bleibt sie dreimal in der Woche den ganzen Tag bei Birgit, und ich arbeite wieder richtig gerne. Eins wird mir immer klarer: Die beste Mutter ist eine zufriedene Mutter. Egal, ob ihre Zufriedenheit daher rührt, daß sie berufstätig sein darf oder daß sie zu Hause bleiben kann. Egal, ob sie Bestätigung daraus zieht, im Büro zu sitzen oder Windeln zu kochen und das Getreide für ihre Vollwertgerichte selbst zu mahlen. Jede Mutter muß ihren eigenen Weg finden. Es gibt keine Theorie, die einer Frau vorschreiben kann, wie sie als gute Mutter zu sein hat. Wichtig ist nur: Sie muß sich mit ihrer Entscheidung wohl fühlen.

Je mehr meine Zufriedenheit wächst, desto mehr stabilisiert sich auch die Beziehung zu Selmas Vater wieder. Als ich ein Buch von Hermann Bullinger (Interview Seite 74) lese, ist das eine weitere riesige Entlastung. Darin steht, daß die meisten Paare nach der Geburt eines (des ersten) Kindes in eine Beziehungskrise geraten. Zu wissen, daß es auch anderen so geht, läßt mich aufhören, über eine Trennung nachzudenken. Ich habe danach viel mehr Geduld mit uns.

Inzwischen planen wir auch unseren ersten kleinen Urlaub ohne Selma. Weil wir wissen, daß wir ohne Kind etwas für unsere Beziehung tun müssen. Wir haben schon viel zu lange gewartet. Sonst schleicht sich das Gefühl ein, nur noch nebeneinanderherzuleben.

Auch diese Entscheidung ist wieder eine Hürde, die wir bewußt nehmen müssen. Ich mache hautnah Bekanntschaft mit der »neuen Mütterlichkeit«. In meinem Rückbildungs-Yoga stelle ich das Thema »Eltern sollten auch ohne Kind etwas für sich tun« zur Diskussion. Mich interessiert, wie andere Mütter das machen. Ich bin völlig erschüttert, wie fanatisch eine Frau über mich herfällt. Ich solle meine egoistischen Wünsche gefälligst verschieben. So etwas überlege man, bevor man ein Kind in die Welt setze. Ich solle mit meiner Selbstverwirklichung warten, bis mein Kind alt genug sei. Sie selbst sei drei Jahre nirgends hingefahren. Und jetzt plane sie zwar eine Reise, aber mit Kind.

Gott sei Dank verunsichert mich dieser Angriff nicht mehr. Für mich ist diese Betonung der mütterlichen Wichtigkeit nicht richtig. Seit ich sehe, wie selbständig sich Selma ohne meinen Schürzenzipfel entwickelt, kann ich gut dazu stehen: Ich brauche mein Eigenleben zu meinem Glück. Ich bin froh, daß ich mich dem Diktat des Ausschließlich-Mutter-sein-Müssens entzogen habe.

Das Thema Geburt und Wochenbett habe ich verdrängt. Erst nach fast einem Jahr kommt alles wieder hoch. So lange habe ich mit niemandem über dieses Erlebnis gesprochen.

Ich durchlebe erneut, wie weh mir die lieblose Geburtshilfe und die entmündigende Behandlung im Wochenbett getan haben. Endlich kann ich darüber weinen. Auch mit Selmas Vater spreche ich nach einem Jahr zum ersten Mal über die Geburt. Er hat sie genauso empfunden wie ich. Als kalt, lieblos und frustrierend.

Heute meine ich, daß es entwürdigend und brutal ist, ein so intimes Ereignis wie die Geburt eines Kindes zu einem sterilen Vorgang ohne Herz und Gefühl zu degradieren. Daß die bei uns übliche Krankenhausgeburt für viele Mütter ein Schock ist. Daß viele Mütter sich danach als Versagerinnen fühlen. Daß viele Frauen die Enttäuschung über ihre Entbindung ein Leben lang mit sich herumtragen. Ich verstehe jetzt, daß immer mehr Frauen nach alternativen Geburtshäusern suchen oder eine Hausgeburt machen.

Auch im Wochenbett überwiegt die Krankenhausroutine. Bei der es nur darum geht, Mutter und Kind körperlich gesund zu halten. Müttern wird alles abgenommen, einschließlich der Verantwortung für ihr Kind. Anschließend sitzen sie dann isoliert zu Hause und fühlen sich völlig überfordert.

Ich hätte mir während und nach der Geburt viel mehr Zuwendung gewünscht. Zuspruch, der mich seelisch stabilisiert hätte. Geduld mit mir und meinem Baby. Aber das hat in unserem Krankenhausalltag offenbar keinen Platz.

Die bei uns übliche Krankenhaussituation ist ein denkbar schlechter Start für Mutter und Kind und führt nur allzuoft zu Depressionen. Daß es auch anders geht, sieht man in Holland (siehe dazu ab Seite 153). Dort treten wesentlich weniger Depressionen nach der Geburt auf als bei uns. Meine Therapeutin hat meinen Zustand nie als postnatale Depression bezeichnet. Als ich sie fragte, ob ich eine postnatale Depression gehabt hätte, sagte sie, sie habe diese Worte bewußt nie gebraucht. Weil sie meine Probleme erklärbar, nachvollziehbar und mein Verhalten der Situation entsprechend fand. Als »postnatale Depressive« aber wäre ich ins unnormale Abseits gestellt worden. Als »Kranke« hätte ich mich wieder außerhalb der Norm gefühlt. Ich selbst bezeichne meine Situation heute als Krise. Daß ich diese Therapeutin gefunden habe, empfinde ich als Glück. In Deutschland gibt es wenige Fachleute, die sich mit postnatalen Depressionen oder Krisen auskennen und um die Zusammenhänge wissen. Die ohne allzu viele Medikamente helfen. Wer Pech hat, wird mit Tabletten vollgestopft oder verkriecht sich monatelang und leidet, bis die Verstimmung wieder abklingt. Dabei gelingt es den meisten Frauen, nach außen ein heiles Bild aufrechtzuhalten. Egal, wie es innen aussieht.

Seit Selma ein Jahr alt ist, habe ich das Gefühl: Unser Leben hat sich normalisiert. Mich bringt nicht mehr jeder Pieps aus der Fassung (siehe dazu ab Seite 86). Wir haben uns aneinander gewöhnt, sind aufeinander eingespielt. Ich bin wieder einigermaßen die alte. Endlich kann ich auch Spaß haben mit meiner Tochter. Kann die schönen Seiten des Kinderhabens genießen. Ich bin immer noch verliebt in sie.

Ich habe mich gefragt, was mir in der Krise geholfen hätte. Und bin zu folgendem Ergebnis gekommen:

1. Mir hätte es geholfen, ein realistisches Mutterbild zu haben. Ein weniger euphorisches Bild. Eine andere Einstellung zum Muttersein. Mit weniger hohen Ansprüchen. Das hätte mir viele Schuldgefühle erspart.

Erst nach der Geburt meiner Tochter ist mir – nach und nach – klargeworden: In unserer Gesellschaft existiert ein immer noch perfekt wirksamer Muttermythos (siehe dazu auch ab Seite 53). Ihm »verdanken« wir das Reklamebild von glücklich lächelnden, attraktiven Müttern mit stets wonneproppigen Babys. Dieser Muttermythos diktiert: Die Geburt des Kindes ist der schönste Augenblick im Leben einer Frau. Wenn das Baby da ist, ist das Glück perfekt. Für das Baby zu sorgen, ist die Erfüllung für die Mutter. Die Mutter weiß aus Instinkt, wie sie mit dem Baby umzugehen hat. Und deshalb ist das Leben mit einem Baby einfach. Natürlich ist, daß die Mutter sich für ihr Kind aufopfert und klaglos alle Mühen erträgt. Dann hat sie ein zufriedenes Baby, das sich groß schläft und seine Eltern liebt. Beide Eltern sind glücklich.

Dieser Muttermythos ist alt. Aber mir scheint, die angeblich »neue Mütterlichkeit« unterscheidet sich von diesem alten Muttermythos kaum. Wieder werden Aufopferung, Gebärschmerz und Stillwonnen idealisiert. Mütterbücher liegen ganz vorne im Trend. Eines heißt: »Mütter, die besseren Frauen«. Das Mutterklischee ist das alte: Die wirklich gute Mutter gibt für ihr Kind ihre eigenen Wünsche auf. Sie hat keine eigenen Interessen mehr. Von ihr allein hängt das Wohl und Wehe des Kindes ab. Die gute Mutter ist eine perfekte Person. Muttersein ist ihre Bestimmung. Und sie ist glücklich damit. Zusätzlich hat sie nun aber auch noch eigenständig zu sein: »Mütter und Emanzipation – kein Gegensatz«. Das behauptet ein anderer Buchtitel.

Die Wirkung des alten und des neuen Muttermythos ist die gleiche: Das ideologische Verklären von Mutterschaft macht Müttern, die ihr Leben mit Kind nicht so problemlos erleben, ein schlechtes Gewissen. Frauen, denen nicht alles leicht von der Hand geht, gibt es das Gefühl, sie versagten, seien charakterschwach oder krank, wenn Ängste und Selbstzweifel sie überfallen. Die Folge: Sie schämen sich und igeln sich ein mit ihrem Elend.

Verstärkt wird der Druck auf Mütter durch die Erkenntnisse über ihre Wichtigkeit in den ersten Lebensjahren des Kindes. Natürlich will jede Mutter ihr Baby zu einem psychisch gesunden und lebenstüchtigen Menschen erziehen. Und so versucht sie, alles zu tun, was die Wissenschaft vorschreibt. Auch wenn sie dabei unglücklich ist. Hinzu kommt: Seit wir die Pille haben und die Möglichkeit abzutreiben, entscheiden wir ja, ob wir ein Kind bekommen wollen. Jedes Kind ist also ein Wunschkind. Und wir müssen uns sagen lassen: »Beklag dich nicht, du hast es ja so gewollt.«

2. Mir hätte geholfen, Erfahrungsberichte von Müttern zu lesen, die ehrlich geschildert hätten, wie sie die Überforderung empfun-

den und gemeistert haben. Das hätte mir das Gefühl genommen, mit meinen Problemen allein zu sein.

Habe ich solche Schilderungen überlesen? Sie nicht wahrhaben wollen? Ich habe mir noch einmal die Geburtsvorbereitungsliteratur vorgenommen. Es gibt Erfahrungsberichte über Geburten. Aber fast nichts über die Zeit danach. Die meisten Geburtsvorbereitungsbücher ergehen sich auf ein, zwei Seiten in Andeutungen, daß die erste Zeit mit dem Baby schwierig werden könnte. Ich fand bestätigt, was meine Therapeutin gesagt hatte. Das Thema wird behandelt wie ein Geheimnis, von dem nur Eingeweihte wissen dürfen. Auch Mütter reden nicht so leicht offen über ihre Probleme. Als gebe es eine stillschweigende Übereinkunft, das Thema »Krise nach der Geburt« für sich zu behalten und im stillen Kämmerlein zu leiden. Doris Reim (»Frauen berichten vom Kinderkriegen«) schreibt: »Wir sind geschickt genug, unsere Leiden als persönliches Schicksal unter den großen Teppich zu kehren und wir haben leider viel zu gut gelernt, uns selbst dafür verantwortlich zu machen.«

3. Mir hätte geholfen zu wissen, welche verschiedenen Konflikte auf mich zukommen können. Daß beispielsweise 98 Prozent aller Paare in eine Beziehungskrise geraten, wenn das erste Kind da ist. Oder daß das Kind in uns selbst gegen unser Baby rebellieren kann (siehe hierzu ab Seite 126). Ich habe festgestellt, daß Wissen entlastet. Mehr Offenheit im Umgang mit den postnatalen Problemen hätte mir viele Selbstzweifel erspart. Hätte mir erspart, so fassungslos zu werden.

Ich denke, Mütter könnten besser auf ein Leben mit Kindern vorbereitet werden. So entstand die Buchidee. Ich beschloß, Erfahrungsberichte von Müttern über die erste Zeit mit dem Baby zusammenzutragen. Ich wollte wissen: Wie hattet ihr es euch vorgestellt? Was ist jetzt anders gekommen? Ich suchte Fachleute – fast alle selbst Eltern – und befragte sie zu den verschiedenen Problemen. Alle Frauen und Männer, die ich interviewt habe, haben offen, ehrlich und ohne Beschönigung über ihre Erlebnisse berichtet. Ich mußte sie nicht lange suchen. Es sind Freundinnen, Kolleginnen,

Bekannte und deren Freunde. Also keine zusammengesuchte Minderheit, sondern Frauen, denen ich jeden Tag begegne. Auch Selmas Vater fragte ich, wie er Schwangerschaft, Geburt und die erste Zeit mit unserer Tochter erlebt hat (siehe auch ab Seite 224). Dabei hörte ich zum ersten Mal, daß er schon als kleiner Junge in der Türkei bei Geburten dabei war, und wie die Frauen dort auf dem Land ihre Kinder bekommen.

Sicher erleben nicht alle Mütter die Probleme in der Intensität, wie ich sie erlebt habe. Aber alle kennen eine größere oder kleinere Krise vor allem nach der Geburt des ersten Kindes. Ich habe niemanden gefunden, der keine Konflikte gehabt hätte. Wohl aber Frauen, die mit ihren Problemen besser umgehen konnten als ich. Weil sie weniger hohe Erwartungen hatten oder weil sie sich besser auf ihre Situation einstellen konnten. Vielen Frauen erging es wie mir.

Auf zwei Themen, von denen ich nicht betroffen war, bin ich bei meinen Gesprächen gestoßen. Einmal Probleme mit der Sexualität. Viele Frauen haben nach der Entbindung zunächst keine Lust, mit ihrem Partner sexuell zu verkehren. Das sorgt häufig für Sprengstoff in der Beziehung. Es hilft beiden, denke ich, zu wissen, daß das völlig natürlich ist. Daß es etwa ein Jahr dauern kann, bis sich die sexuellen Bedürfnisse wieder einstellen (siehe dazu ab Seite 113).

Das zweite Thema: Es scheint häufig vorzukommen, daß ein Dammschnitt nicht richtig verheilt oder wieder aufgeht. »Ich war froh, daß ich kein medizinisches Monstrum war«, sagte Ute (ab Seite 166), als sie endlich einen Arzt fand, der ihre wieder aufgegangene Dammnaht richtig behandelte und ihr erzählte, daß auch andere Frauen dieses Problem haben. Zum einen werden immer noch zu viele Dammschnitte gemacht. Und zweitens werden sie hinterher häufig lieblos versorgt, nach dem Motto: Da sieht ja doch keiner hin, die Naht muß also nicht hübsch sein. Viele Frauen leiden, oft ein Leben lang, aber sie sagen nichts. Aus Scham. Aus Angst, nicht ernst genommen zu werden (siehe ab

Seite 172). Männer würden es wohl nicht hinnehmen, an dieser Stelle so unnötig verstümmelt zu werden.

Zu den Themen »Stillen« und »Berufstätige Mütter« habe ich so viele gescheite Bücher gefunden, daß ich diese Themen hier nicht verkürzt abhandeln wollte. Ich beschränke mich deshalb darauf, dazu Bücher zu empfehlen (ab Seite 249).

Die Berichte der Mütter sind einem Kapitelthema wie »Beziehung«, »Depression« oder »Sexualität« zugeordnet. Das bedeutet aber nicht, daß die Frauen ausschließlich über dieses Hauptproblem berichten. Ich wollte keine Frau auf nur ein Thema reduzieren. So erzählt beispielsweise Lena im Kapitel »Die Beziehung zum Partner« auch ausführlich über ihre Rückkehr in den Beruf oder Simone im Kapitel »Sexualität nach der Geburt« auch über Schwangerschaft, Geburt und Beruf.

Jedes »Hauptproblem« wird anschließend mit einem Experten besprochen. Auch bei ihnen kommen Überschneidungen vor. So taucht das Thema »gute Mutter« bei mehreren auf.

Das Buch soll keine »Literatur« sein. Ich habe mich bei der Wiedergabe der Interviews und Protokolle eng an das gesprochene Wort gehalten.

Gedacht ist dieses Buch für alle Mütter, die ihren eigenen Weg finden wollen. Zur Ermutigung. Denn es gibt keine Regel auf dieser Welt, die besagt, nur so bist du eine gute Mutter. Ich denke, am wichtigsten ist, daß alle Beteiligten zu ihrem Recht kommen und sich nicht einer auf Kosten des anderen entwickelt.

Mit meinem Buch möchte ich die Mütter entlasten, die das Gefühl haben, alles wachse ihnen über den Kopf. Ich möchte ihnen sagen, daß viele Konflikte, die nach der Geburt eines – vor allem des ersten – Kindes auftauchen, ganz normal sind. Auch wenn sie noch so absurd erscheinen und der Vorstellung, die sie sich vorher gemacht haben, vielleicht gar nicht entsprechen. Zwar ist nicht nur vom ersten Kind die Rede. Aber seine Geburt verändert das Leben der Mutter besonders nachhaltig. Wenn Mütter die Probleme kennen und wissen, daß sie natürlich sind, müssen sie sich nicht mehr voller Scham und Schuldgefühle verkriechen, sondern können sich gelassen sagen: Gut, es ist jetzt eben eine Weile so. Aber nicht nur bei mir.

Ich denke, es wäre sicher vielen Müttern geholfen, wenn sie öffentlich klagen dürften über ihre Belastungen. Wenn es offene Ohren für sie gäbe. Wenn das Mäntelchen der Verschwiegenheit sich lüften würde. Wenn es den Druck nicht gäbe, um jeden Preis glückliche Mutter/Familie spielen zu müssen.

REGINE SCHNEIDER

Ergänzung der zweiten Auflage:
In den wenigen Monaten seit Erscheinen dieses Buches haben Hunderte von Frauen an Brigitte und an mich geschrieben. Tenor der meisten Briefe: »Endlich spricht mal jemand darüber! Ich habe also nicht allein solche Probleme...« Besondere Schuldgefühle bereiten den jungen Müttern offenbar die Aggressionen, die ihre Kinder in ihnen auslösen. Wir haben daher in die zweite Auflage des Buches zusätzlich einen Beitrag der Psychotherapeutin Claudia Clasen-Holzberg aufgenommen:

»Wenn uns die kleinen Monster reizen...« (ab Seite 233). Weil es auch ganz normal ist, daß uns unsere Kinder manchmal zur Weißglut bringen...

R. S.
im April 1992

I.

Eine gute Mutter sein

»Ich will beides – Kinder und Karriere. Das ist nicht leicht.«

Ina *(34) ist Juristin, verheiratet und hat zwei Töchter (drei Monate und zwei Jahre).*

Für mich waren Kinder lange gar kein Thema, und ich war positiv überrascht, daß ich es dann doch sehr schön fand, ein Kind zu haben. Meine Mutter hat mich sehr selbständig erzogen. »Mach deine Berufsausbildung, verdien dein eigenes Geld. Mach dich nicht abhängig von einem Mann. Werde bloß nicht schwanger, du bleibst bei den Kindern hängen«, das waren die Sätze, die mich begleitet haben.

Als ich nach meinem Jurastudium berufstätig wurde – ich bin heute im Personalwesen einer großen Firma für Personalentwicklung und Arbeitsrecht zuständig –, dachte ich, ich bin voll auf der Karriereschiene. Ich habe das sehr schwarzweiß gesehen. Ich habe gedacht, entweder man bekommt Kinder oder man macht Karriere. So wird es einem in unserer Gesellschaft ja auch vermittelt. Als ich meinen Mann kennenlernte, hat der gesagt, er möchte Kinder. Ich habe nie gesagt, daß ich das nicht wollte. Aber ich habe es von mir weggeschoben.

Letztlich war es wie ein Puzzlespiel: Ich erlebte Frauen, die engagiert in ihrem Beruf waren und auch Kinder hatten. Da konnte ich mein Schwarzweißbild nach und nach auflösen. Ich konnte darüber nachdenken, ob nicht auch für uns Beruf und Kinder zu vereinbaren wären.

Es kam dann ganz spontan, daß ich plötzlich ein Kind wollte. Mein Mann war sehr überrascht. Aber er hat sofort gesagt: »Gut, wenn das Baby da ist, übernehme ich es.« Das war von Anfang an klar, weil ich Alleinverdienerin in unserer Familie war. Mein Mann studierte noch.

Alle waren überrascht, als ich schwanger war. Einschließlich meiner Mutter, die sagte: »O Gott, hast du die Pille vergessen?« Es paßte nicht recht in ihr Bild von mir. Ich dagegen war glücklich, daß ich dieses Bild hatte auflösen können. Auch die Vorstellung, ich bekomme das Kind und mein Mann versorgt es hinterher, war mir sehr angenehm. An die Mutterschutzfrist wollte ich meinen Jahresurlaub hängen, so daß ich drei Monate zu Hause sein würde.

Bis zum letzten Tag habe ich gearbeitet. Meine Tochter hat uns alle überrascht, denn sie wurde fünf Wochen zu früh geboren. Bis 18 Uhr saß ich noch in meinem Büro. Auf die sechs Wochen Mutterschutz vorher hatte ich verzichtet. Es gibt ja kein absolutes Arbeitsverbot. Es ging mir so gut, daß ich dachte, was sollst du zu Hause?

Letztlich war es dann nur ein Arbeitstag, auf den ich wirklich verzichtet habe. Mein Mann war gerade wegen eines Praktikums in einer anderen Stadt. Daß es losging, hat mich völlig überrumpelt. Ich rechnete überhaupt nicht damit. Es hat gezwickt und gezwackt. Beim ersten Kind weiß man ja noch nicht, wie Wehen sind. Als die Fruchtblase in der Nacht platzte, wußte ich aber Bescheid. Ein Taxi hat mich ins Krankenhaus gefahren. Ich habe mir sogar noch eine Quittung geben lassen, aber schon im Klinikflur habe ich meine Sachen von mir geworfen, bin auf den Behandlungstisch gesprungen, und eine Stunde später war meine Tochter da.

Nun hatte ich ja in der Geburtsvorbereitung gelernt, wie alles nacheinander vonstatten zu gehen hat. Daß man gebadet wird, daß der Partner einen noch massieren kann, wie man atmen soll. Und nun? Mein Mann war nicht da. Und das Kind kam so schnell, daß ich gar nicht richtig hinfühlen konnte. Ich habe direkt nach der Geburt gesagt, das muß ich noch mal haben. Ich war so überrascht, ich fühlte mich richtig um das Geburtserlebnis betrogen.

Am nächsten Morgen habe ich meinen Mann angerufen und gesagt: »Marlene ist da.« Der konnte es gar nicht begreifen: »Wie? Was?« Und ist dann sofort gekommen.

Ich war sehr glücklich nach dieser Geburt. Richtig euphorisch. Am nächsten Morgen saß ich im Bett, habe erzählt, telefoniert und mich über Besuch sehr gefreut. Diese ganzen Gefühle hinterher fand ich völlig aufregend. Die Frau, die mit mir im Zimmer lag, fragte ganz entsetzt: »Wie können Sie nur sofort noch ein Kind haben wollen? Ich will erst mal überhaupt keins mehr. Nicht mal drüber nachdenken will ich.«

Leider hatte meine Tochter Anpassungsschwierigkeiten, obwohl sie von Größe und Gewicht her völlig normal war. Sie mußte sofort in die Kinderklinik. Sie konnte nicht richtig atmen. Dennoch habe ich mich sehr stark gefühlt. Weil ich mich so verantwortlich gefühlt habe. Als mein Mann endlich da war, sind wir gleich zu ihr gefahren. Als ich sie so in ihrem Wärmebettchen sah, Sonden und Schläuche überall, da habe ich geweint. Dieser Anblick macht einen fertig. Wir haben sie gestreichelt. Mein Mann hat sich erst nicht getraut, weil sie so klein war. Ich habe sie sofort richtig lieb gehabt und mir große Sorgen um sie gemacht. Drei Wochen bin ich jeden Tag ins Krankenhaus gefahren und habe den ganzen Tag bei ihr gesessen. Meine Milch mußte ich anfangs abpumpen, weil meine Tochter zu schwach zum Saugen war.

In der ersten Zeit hatte ich nah am Wasser gebaut. Das kenne ich sonst nicht. So richtig depressive Heultage hatte ich nicht. Vielleicht, weil ich zu sehr gefordert war, ich kam gar nicht zum Nachdenken. Mein Mann war ja erst mal wieder weg und machte sein Praktikum zu Ende.

Ich habe sehnlich auf den Tag gewartet, wo ich Marlene endlich mit nach Hause nehmen konnte. Dort war nichts vorbereitet, ich hatte noch nicht einmal ein Bettchen gekauft. Bei Freunden hatte ich miterlebt, wie die alles eingerichtet hatten, und dann ist das Kind drei Tage nach der Geburt gestorben. Das hätte ich mir einfach schrecklich vorgestellt. Da war ich abergläubisch.

Nach drei Wochen, als ich sie mitnehmen konnte, hatte ich schon viel über den Umgang mit ihr gelernt. Ich war unheimlich glücklich. Mein Mann war auch endlich wieder zu Hause. Wir haben von Anfang an viel zu zweit gemacht. Ich war froh, nicht alles allein machen zu müssen und kann verstehen, daß viele Mütter das schrecklich finden, weil man ja so abhängig von dem Kind ist. Es ist auch sicher ein grundsätzlich anderes Gefühl, ob man weiß, in zwei Wochen geht mein Mann wieder arbeiten, dann sitze ich hier allein mit dem Baby. Oder daß ich wußte, *ich* gehe wieder arbeiten. Und das wußte ich ja.

Meine Tochter hatte nie so völlig nervige Zeiten, in denen sie uns überhaupt nicht hätte schlafen lassen. Wir haben da wohl – später auch mit unserer zweiten Tochter – Glück gehabt. Beide hatten weder Koliken noch längere Schreiphasen. Wenn so was dazukommt, kann ich mir vorstellen, daß man richtig fertig ist.

Im Stillen hatte ich mit der Zeit solche Übung, daß das mehr oder weniger im Schlaf ging. Voraussetzung dafür ist wohl, sich von der Idee freizumachen, daß man das Kind jedesmal auch wickeln muß. Da hatte ich ein ganz gutes Buch: »Leben mit einem Neugeborenen«. In dem habe ich gelesen, daß man sich nicht verrückt machen soll. Wenn das Kind von selber weiterschläft, dann scheint es sich ja trotz nasser Windeln nicht schlecht zu fühlen. Bevor man sich und es aus dem Schlaf reißt, soll man besser weiterschlafen. Das hat mir eingeleuchtet. So habe ich das Wickeln nachts einfach gelassen. Meine Tochter bekam trotzdem keinen wunden Po, und alle haben prima geschlafen. Deshalb war ich wohl auch nie so übernächtigt.

Wenn sie gestillt war, hat sie meist in unserem Bett weitergeschlafen. Obwohl es immer heißt, man soll das nicht machen, sage ich im nachhinein, das war gut so. Inzwischen schläft sie – allen Unkenrufen zum Trotz – gerne in ihrem Bett.

Gestillt habe ich lange, ein halbes Jahr, auch als ich schon wieder arbeiten ging. Tagsüber gab mein Mann ihr die Flasche. Morgens und abends habe ich gestillt. Mein Mann war froh, daß er sie tagsüber füttern konnte. Männer finden es gemein, daß sie durch das Stillen ausgeschlossen sind. Immer nur wickeln macht nicht so viel Spaß. Mein Mann war es schließlich, der darauf hingewirkt hat, daß ich abstille. Es war für ihn zu nervig, wenn ich mich abends verspätete. Manchmal mußte er wer weiß was mit ihr anstellen, um sie noch eine halbe oder ganze Stunde vom Hunger abzulenken.

Ich bin sehr freudig wieder zur Arbeit gegangen. Mir wäre es schwergefallen, mich ganz diesem Säuglingsrhythmus anzupassen und hineinzugeben. Ich war froh, daß die Zeit nur mit Baby für mich eine absehbare Zeit war. Ich habe mich gefreut, als ich nach zwölf Wochen meinen Laden wieder hatte und meinen ganzen Aufgabenbereich. Mein Mann hat mich abends immer gefragt, was war denn bei dir los? Einfach, um auch mal was Interessantes zu hören. Dieses Leben aus zweiter Hand – was ja viele sagen, wenn sie zu Hause bleiben –, das habe ich an seinem Beispiel nachvollziehen können.

Mein Mann hat sich sehr gut organisiert. Er ist zu Hause bestens klargekommen. Es war nicht so, daß er mich abends total entnervt erwartet hätte. Dadurch, daß er noch studiert hat, also auch was für sich gemacht hat, hat er das mit seiner ruhigen Art wunderbar hingekriegt. In der ersten Zeit hat er nicht versucht, unsere Tochter mit dem Uni-Stundenplan zu kombinieren. Er hat zu Hause eine Hausarbeit geschrieben. Das ging ganz gut, weil unsere Tochter anfangs viel schlief und zufrieden war, wenn sie bei ihm auf dem Schoß saß. Er konnte dabei Bücher lesen.

Ich glaube, Männer haben es da sowieso besser. Die waren ja nie diesem Muttermythos ausgesetzt. Die machen sich nicht solchen Druck wie Mütter. Wenn unsere Tochter Karottensaft gespuckt hat, war sie eben fleckig. Deswegen hat mein Mann sie nicht immer gleich umgezogen. Männer lassen eher fünfe gerade sein.

Allerdings hat es eine ganze Weile gedauert, bis er eine richtige Beziehung zu ihr aufbauen konnte. Er sagte immer: »Wenn sie doch bloß mal ja oder nein sagen könnte. Man weiß ja oft gar nicht, warum schreit sie jetzt gerade?« Wir haben sie nie schreien lassen. Die Beziehung von meinem Mann zu ihr wurde besser, je älter sie wurde.

Wenn er vormittags spazieren ging, sah er sich den ganzen Frauen mit ihren Kinderwagen ausgesetzt. Mit denen bekam er überhaupt keinen Kontakt. Viele Frauen denken ja wohl, sie müßten alles andere durch das Kind ersetzen, um der Sache gerecht zu werden, eine gute Mutter zu sein. Während mein Mann durchaus auch andere Interessen hatte. Auch bei Freundinnen, die wir aus dem Studium kannten, haben wir das erlebt. Selbst mit denen hat er keinen Kontakt gefunden. Die haben ihn in ihre Mütterkreise nie einbezogen. Vielleicht wollte er das auch gar nicht. Es hat sich jedenfalls nie gemischt.

Was unsere Zweierbeziehung angeht, empfinden wir es schon als Verlust, daß wir kaum noch Zeit für uns haben. Man kommt nicht weg. Aber wir sagen uns, da müssen wir durch. Man muß sich diese Zeit lassen und sagen, okay, es ist jetzt so. Wir kannten uns Gott sei Dank lange genug vorher, so daß wir unsere Zweisamkeit sehr ausleben konnten.

Wie kam es zum zweiten Kind? Ich wollte das ja sofort. Ich wollte gar nicht erst wieder anfangen zu verhüten. Mein Mann hat mich gebremst. Er meinte, sofort wäre nicht gut. Es kam dann doch sehr schnell. Als die erste gut ein Jahr alt war, wurde ich wieder schwanger. Sie ist jetzt zwei Jahre alt, die Kleine drei Monate. Ein anstrengender Abstand.

Die zweite Schwangerschaft habe ich sehr viel bewußter erlebt. Ich habe auch eher aufgehört zu arbeiten, weil ich nicht noch mal ein Risiko eingehen wollte. Meine zweite Tochter kam pünktlich, und bei der Geburt waren mein Mann und meine Mutter dabei. Auch die Geburt habe ich viel intensiver erlebt. Es ging genauso schnell. Ich habe es sehr genossen, mein Kind diesmal gleich bei mir zu haben. Meine Tochter war gesund und wunderbar.

Nach der Geburt meiner zweiten Tochter hatte ich im Krankenhaus unheimliche Sehnsucht nach meiner ersten Tochter. Irgendwie kam ich mir vor, als wenn ich sie betröge. Diese Gedanken, ob die Liebe wohl reicht, ob man das zweite genauso lieben kann. Ich hatte Angst, daß ich eins lieber haben könnte. Das ist natürlich nicht so.

Das zweite Kind macht einen richtig zur Familie. Da stutze ich heute noch. Bei so vielen Personen muß man immer fragen: »Seid ihr sicher, daß wir alle kommen können?« Aber es ist toll. Obwohl ich ein paar Phasen hatte, wo ich dachte, o Gott, wie machen das bloß Mütter mit drei Kindern? Man hat doch nur zwei Arme und selbst die reichen für zwei oft kaum aus. Aber man ist sehr viel sicherer und geübter mit dem zweiten.

Inzwischen hat mein Mann sein Studium beendet und arbeitet auch. Wir haben jetzt eine Kinderfrau. Auch diesmal war klar, daß ich nicht aufhören würde zu arbeiten.

Die Kinder bei der Kinderfrau zu lassen, finde ich wesentlich schwerer, als sie bei meinem Mann zu wissen. Ich hatte ein besseres Gefühl, als er zu Hause blieb. Man delegiert die Verantwortung für so ein ganz kleines Kind doch sehr viel schwerer an einen Fremden. Leichter ist es, wenn man weiß, das Kind kann sich schon beschweren und sich wehren.

Deshalb habe ich gesagt, ich versuche es vorübergehend mit einer halben Stelle. Wobei mich das völlig streßt. Mit einer Kinderfrau gibt es immer irgendwelche Probleme. Unsere hat eine eigene Tochter, die sich mit unserer älteren nicht so gut versteht. Das ist für mich ein ganz furchtbares Gefühl. Ich kann gut verstehen, daß viele Paare sich dafür entscheiden, daß einer von beiden zu Hause bleibt. Bequemer und problemloser ist das auf jeden Fall. Ganz davon abgesehen, daß man es auch finanziell hinkriegen muß, eine Kinderfrau zu bezahlen. Das Netto-Gehalt meines Mannes geht voll drauf. Das muß man sich echt überlegen. Mir ist manchmal ganz schlecht, wenn ich überlege, wie wir das alles bewerkstelligen sollen. Auch mein Mann kommt öfter an den Punkt, wo er sagt: »Ich bleibe doch zu Hause.« Nur, wie lange soll er das machen? Irgendwann müssen wir eine Lösung finden. Wenn ich dann diese Anzeigenkampagne der Bundesregierung sehe »Kinder bringen mehr Freude ins Leben«, da könnte ich jedesmal die Wände hochgehen. Das Geld für die Anzeigenkampagne hätte man besser in Kindertagesplätze oder Spielplätze investiert.

Zum Glück haben wir wenigstens kinderfreundliche Vermieter. Das ist ja auch nicht selbstverständlich. Die haben uns sogar einen Sandkasten in den Garten gesetzt und passen gerne mal auf die Ältere auf. Das finde ich toll.

Sonst begegnet uns aus vielen Ecken die unterschwellige Frage:

»Wieso wolltet ihr denn überhaupt Kinder? Wenn ihr beide berufstätig seid.« Inzwischen habe ich mir ein relativ dickes Fell anerzogen. Ich setze mich mit solchen Sprüchen kaum mehr auseinander. Das geht gar nicht. Weil das eine Emotionsgeschichte ist. Es ist in Ordnung, wenn andere ihr Leben anders regeln als wir. Aber so, wie wir es machen, ist es auch okay.

Oft wird auch gesagt: »Du kriegst ja gar nicht mit, wie dein Kind sich entwickelt.« Anfangs habe ich mich davon beeinflussen lassen und immer gedacht, o Gott, bald lernt dein Kind laufen und du kriegst es nicht mit. Bis ich gemerkt habe: Die lernen das ja nicht in einer Stunde, wo ich gerade nicht da bin.

Das einzige Argument, das akzeptiert wird, ist, daß ich Geld verdienen muß. Aber wenn ich früher gesagt habe »ich bin die Alleinverdienerin der Familie«, wurde gedacht, was hat die denn für einen Mann, daß der keine Familie ernähren kann?

Daß eine Frau sagt, sie hat einfach Spaß an ihrem Beruf, löst leicht die Reaktion aus: Dieses egoistische Karriereweib. Und Kinder will sie auch noch!

Ganz kann ich mich nicht davon freimachen, daß das weh tut. Irgendwie piekst es schon. Inzwischen sage ich denen, die mich angreifen: »Damit will ich mich nicht beschäftigen.«

Männer sind fast noch schlimmer als Frauen. Gerade von Männern bekommt man die besorgtesten Anfragen, wie man gedenke, alles zu regeln. Die haben auch meinen Mann sehr argwöhnisch betrachtet, als der zu Hause blieb. Er hatte ja sozusagen die Männer-Solidarität aufgekündigt.

Ich glaube, für uns ist die beste Lösung, daß wir beide voll arbeiten. Die einzig gangbare. Alle haben doch Probleme. Wenn Frauen später wieder anfangen wollen zu arbeiten, ist das auch nicht einfach. Die Probleme sind nur verschoben.

Man muß einfach den Willen haben, zu delegieren. Sonst geht es nicht. Wie viele Frauen trauen ihren Männern nicht einmal zu, daß die auch nur stundenweise die Kinder richtig hüten. Die bauen sich doch ihr eigenes Machtmonopol zu Hause auf. Auch ich ertappe mich oft dabei, daß ich sage: »Bitte, dreh die Schnuller um, wenn du sie spülst.« Oder: »Der Anorak paßt nicht zur Hose.« Man ist nicht frei davon. Wir Frauen glauben da schon, das Richtige für uns gepachtet zu haben.

Inzwischen haben die meisten akzeptiert, daß wir es so machen. Selbst meine Mutter, die anfangs die größten Zweifel hatte. Ich habe irgendwann gesagt: »So Leute, es ist alles kompliziert genug, ich kann mir euren Mist nicht auch noch anhören.«

»Anfangs habe ich mich aufgeopfert. Jetzt nehme ich auch meine Bedürfnisse ernst.«

Sybille *(28) ist Studentin und erzieht ihren Sohn (drei Jahre) allein. Sie ist wieder schwanger.*

Schwanger wurde ich in einer chaotischen Beziehung, die eigentlich schon zu Ende war. Ich habe unheimlich an dem Mann gehangen und wäre gerne weiter mit ihm zusammen geblieben. Aber das einzige, worauf er sich noch einlassen wollte, war, daß wir uns trafen, um miteinander zu schlafen.

Zwei Jahre vorher war ich schon mal von ihm schwanger. Da habe ich einen Abbruch gemacht, weil er gleich gesagt hat, um Gottes willen, bloß kein Kind. Damals fühlte ich mich auch zu jung. Ich war 22. Mit der Abtreibung habe ich sehr zu kämpfen gehabt.

Danach habe ich nicht so verhütet, daß ich nicht wieder hätte schwanger werden können. Unbewußt habe ich wohl versucht, ihn durch ein Kind zu halten. Mir dadurch ein Stück von ihm zu holen. Bis zum vierten Monat hatte ich gezögert, zum Arzt zu gehen. Für eine legalen Abbruch wäre es sowieso zu spät gewesen. Sein Vater hat mir einen illegalen Abbruch angeboten. Der hatte gute Beziehungen, mit denen er meinte, die Angelegenheit noch bereinigen zu können. Mein Freund und sein Vater haben sich richtig gegen mich verbündet. Mein Freund ließ mir mitteilen, er verkehre lediglich per Anwalt mit mir. Danach hat er nur noch fiese Sprüche geklopft. Dadurch war die Schwangerschaft für mich eine harte Zeit. Ich wußte von Anfang an, daß ich das Kind alleine würde bekommen müssen. Trotzdem hatte ich während der ganzen Schwangerschaft das Bedürfnis, ihn anzurufen. Ich habe mich sehr damit gequält. Ab und zu traf ich ihn zufällig. Meist sah ich ihn mit irgendeiner anderen Frau zusammen.

Es ging mir erst besser, als ich in der pro familia einen Kurs für Alleinstehende anfing. Da habe ich Frauen kennengelernt, die auch alleinstehend waren. Im siebten Monat habe ich begonnen, mich mit meinem Mutter-Werden zu befassen. Als ich dann gesehen habe, wie in meinem Kurs die ersten Babys kamen, habe ich angefangen, mich drauf zu freuen.

Ins Krankenhaus bin ich gegangen, nachdem morgens meine Wehen eingesetzt hatten und alle zehn Minuten kamen. Meine Freundin hat mich begleitet. Auf dem Wehenschreiber war noch nichts zu sehen, und die Hebamme wollte mich schon wieder nach Hause schicken. Sie hat mich aber doch untersucht und festgestellt, der Muttermund war schon sieben Zentimeter auf. Ich hatte eine ganz tolle Geburt. Nur die Preßwehen waren etwas anstrengend. Der Moment, als mein Sohn da war, war wahnsinnig schön für mich. Meine Probleme mit seinem Vater waren wie weggefegt. Sie waren mir plötzlich egal, ich hatte ja das Kind.

Zum ersten Mal hatte ich das Gefühl, es hat sich gelohnt, daß ich diesen ganzen Streß auf mich genommen habe. Und endlich hatte ich das Gefühl, ich kann mich von diesem Mann lösen. Von Anfang an hat er sich für seinen Sohn überhaupt nicht interessiert. Er hat mich weder in der Klinik besucht, noch wollte er wissen, was es geworden war.

Im Krankenhaus war alles sehr schön. Es ging mir gut. Ich war selig. Ich fühlte mich wie eine Urmutter. Naturverbunden. Es war einfach toll.

Die Idylle hörte sofort auf, als ich zu Hause war. Ich habe mir nicht vorstellen können, daß sich dieses friedliche Baby, das in der Klinik ja immer mal wieder im Kinderzimmer war, bei mir zu Hause total verändert.

Mein Sohn war viel mehr wach, als ich erwartet hatte. Zu Hause hatte ich niemanden, der mir half. Ich war plötzlich rund um die Uhr zuständig. Ich hatte mir weder eine Nachsorgehebamme noch eine Haushaltshilfe besorgt. Heute weiß ich, daß ich mir unheimlich viel zugemutet habe. Ich hatte das Gefühl, ich muß alles alleine machen. Ich muß sofort wieder wie früher funktionieren, rumspringen, Besuch empfangen, das Kind vorzeigen, selber einkaufen, den Haushalt machen. Dazu hatte ich einen kleinen Dammriß und mußte regelmäßig Sitzbäder nehmen. Kaum saß ich im Sitzbad oder stand unter der Dusche, schrie mein Sohn. Ich bin dann sofort gesprungen und habe ihn geholt. Ich konnte mir damals nicht sagen, du bleibst jetzt noch fünf Minuten sitzen, damit der Riß gut heilt.

Ich habe mich sehr unter Streß gesetzt. Ich habe mir viele Gedanken gemacht, wie ich als gute Mutter sein muß. Unter guter Mutter verstand ich, daß man sein Kind auf keinen Fall schreien läßt. Daß man es stillt, wann immer es will, und daß man es viel herumträgt. Da ich Psychologie studiere, habe ich alles, was es an neuesten Forschungsergebnissen gibt, gelesen. Auch danach war klar, das Kind darf nicht schreien. Es braucht die ständige Nähe der Mutter.

Abends, wenn ich endlich meine Ruhe haben wollte, war es besonders schlimm. Ich denke, er hat auch gemerkt, daß ich meine Ruhe haben wollte. Daß ich unter Strom stand, daß er schnell schlafen sollte. Da hat er dann regelmäßig seine Schreistunden abgezogen. Bis er schlief, habe ich ihn umhergetragen. Wenn ich ihn hinlegte, wurde er wieder wach. Es war jeden Abend ein Tanz. Heute sage ich mir, ich hätte das Kind mal einen Augenblick schreien lassen sollen. Vielleicht hätte er sich von selbst beruhigt. Ich habe ihm gar keine Chance gegeben, zur Ruhe zu kommen.

Ich war ständig auf der Lauer, ständig präsent, selbst wenn er schlief. Da war ich auf der Lauer, ob er noch atmet. Wenn ich nicht sofort bei jedem Pieps gerannt wäre, hätte ich Angst gehabt, daß er frustriert wird.

Oft war ich verzweifelt, wenn er nicht aufhörte zu schreien. Vor lauter Verzweiflung habe ich eines Nachts meine Mutter angerufen. Sie sagte: »Setz dich ins Auto und komm her.« Ich habe mich also nachts in mein Auto gesetzt und bin mit meinem Sohn zu meiner Mutter gefahren.

Danach kamen Gedanken wie »du schaffst es nicht« oder »du wirst mit deinem Sohn nicht fertig«. Manchmal hatte ich auch das Gefühl, der will mich ärgern. Der will mir was Böses. So eine gewisse Wut kam hoch. Wenn er drei oder vier Stunden am Stück gebrüllt hatte, habe ich ihn manchmal gepackt und geschüttelt.

Hinterher hatte ich ein schlechtes Gewissen. Denn andererseits hatte ich ja auch das Gefühl, ich liebe ihn total. Dieses Hin- und Hergerissensein war schon schwer zu ertragen, und ich hatte nicht den Eindruck, daß das normal sein könnte. Ich hatte auch nicht damit gerechnet, daß ich so schnell an meine Grenzen stoßen würde. Die ersten Wochen mit ihm waren am anstrengendsten.

Unser Freundeskreis, der ja lange der gemeinsame Freundeskreis war, hat größtenteils zu meinem Exfreund gehalten. Die dicken Freundinnen, die fest versprochen hatten, sie helfen mir, waren plötzlich alle weg. Sie kamen einmal gucken, sagten »ach, wie niedlich«, und das war es dann auch. Die ganzen alten vertrauten Leute haben sich zurückgezogen. Es hat nicht mal mehr einer gefragt, ob ich Hilfe brauche.

Drei Jahre habe ich daran zu knacken gehabt. Habe ich damit gekämpft, daß ich plötzlich nicht mehr so spontan sein konnte. Daß ich auf einmal eine Mutter bin. Teilweise habe ich mich richtig abgestempelt gefühlt von diesen alten Freunden. Nach dem Motto: Die ist jetzt 'ne Mutti, weit ab von Gut und Böse. Bei denen ging es nur noch um tolle Reisen, um schicke Klamotten. Darum, wer das Tollste macht.

Bevor mein Sohn da war, hatte ich gedacht, ich könnte mein Kind in mein Leben integrieren. Anfangs ging das noch ganz gut. Es war ja ein Sommerkind, und zu unseren Kneipentreffs habe ich ihn immer mitgenommen. Auf Partys auch. Aber irgendwann hörte es auf, daß das möglich war. Ich war nicht mehr jedes Wochenende dabei. Ich hatte das Gefühl, das hat die gar nicht gekümmert, ob ich nun dabei war oder nicht. Entweder, jemand macht zu ihren Bedingungen mit, oder er fällt da raus. Und das war schwer zu verkraften.

Weil ich mich nicht so abrupt von allen trennen wollte, habe ich immer wieder die Initiative ergriffen. Bis vor kurzem. Da ist mir aufgegangen, wie die sich verhalten. Wir guckten zusammen Fußball. Vor dem Spiel haben sie meinen Sohn aufgeputscht. Er sollte Bier holen, dieses und jenes tun. Er sprang und tobte von einem zum anderen. Er liebt ja große Jungs über alles. Plötzlich, vom Anpfiff an, sollte er ruhig dasitzen und sich nicht mehr mucksen. Das hat natürlich nicht geklappt. Und ich hatte den Streß. Ich war dafür verantwortlich, daß er ruhig sitzen blieb. Ich wußte natürlich, daß er das nicht tut. Ich bin mit ihm nach Hause gefahren und habe endlich gedacht: »Verdammt, das sind nicht mehr deine Freunde.« Drei Jahre hat es gedauert, bis ich mich damit abgefunden habe, daß ich nicht mehr zur alten Clique gehöre. Und – daß es mir nichts mehr ausmacht.

Als mein Sohn ein paar Monate alt war, bin ich dazu übergegangen, ihn auch mal bei meiner Mutter zu lassen. Ich bin wieder zur Uni gegangen. Und das war ein tolles Gefühl: Freiheit, endlich mal wieder allein. Ich hatte das Buch »Rabenmütter« gelesen und mir daraufhin vorgenommen, ich will auch einen Bereich für mich allein schaffen. Das Kind immer mal weggeben, damit ich Zeit für mich habe.

Bei mir sind dann richtige Groschen gefallen. Einmal, da war er sechs Monate alt, da habe ich ihn die ganze Nacht weggegeben und bin zu einer Fete gegangen. Da habe ich gemerkt, wie gut es tut, ihn mal wegzugeben. Danach freue ich mich um so mehr wieder auf mein Kind. Das war der Punkt, wo mir klar wurde: Es gehört zu einer guten Mutter dazu, daß sie sich auch selbst mal einen Freiraum nimmt. Heute denke ich, eine entspannte Mutter ist besser als eine, die permanent unter Streß steht.

Das schlechte Gewissen, das ich trotzdem hatte, hat sich darin geäußert, daß ich anderen nicht zutraute, so gut für ihn zu sorgen, wie ich das kann. Ich dachte immer, ihm passiert etwas, und ich bin schuld, weil ich ihn alleine gelassen habe. Ich bin nie ganz sorgenfrei weggegangen und tue das bis heute nicht. Manchmal habe ich es geschafft, das Kind für ein paar Stunden zu vergessen. Wenn mir das gelungen war, war ich jedesmal schockiert. Ich dachte: Wie kannst du dein Kind vergessen, du schlechte Mutter? Es ist ein ständiger Zwiespalt.

Aber ich habe inzwischen gelernt, daß es dem Kind überhaupt nicht schadet, wenn ich nicht nur Mutter, sondern auch Frau bin. Daß es für meinen Sohn sogar wichtig ist, daß ich meine eigenen Bedürfnisse habe. Ich habe festgestellt, er kann seine Bedürfnisse auch sehr gut anmelden. Und er ist total unkompliziert, wenn ich ihn weggebe. Vielleicht, weil ich ihm von Anfang an Vertrauen gegeben habe. Er ist überhaupt nicht sehr fixiert auf mich. Weggeben geht problemlos mit »Tschüs«. Ich habe ihn mit einem Jahr zur Tagesmutter gegeben. Das würde ich heute vielleicht noch früher machen. Aus der Erfahrung heraus, daß es dem Kind wirklich nicht geschadet, sondern genützt hat. Ich sehe das, wenn Mütter ihre Kinder von Geburt an ständig bei sich haben. Ich möchte nicht mit denen tauschen. Ich habe nicht den Eindruck, daß diese Kinder mehr Vertrauen oder Selbstvertrauen hätten. Ich finde sie oft viel ängstlicher als meinen Sohn. Ich denke, das liegt nicht an den Kindern, sondern an den Müttern. Weil diese Mütter ihre Kinder nicht loslassen wollen oder können.

Ich bin wieder schwanger. Diesmal werde ich einiges anders machen. Ich werde mir für den Anfang viel mehr Hilfe holen, damit auch Zeit für mich bleibt. Die Wünsche und Bedürfnisse meiner Kinder sind mir wichtig, aber ich glaube einfach nicht mehr daran, daß nur die leibliche Mutter dafür zuständig sein muß. Schon gar nicht, wenn sie dafür ihr eigenes Leben völlig hintenanstellen muß.

»Der ›Muttermythos‹ vermittelt ein unrealistisches Mutterbild und setzt Frauen unter Druck.«

Professor Dr. Stefan Schmidtchen *(48) ist Kinderpsychologe, verheiratet und Vater von zwei Kindern.*

Es ist soviel vom Muttermythos die Rede. Wie ist er entstanden, und wie wirkt er sich aus?

Der Muttermythos ist das Ergebnis der gesellschaftlichen Aufgabenteilung von Mann und Frau. Bei dieser Aufgabenverteilung ist die Rolle der Mutter festgeschrieben worden: Da sie für das Gebären zuständig ist, ist sie es auch für das Aufziehen der Kinder. Sie wird quasi allein dafür verantwortlich gemacht, daß die Kinder glücklich sind und in einem glücklichen Familienklima aufwachsen. Der Muttermythos bedeutet, daß die Frau und Mutter die Fürsorge für ihre Kinder und auch für ihren Mann übernimmt. Sie muß die nährende und beruhigende Übermutter sein, die sich für ihre Familie aufopfert und die selber kein Recht darauf hat, Klagen und Sorgen zu äußern. Von ihr wird erwartet, daß sie nach außen hin glücklich und zufrieden erscheint. Psychologisch gesehen muß sie deshalb all ihre Sorgen, Enttäuschungen, ihren Ärger und ihre Wut verdrängen und sich ihren Kindern und ihrem Mann so darstellen, als sei sie frei von solchen Gefühlen.

Das hat aber Konsequenzen...

Eine solche Verdrängung von unangenehmen Gefühlen kann zu psychischen Problemen führen. Frauen, die nach diesem Mythos zu leben versuchen, werden unausgeglichen, unzufrieden, stark reizbar und fühlen sich ausgebrannt. Ausgebranntsein (Burn-out-Syndrom haben es amerikanische Wissenschaftler genannt) ist ein häufiges Symptom bei überlasteten Müttern. Dauert dieser Zustand länger an, kann er zu erhöhter Anfälligkeit für körperliche Erkrankungen und auch zu somatischen Symptomen führen.

Mütter beklagen sich selten. Wie kommt das?

Der Muttermythos besagt ja: Mutterschaft ist rundum positiv. Es ist Müttern daher nicht erlaubt, der Familie und der Öffentlichkeit ehrlich mitzuteilen, wie stark sie psychisch belastet sind. Zu klagen und kundzutun, wie anstrengend es für eine Frau ist, ein Kind zu gebären und aufzuziehen, ist tabu. Statt dessen erwartet man von Müttern, daß sie alle möglichen Sorgen mit Standfestigkeit und fröhlichem Mut tragen und einen rundum glücklichen Eindruck machen. Versuchen moderne Frauen, diese Erwartungen zu durchbrechen, erleben sie häufig, daß die Männer zurückschrecken, daß sie sich nicht in ihre Frauen einfühlen können, sie nicht verstehen. Es fällt Männern sehr schwer, mit Gefühlen von Überlastung, Enttäuschung oder Angst umzugehen. Sie fühlen sich von diesen Gefühlen bedroht und reagieren hilflos oder entziehen sich dem Gespräch. Diese Unfähigkeit der Männer ist das Ergebnis des Männermythos. Der besagt ja, daß Männer stark, kämpferisch und angstfrei sein müssen. Beide Mythen und die sich aus ihnen ergebenden Tabus führen zu einer psychischen Überlastung von Frau und Mann und verhindern, daß beide sich partnerschaftlich helfen können. So begegnen sich Mann und Frau mit ihren »weichen« Gefühlen wie Fremde und können einander nicht entlasten. Man sollte also beiden empfehlen, sich dem Tabu zu entziehen. Besonders die Mütter sollten ermuntert werden zu sagen, wie stark sie durch die Mutterschaft belastet werden. Damit endlich deutlich wird, wie schwer es zuweilen ist, Kinder großzuziehen. Klagen von Müttern dürfen kein Tabu mehr sein. Sie müssen öffentlich werden.

Frauen empfinden gerade die erste Zeit mit dem Baby als großen Streß. Ist dieser Streß zu vermeiden?

Die Versorgung von Kindern in den ersten 18 Monaten ist eine stark streßauslösende Situation – es gibt kaum etwas Vergleichbares. Besonders Erstgebärende erleben die erste Zeit mit dem Baby als gewaltige Krisensituation. Die vielen neu zu lernenden Handlungen und die Verantwortung für einen anderen Menschen, der noch völlig unselbständig ist, führt dazu, daß Frauen in hohem Maß gefordert, manchmal auch überfordert werden. Außerdem ist die persönliche freie Zeit zur Erholung gering. Entspannung durch ungestörten nächtlichen Schlaf ist nicht möglich, weil die Kinder nachts gestillt werden müssen. Viele Kinder haben einen so unruhigen Schlaf, daß sie häufig aufwachen und weinen. Auf diese Krise werden Eltern überhaupt nicht vorbereitet. Wenn das Baby geboren ist, stehen Mütter kurzfristig im Blickpunkt. Zu Hause werden sie dann völlig allein gelassen.

Vermeiden kann man den Streß nicht. Aber Mütter und Väter sollten einander bei der Versorgung des Kindes helfen. Besonders nachts sollten sie sich die Arbeit teilen. Wenn die Belastung für die Eltern zu groß wird, können sie getrost Hilfe von Freunden oder Eltern in Anspruch nehmen. Vor allem aber: Es ist durchaus verständlich und normal, wenn sie in bestimmten Situationen das Gefühl haben, überfordert zu sein. Sie sollten dann dieses Gefühl akzeptieren und sich gestatten, sich erschöpft und ausgelaugt zu fühlen. Mann und Frau müssen wissen, daß Krisen und Konflikte zu ihrem Leben als Familie gehören. Sie müssen lernen, damit umzugehen. Dazu gehört, daß Krisen und Konflikte erst einmal akzeptiert werden. Und es ist wichtig zu lernen, wie man mit unangenehmen Gefühlen umgeht. Unangenehme Gefühle dürfen nicht verleugnet, sie sollten ausgesprochen werden.

Sind wir dem Muttermythos ausgeliefert?

Den Mythos von der immer glücklichen und alles tragenden Mutter und auch den Mythos vom harten, sich über Schwächegefühle hinwegsetzenden Mann können wir abbauen, indem wir beide kritisch hinterfragen. Frauen und Männer müssen als Mutter oder Vater, aber auch als Freund und Freundin klären, was sie voneinander erwarten, woran sie leiden und wie sie einander helfen können.

Mütter und Väter sollten nicht mehr bereit sein, Erwartungen von Eltern, Freunden oder gesellschaftlichen Instanzen kritiklos zu übernehmen. Es ist geradezu notwendig, daß sie diese Erwartungen anhand ihrer eigenen Interessen und ihrer jeweils individuellen Gegebenheiten überprüfen. Wenn sich zeigt, daß die gesellschaftlichen Erwartungen unrealistisch sind und der wahren Problem- und Gefühlssituation nicht entsprechen, dann sollten sie den Mut haben, ihren eigenen persönlichen Weg zu gehen. In einer Partnerschaft heißt das immer, sich die Arbeit der Kinderversorgung und -erziehung aufzuteilen. Prinzipiell ist die Überbetonung der Mutterrolle Unsinn. Die Kinder sind von einem Paar gezeugt worden, also liegt auch die Verantwortung bei einem Paar. Wir haben in Untersuchungen festgestellt, daß der Versorgungstrieb nicht nur der Frau angeboren ist, sondern auch dem Mann. Männer können Kinder genauso sensibel versorgen wie Frauen.

Dies alles hat vorwiegend Konsequenzen für das Verhalten der Männer. Sie müssen, was sehr schwierig ist, versuchen, ihre Situation am Arbeitsplatz so zu gestalten, daß sie auch noch Zeit für die Versorgung der Kinder haben.

Die Medien veröffentlichen immer wieder psychologische Erkenntnisse darüber, was ein Baby unbedingt braucht. Ist das nicht ein zusätzlicher enormer Druck für die Mutter?

Es stimmt, daß die Medien mit ihren Schilderungen einer »guten Mutter« und der »richtigen Erziehung« zusätzlich einen enormen Druck auf die Mütter ausüben. Dieser Druck führt zu einer starken Verunsicherung. Die Eltern befinden sich in einer Klemme: Sie wollen das ihnen von ihren eigenen Eltern bekannte Versorgungs- und Erziehungsverhalten nicht mehr anwenden. Sie haben ein starkes Interesse daran, ihr Kind nach neuesten psychologischen Erkenntnissen »optimal« zu erziehen. Leider bekommen sie in dieser Situation keine angemessenen Hilfen von der Psychologie und der Pädagogik. Im Gegenteil, häufig werden die Mütter und Väter durch unrealistische Versorgungs- und Erziehungsziele noch mehr verunsichert. Angemessenes Erziehungsverhalten sollte aber immer eine *familiäre* Entscheidung sein und nicht von außerfamiliären Instanzen vorgegeben werden. Leider haben viele miteinander konkurrierende gesellschaftliche Gruppen – Bekleidungsindustrie,

Spielzeugindustrie, Babynahrungsindustrie usw. – großes Interesse daran, den Eltern Normen aufzudrängen. Die psychologische und die pädagogische Wissenschaft sollten sich an dieser Verunsicherung nicht beteiligen. Sie sollten statt dessen jede einzelne Familie dabei unterstützen, ihre eigenen Normen zu finden.

Wie könnten solche Hilfen aussehen?

Es scheint mir wichtig zu sein, daß man Eltern schon vor der Geburt eines Kindes und auch später Kurse im Rahmen einer Elternschule – oder wie man das sonst nennen will – anbietet. Sie müssen so attraktiv und lebensecht gestaltet werden, daß jede Mutter und jeder Vater Lust hat, sie regelmäßig zu besuchen. In solchen Kursen sollten vorrangig Erfahrungen ausgetauscht werden. Man könnte sie also auch als Elternselbsthilfegruppen bezeichnen. In diesen Gruppen würden dann auch in der Praxis erfahrene Fachleute Informationen über Kindererziehung geben und Übungen vorschlagen, damit die Eltern ihr theoretisches Wissen praktisch überprüfen können. Elternberatungsstellen für Kleinstkinder sollten zwar psychologische und pädagogische Vorschläge bei Unsicherheiten machen. Der Schwerpunkt solcher Hilfen muß aber immer darin bestehen, Verunsicherung abzubauen und Mut zu eigenen Erziehungsnormen zu machen. Die Eltern sollten dazu ermutigt werden, sich mit den Vorschlägen in den Medien kritisch auseinanderzusetzen.

Es fehlt aber, meine ich, auch mehr praktische Hilfe für Mütter.

Auch dafür müßten Beratungsangebote geschaffen werden. Nicht nur für die Zeit der Schwangerschaft, sondern auch für das erste Lebensjahr des Kindes. Die Mütter müßten, wenn nötig, aufgefangen werden können. Der seelische Druck ist oft zu stark. Dann brauchen sie zur Entlastung therapeutische Hilfen. Denn es ist natürlich möglich, daß durch diese Streßsituation früh angelegte neurotische Störungen aufbrechen. Es ist ja bekannt, daß Depressionserkrankungen nach der Geburt eines Kindes auftreten können.

Auch konkrete, ganz praktische Hilfe muß den Müttern angeboten werden. Sie könnte beispielsweise darin bestehen, daß »Nachtmütter« es den Frauen ermöglichen, sich auch einmal auszuschlafen. Solche Hilfen müßten in allen sozialen Diensten und Krankenhäusern abrufbar sein. Ein weiteres Problem würde eine ausreichende Zahl von Kindertagesplätzen lösen. Dieser Bereich wird ja jetzt vom Staat sträflich vernachlässigt. Es geschieht nichts, obwohl hier die Not sehr groß ist. Das ist völlig unverständlich: Der Staat hat ein Interesse daran, daß Kinder geboren werden. Er tut aber viel zu wenig, um Mütter und Familien zu unterstützen.

Kann man bei so vielen gesellschaftlichen und persönlichen Beschwernissen Frauen überhaupt Mut machen, dennoch Kinder in die Welt zu setzen?

Ich finde es sehr wichtig, das trotz allem zu tun. Kinder zu bekommen und großzuziehen, ist ein Abenteuer mit vielen Risiken, das stimmt. Und viele Paare haben heute nicht mehr den Mut dazu – wegen der unsicheren Zukunft für Kinder und wegen der vielen persönlichen Einschränkungen, die auf sie zukommen werden. Ich meine, man sollte sich sehr ernsthaft mit den Argumenten eines solchen Paares auseinandersetzen. Häufig spürt man bei einem Gespräch über dieses Thema, wie sehr die Menschen unter den Unsicherheiten, die das Leben mit sich bringt, leiden und daß sie eine sehr starke Sehnsucht nach absoluter Sicherheit haben. Diese Sehnsucht nach Sicherheit ist verständlich. Man sollte sich jedoch fragen, ob sie realistisch ist. Es ist ja ein zentrales Lebensprinzip, daß wir Güter wie Gesundheit, Glück, Lebendigkeit, Hoffnung oder Geborgenheit immer wieder anstreben müssen, daß wir sie aber nie dauerhaft und sicher besitzen können. Das Leben ist immer ein Wagnis. Man braucht Mut dazu, dieses Wagnis einzugehen, und Kraft, um Krisensituationen zu bewältigen. Beides kann man im Zusammensein mit Kindern lernen. Dieses Geschenk machen uns Kinder. Zu leben heißt, trotz aller Rückschläge und Enttäuschungen immer wieder auf Menschen zuzugehen.

II.

DIE BEZIEHUNG ZUM PARTNER

»Mein Mann fühlte sich unverstanden und zurückgesetzt.«

Vera (37) ist geschieden und lebt allein mit ihren drei Kindern (vier, sieben und zehn Jahre alt).

Es ist wohl die schwierigste Übung, die es gibt, als Familie so zu leben, daß die Partnerschaft lebendig bleibt. Meinem Mann und mir ist dieses Kunststück nicht gelungen.

Als wir uns kennenlernten, war ich erst 18. Wir studierten beide. Während des Studiums hatten wir eine bewegte Zeit miteinander. Das war um das Jahr 68, es kamen jede Menge Anregungen von außen. Wir haben eine Wohngemeinschaft gegründet, Demos vorbereitet, Flugblätter verteilt. Wir waren immer beschäftigt, kamen nie dazu, uns mit uns auseinanderzusetzen.

Nach zehn Jahren Ehe wurde unser erstes Kind geboren. Die Schwangerschaft versetzte uns richtig in Ekstase. Mein Mann hatte sich schon lange ein Kind gewünscht. Nun wurde es endlich was und schien die Erfüllung zu sein.

Die Schwangerschaft habe ich als glückliche und befriedete Zeit in Erinnerung. Ich habe schon da angefangen, meine Mutterrolle zu spielen, mich nur noch um Kindersachen gekümmert, in Kaufhäusern eingekauft, in die ich früher keinen Fuß gesetzt hätte. Ich habe nur so in Kindersachen geschwelgt. Da öffnete sich mir eine neue Welt nach unseren revolutionären Jahren. Aus vollem Herzen habe ich das genossen.

Mein Mann ist gleichzeitig mit Volldampf in den Beruf gegangen. Er wurde Journalist. Ein sehr erfolgreicher. Seine Karriere begann genau in dem Moment, in dem ich schwanger wurde. Äußerlich hat alles 100prozentig gestimmt: eine Bilderbuchbeziehung.

Als das Kind da war, haben wir uns beide aus unseren verschiedenen Richtungen darauf gestürzt. Ich habe die Muttertütelrolle gespielt, er den ambitionierten Vater. Er hatte Wickelkurse besucht und war viel mit seiner Tochter unterwegs. Über die neuen jungen Väter hat er engagierte Artikel geschrieben.

Mich hat die Rolle als Hausfrau und Mutter aber nicht befriedigt. Ich hatte ständig Hunger nach etwas anderem, habe mich minderwertig gefühlt gegenüber berufstätigen Frauen. Die habe ich bewundert und beneidet, und ich fühlte mich eingesperrt. Ich habe dann den totalen Putzzwang entwickelt. In mir drin blieb es leer.

Die Lücke versuchte ich, mit dem Kind auszufüllen. Es war mein Lebensinhalt. Ich gehöre nicht zu den Müttern, die es schwierig finden, ein Kind zu haben. Im Gegenteil, mein Kind hat das Kind in mir ungeheuer befriedigt. Ich hatte zum ersten Mal etwas, womit ich spielen durfte, ohne daß mir einer reinredete. Dabei ist mein Herz aufgegangen. Das Baby war für mich wie eine interessante Puppe, die auch noch selbst etwas macht.

Unsere Sexualität ist nach der Geburt unserer Tochter total eingeschlafen. Wir haben zwar ganz kurz nach der Geburt den Geschlechtsverkehr wieder aufgenommen – gerade das Mindestmaß an Zeit haben wir abgewartet. Aber mir kam es vor, als absolvierten wir nur noch gymnastische Übungen. Mehr war es nicht für mich. Was ein Orgasmus war, wußte ich sowieso nicht. Den habe ich immer nur vorgetäuscht und gleichzeitig danach gesucht. Aber nach der Geburt hatte ich nicht mehr das geringste Verlangen. Mein Mann war mir nur noch lästig.

Er reagierte auf seine Art ganz rührend. Er war liebevoll besorgt und hat mich stundenlang gestreichelt. Sektabende mit Hummer bei Kerzenschein hat er sich ausgedacht und mich verführen wollen. Ich habe diese Zeit als mühevoll in Erinnerung. Ich kam mir wie eine Maschine vor, die ein Rädchen verloren hat. Mein Mann hat sich bemüht, das Rädchen wiederzufinden, und fühlte sich dabei sehr unverstanden.

Hinzu kam, daß ich durch das Kind nicht mehr so verfügbar für ihn war, wie er sich gewünscht hätte. Ewig ein Baby an der Brust, nur noch selten Strapse, Stöckelschuhe und seidene Unterwäsche.

Das alles sehe ich erst heute so klar. Damals haben wir über nichts geredet. Unerschütterlich haben wir an der »wunderbaren Familie« festgehalten. Unsere Gefühle sind dabei langsam aber sicher eingeschlafen. Ich habe zwar unterschwellig ständig gespürt, daß mir etwas fehlt. Aber ich bin ein ungeheuer guter Verdränger. So kam ich dann auf die glorreiche Idee, ein Kind reiche nicht aus. Es müßten mehr Kinder her, um das Loch zu füllen.

Mein Mann wollte nicht noch ein Kind. Er hat wohl gespürt, daß er es nicht schafft, noch ein Kind zu haben. Das erste hat er gerade noch verkraftet. Obwohl er fand, daß es mich ihm wegnimmt. Mit *einem* Kind hätte er mich gerade noch teilen können. Mit einem Kind hätte er sein Bild von einer intakten Familie behalten können: Okay, wir sind ein liebendes Paar und haben ein Kind. Das kostet soundsoviel Energie, aber wir haben ja Geld genug und können uns ein Kindermädchen leisten. Dann kann ich wenigstens abends mit meiner Frau ausgehen, und ich krieg' trotz Kind mein Maß an Zuwendung. Aber ihm war wohl klar, daß das bei zwei Kindern vorbei ist. Er hat wohl geahnt, daß dann nichts mehr für ihn übrigbleiben würde. Er war nicht der Mann, der es ertragen konnte, daß ich meine Energie von ihm abziehe.

Ich habe nicht auf seine Einwände gehört. Ich habe mich durchgesetzt.

Es war in Griechenland. Auch im Urlaub war ich ständig lustlos und müde. Da hat er gesagt: »Es muß sich bei uns etwas ändern.« Damit hat er die Sexualität gemeint. Ich habe hoch und heilig versprochen, daß ich mich bessern würde. Dabei wollte ich das gar nicht. Schlappheit und Lustlosigkeit in mir waren viel stärker als ich.

Noch im Urlaub stellte sich heraus, daß ich wieder schwanger war. In einer griechischen Apotheke – sie war voller alter Damen – habe ich einen Schwangerschaftstest machen lassen. Der Apotheker hielt uns freudestrahlend den Zettel entgegen, auf dem das Kreuz an der »richtigen« Stelle war, und dann haben uns alle gratuliert. Unsere Freude war eher gedämpft, aber die Stimmung war so mitreißend, da wollten wir uns keine Blöße geben und haben eben auch gelacht. Irgendwie war es keine Frage: Ich war wieder schwanger, wir würden also noch ein Kind kriegen. Allen Problemen zum Trotz glaubte ich immer noch an meine wunderbare Familie.

Zu diesem Zeitpunkt ist mein Mann innerlich von uns weggegangen. Er hat es nicht ertragen, daß ich noch ein Kind kriege. Von dem Moment an hat er sich Freundinnen genommen. Das erfuhr ich aber erst nach weiteren drei Jahren. Ich merkte nur, daß ich immer stärkere Ängste bekam.

Mein Mann ist nämlich abends nicht mehr nach Hause gekommen. Rückblickend war diese Zeit der absolute Tiefpunkt in meinem Leben. Ich habe Höllennächte verbracht, bin nachts weinend von Fenster zu Fenster gelaufen und habe die Straße beobachtet. Jedesmal, wenn ein Taxi hielt, habe ich schweißgebadet geguckt, ob er drinsitzt. Immer war es jemand anderes. Wenn im Treppenhaus ein Licht anging, bin ich rausgestürzt, um zu lauschen, ob es seine Schritte sind.

Dabei schwankte ich immer zwischen Zetern und Vergeben. Oft habe ich nachts wütend die Tür von innen abgeschlossen und mir geschworen, ihn nicht mehr reinzulassen. Nächtelang habe ich mir vorgestellt, wie ich die Wohnung einrichte nur für mich und meine Kinder. Habe in Gedanken seine Sachen in Kartons gepackt und mich breitgemacht in der Wohnung.

Wenn er endlich gegen Morgen kam, war ich froh, daß er wieder da war, habe alles vergessen und schnell frische Brötchen fürs Frühstück gekauft. Es waren richtige Wechselbäder. Manchmal war ich ganz liebevoll, habe alles für ihn getan, und manchmal habe ich einen Heidentanz gemacht und geschrien: »Du altes Schwein, du.« Dann hat er Opfer gespielt. Er das arme Opfer und ich das Muttertier, das ein Kind nach dem anderen kriegt und den Mann dabei vernachlässigt.

Trotz des Terrors haben wir nie den Weg zu einem Ehetherapeuten gefunden. Wir kamen gar nicht auf die Idee. Auch in der Zeit hielten wir unser strahlendes Bild nach außen hin aufrecht. Ich weiß noch, wie ich überall glücklich erzählte: »Wir fahren wieder nach Lanzarote und in zwei Monaten da und da hin.«

Es war dann bei meinen Eltern in Frankfurt. Mir war nicht gut, und plötzlich hatte ich die Blitzidee, ich könnte schwanger sein. Ich habe einen ungeheuren Schreck gekriegt, der sich in einem Asthmaanfall äußerte. Der Schwangerschaftstest war positiv. Als ich meinen Mann angerufen und es ihm gesagt habe, war er sehr erschrocken. Jedenfalls sagte er, ich solle sofort nach Hause kommen. Zu Hause hat er mir dann ganz deutlich gesagt daß er kein Kind mehr will.

Ich habe angefangen, nach Abtreibungsmöglichkeiten zu suchen, bin brav zu pro familia und zum Arzt gelaufen. Es war ein einziges Theater, was ich da veranstaltet habe. Ich habe vor ihm so getan, als ob ich das Kind nicht wollte. Innerlich habe ich aber klar gewußt: Diesem Kind wird nichts passieren. Ich habe sogar mit dem Kind gesprochen und ihm gesagt: »Ich rufe jetzt noch mal bei pro familia an. Aber mach dir keine Sorgen, das hat überhaupt nichts mit dir zu tun.«

Als mein Mann merkte, daß ich das Kind nicht wirklich abtreiben würde, brachte er eine große Flasche Champagner mit und sagte: »Gut, dieses Kind kriegen wir noch, aber danach ist Schluß.« Später kam es mir so vor, als hätte da sein Unterbewußtsein gesprochen, als habe er gemeint: Dann ist Schluß mit unserer Beziehung.

Unser Bild von der heilen Familie haben wir bis zum bitteren Ende aufrechterhalten. Die Exzesse meines Mannes wurden zwar immer schlimmer, aber wir haben das beide kräftig vertuscht. Und über nichts gesprochen.

Wir hatten zum Beispiel ein Wochenendhaus, auf das wir mächtig stolz waren. Dahin bin ich brav regelmäßig gefahren mit den Kindern, damit das Bild von der glücklichen Mutter in den guten Verhältnissen stimmte. Dabei fühlte ich mich dort unheimlich einsam und allein und habe viel geweint. Aber das sah ja keiner. Vor lauter Einsamkeit habe ich was ganz Verrücktes gemacht, etwas vollkommen Sinnloses. Ich habe einen Freund in Berlin, einen Frauenaufreißer, der sich auch nie ändern wird und der zu jeder Zeit bereit ist. Den habe ich besucht und mit ihm geschlafen, obwohl ich im achten Monat schwanger war. Heute glaube ich, ich muß verzweifelt nach einem Halt gesucht haben.

Das dritte Kind war eine Hausgeburt – auch voll im Trend, wie immer. Als das Kind zwei Wochen alt war, passierte das mit Tschernobyl. Da habe ich meine Kinder genommen und bin nach Lanzarote gefahren, zu einer Freundin. Mein Mann wollte später nachkommen. Das hat er erst sehr viel später getan und mir nur gesagt, daß er eine andere Frau hat und mit seiner Familie nichts mehr zu tun haben will.

Ich habe einen schrecklichen Schock gekriegt. Wir saßen in einem Restaurant. Es war, als hätte mir jemand eine Todesnachricht überbracht. Ich habe ganz irre geschluchzt und dabei mein Kind an mich gedrückt. Die halbe Nacht sind wir über die Insel gefahren und haben kein Wort gesprochen. Es war eine so große Leere. Wie wenn jemand stirbt.

Der Schock war wie ein Schlag auf den Kopf gewesen. Ich war innerlich wie tot. Total verletzt, wie bei einer Querschnittslähmung. Mein Mann ist weggefahren, und ich saß mit meinen drei Kindern da wie ein verlassenes Kind. Ich konnte es nicht fassen. Trotzdem wuchsen ganz schnell meine Überlebenskräfte. Nach drei Tagen habe ich beschlossen, nicht in Deutschland eine Trauernummer abzuziehen, sondern auf Lanzarote zu bleiben und da mein Leben zu organisieren. Ich bin dann ein Jahr geblieben. Dieses Jahr habe ich gebraucht, um aufzuwachen.

Es wurde ein phantastisches Jahr. Ich habe viel für mich getan. Gelebt habe ich von einem Kredit und von Yogaunterricht, den ich gegeben habe. Finanziell war ich in diesem Jahr eine ziemliche Traumtänzerin. Wenn ich dieses Leben weitergeführt hätte, wäre das mein Ruin gewesen. Gott sei Dank bin ich rechtzeitig aus dem Traum erwacht.

Ich hatte einen falschen Stolz. Ich wollte alles ohne meinen Mann schaffen. Er hat in der Zeit mit Champagnerflaschen nur so um sich geworfen. Das ging, weil ich ihn nicht gefordert habe, nicht gesagt habe: »Du hast eine Frau und drei Kinder. Das kostet soundsoviel Geld.« Dazu war ich nicht in der Lage. Nach einem Jahr habe ich dann gemerkt: So geht es nicht.

Ich wollte wieder nach Hause. Ich habe meinen Mann gezwungen, aus unserer Wohnung auszuziehen. Zuerst dachte ich noch immer: Durch die Kinder ist unsere Ehe kaputtgegangen. Alles ist meine Schuld, weil ich drei Kinder bekommen habe. Aber nach einem Jahr sah ich das anders. Ich hätte dann gerne mit ihm zusammen eine Ehetherapie gemacht. Das wollte er nicht.

Dann habe ich gesagt: »Okay, dann reiche ich die Scheidung ein. Ich will nicht länger mit einem Mann verheiratet sein, der mit anderen Frauen schläft.« Ich habe die Scheidung eingereicht, nach 17 Ehejahren.

Plötzlich stand mir Unterhalt zu. Ich habe heute noch Schwierigkeiten, das als mein Recht anzusehen. Und mein Mann versäumt keine Gelegenheit, mir zu sagen, daß ich faul bin, Geld verdienen soll. Aber das sehe ich mit meinen drei kleinen Kindern nicht ein.

Bis heute hat es zwischen uns kein richtiges Gespräch gegeben. Für mich ist das Buch immer noch nicht geschlossen. Wir sind noch nicht klar miteinander. Ich bin auch noch nicht frei von Bitterkeit. Er hat wieder geheiratet, eine ganz junge Frau. Sie kriegt jetzt ein Kind. Die Hochzeit war ein Schock für mich. Auch als ich hörte, seine neue Frau sei schwanger. Die Nächte, nachdem er mir das gesagt hat, habe ich in einem ähnlichen Zustand verbracht wie die Nächte damals, als er nicht nach Hause kam. Jedesmal mußte ich mich noch ein Stück mehr von ihm lösen. Ich arbeite heute noch daran, uns zu entkleben.

Im nachhinein meine ich: Nicht wegen der drei Kinder ist unsere Ehe kaputtgegangen. Im Gegenteil, die Kinder haben Klarheit in unsere Beziehung gebracht. Durch sie ist unser Verhältnis zueinander deutlich geworden. Heute denke ich, eine Ehetherapie hätte uns sicherlich geholfen. Aber dazu gehören eben zwei. Ich habe inzwischen gelernt, meinen Weg zu gehen. Und damit geht es mir gut.

»Eine Therapie hat mir geholfen, mit meiner neuen Rolle klarzukommen. Leider hat mein Freund nicht mitgezogen.«

Lena *(30) ist Architektin und erzieht ihren Sohn (zwei Jahre) alleine.*

Mein Kind habe ich mir gewünscht. Früher wollte ich keins. Aber als ich im Bekanntenkreis sah, wie es ist, mit Kindern zu leben, dachte ich, das könnte dir auch gut gefallen. Der Zeitpunkt, als es passierte, war natürlich nicht der rechte. Das war erst mal ein Schlag. Auf der einen Seite wünschte ich mir ein Kind, auf der anderen Seite hatte ich gerade meinen ersten Job nach dem Studium – als Architektin. Aber so genau kann man das ja nie planen.

Ein halbes Jahr habe ich gearbeitet, und das hat gerade gereicht, festzustellen, was ich alles noch nicht kann. Wie intensiv ich mich noch mit meinem Beruf auseinandersetzen muß, um da überhaupt weiterzukommen, ein Bein an die Erde zu kriegen. Was man ja an der Uni überhaupt nicht lernt. Und auch Verantwortung zu tragen, ein Leben mit festen Zeiten zu führen, das ist man von der Uni nicht gewöhnt. Da habe ich schon gedacht: Ein Jahr später wäre mir das Kind lieber gewesen. Aber ich habe es nie in Frage gestellt. Ich habe mir gesagt: Jetzt ist es so, jetzt bin ich schwanger. Jetzt muß ich sehen, wie ich damit klarkomme.

Während der Schwangerschaft habe ich mich sehr wohl gefühlt. Ich hatte schon vorher eine Therapie angefangen, weil es mir darum ging, beruflich gut Fuß zu fassen. Es zu schaffen, in so einem konkurrenzbetonten Männerberuf zu bestehen. Ich hatte Angst, ich packe es nicht, mich da durchzusetzen. Ich bin nicht gut genug, um dem zu begegnen.

Als ich dann schwanger war, ging es in der Therapie darum, nicht in die Situation zu kommen, alles, was ich angefangen hatte und wollte, zu sehr in den Hintergrund zu drängen. Denn mir war klar, daß ich meinen Beruf auch mit Kind nicht aufgeben wollte. Ich habe mir gesagt: Dieses Kind ist nicht dazu da, mir einen Strich durch die Rechnung zu machen. Es ist ja oft so, daß Frauen an diesem Punkt einen Rückzieher machen und sagen: »O Gott, es ist mir alles zu schwer und zu kompliziert.« Und das Kind ist ein guter Vorwand, sich zurückzuziehen. Die gehen zurück in den traditionellen Aufgabenkreis. Genau das wollte ich auf keinen Fall. Deshalb haben wir in der Therapie dieses Idealbild – wie muß eine Supermutter sein – zurechtgerückt.

Für die erste Zeit hatte ich allerdings schon Ideale: Ich wollte stillen und mich voll dem Kind widmen. Die neue Mütterlichkeit war ja angesagt, und das wollte ich auch erst mal haben. Mich einlassen auf das Kind, auf seine körperliche Nähe. Das war mir sehr wichtig. Nach einer angemessenen Zeit wollte ich den Absprung dann wieder schaffen.

In Phantasiereisen habe ich mir mit meiner Therapeutin vorgestellt, wie schwer die erste Zeit mit dem Kind werden kann. Was im schlimmsten Fall auf mich zukommen kann. Ich wollte nicht von vornherein davon ausgehen: Das Kind wird viel schlafen, und es klappt alles prima. Sondern ich habe mir ausgemalt, wie der Extremfall sein könnte, und wie ich damit umgehen kann.

Ich habe mich in der Zeit auch sehr bewußt im Bekanntenkreis umgesehen, wo viele kleine Kinder waren. Viele Freunde haben mir auch ganz offen von den Schattenseiten und Schwierigkeiten erzählt. Klar, in der Schwangerschaft denkt man, es wird schon gutgehen, und ich werde schon alles auf die Reihe kriegen. Aber ich habe auch gut zugehört und zugesehen. Ich hatte nie die Vorstellung: Bei denen ist es schwierig, aber bei mir wird alles viel besser sein. Ich habe gedacht: Wenn sich bei mehreren Leuten bestimmte Dinge wiederholen, da muß ja was dran sein. Und: Mir wird es mit Sicherheit genauso gehen.

Meine Therapeutin hat mich darauf aufmerksam gemacht, wie wichtig es ist, sich vom ersten Tag an viel Hilfe zu organisieren. Daher habe ich mir überlegt, wen ich von Anfang an mit einbeziehen könnte. Und wie ich es schaffen kann, mein Kind auch anderen zu überlassen. Was ja nicht so einfach ist. Oder auch, wie ich es schaffen könnte, den Kontakt zum Beruf zu halten. Ich wollte mindestens meine Fachzeitschriften weiterlesen, um nicht herauszurutschen aus der Thematik. Was ja sehr schnell gehen kann, wenn man den ganzen Tag müde und geschafft ist.

Diese Vorbereitung war wichtig, denn ich glaube, mein Sohn ist eins der anstrengendsten Kinder, die ich je erlebt habe. Es ist wirklich so gekommen, wie ich mir den Extremfall ausgemalt hatte. Mein Sohn war von Anfang an unheimlich wach und lebendig. Da war nichts mit Durchschlafen. Er kam nachts zwanzigmal, bis er knapp ein Jahr alt war. Es wurde zwar langsam besser, aber es hat Phasen gegeben, da kam er alle halbe Stunde.

Obwohl ich mich auf das Schlimmste eingestellt hatte, gab es doch immer wieder Momente, auf die ich nicht vorbereitet war. Man kann sich vorher einfach nicht vorstellen, wie das ist, wenn man zehn Stunden vollgeplärrt wird. Und mein Sohn hat das gemacht. Der hat mit vier Monaten den ersten Zahn bekommen. Sechs Wochen, bevor die Zähne eingeschossen sind, hat er schon »non stop« geschrien. Wir wußten überhaupt nicht, was das Kind hatte, weil ich im Leben nicht damit gerechnet hatte, daß er so früh Zähne bekommt.

Alle zwei Wochen kam ein Zahn, und jedesmal war das mit heftigstem Schreien über Stunden verbunden. Um fünf Uhr morgens ging das los. Um acht abends sind wir beide vor Erschöpfung eingeschlafen, und dazwischen ging nichts. Ich konnte dieses Kind nicht beruhigen. Unmöglich.

Dann hatte er Blähungen. Wir haben ihn nachts im Auto spazieren gefahren, damit er wieder einschläft. Er war nachts regelmäßig stundenlang wach. Das war sehr anstrengend.

Neun Monate habe ich gestillt. So lange haben mein Freund und ich uns abwechselnd um unseren Sohn gekümmert. In der Zeit bin ich stundenweise arbeiten gegangen. In einem alternativen, kollektiv geführten Café, für das ich nebenbei die Buchführung gemacht habe. Die Zeit konnte ich mir selber einteilen. Mein Freund hat auch da gejobbt. Wenn unser Sohn gestillt werden mußte, kam mein Freund mit ihm und hat mich abgelöst.

Im Mutterschutzurlaub war alles noch ganz gut zu bewältigen, denn ich hatte ja keinen anderen Streß. Als ich anfing, wieder in meinem Beruf zu arbeiten, ging es an die Substanz.

Das war gerade so eine Phase, wo mein Sohn nachts alle halbe Stunde kam. Da saß ich morgens im Büro und bekam überhaupt nichts mehr geregelt. Das war schlimm. Das war wirklich schlimm. Und es war unheimlich schwer, wieder Anschluß im Beruf zu finden. Es ging sofort los mit dem Konkurrenzkampf – meinem Therapiethema. Und nun kam hinzu, daß ich ein Kind hatte, das mich voll forderte. Das war eine ganze Weile lang ziemlich brenzlig. Ich mußte schließlich die Firma wechseln, weil der Druck zu groß wurde.

Das lag an einem Kollegen, der, obwohl er selbst drei Kinder hatte, wenig Verständnis für meine Lage aufbrachte. Wahrscheinlich wußte er nicht, was es bedeutet, wenn man nachts zwanzigmal aufsteht, zur Arbeit düst, acht Stunden arbeitet, nach Hause eilt, und da wieder bis zum nächsten Morgen einen schreienden Säugling hat. Selbst wenn mein Freund unseren Sohn hochgenommen hat, bin ich ja immer mit wach geworden. Ich werde heute noch wach, kurz bevor er schreit, weil ich so einen Kontakt zu ihm habe.

Und dieser Kollege hatte nichts Besseres zu tun, als eine Intrige nach der anderen zu spinnen. Er verbreitete hintenherum über mich, ich sei unfähig, ich könne nichts. Ich hatte einen total schweren Stand. Das war eine große Firma, in der sowieso nur geboxt und gemauschelt wurde.

Ich hätte denen also beweisen müssen, wie gut ich bin. Aber dazu fühlte ich mich in meiner Situation überhaupt nicht in der Lage. Dazu war ich zu belastet. Ein paar Monate habe ich das durchgehalten. Dann habe ich den Entschluß gefaßt: Ich suche mir eine neue Stelle, wo es einfacher für mich ist. Die Arbeitssituation für Architekten war zu der Zeit gut. Ich konnte mir aussuchen, wo ich arbeiten wollte. Ich habe also gar nicht lange suchen müssen: Auf eine Anzeige bekam ich fünf Angebote. Ich habe ein Büro gewählt, wo ich erst mal halbtags arbeiten konnte. Es gab nur den Chef und mich, und das lief prima. Der hat mir meine Sachen übergeben, und ich habe eigenständig gearbeitet. Keiner stand über mir, der sagte: »Du kannst nichts.« Ich habe alles gelöst, und es hat mich sehr gestärkt, zu merken: Du kannst es sehr wohl doch! Plötzlich traute mir einer was zu, und da war alles für mich sehr viel einfacher.

Auch darauf, daß eine Beziehung in eine Krise geraten kann, wenn ein Kind kommt, waren wir vorbereitet. Die Beziehung zu meinem Freund ist aber trotzdem gescheitert. Nicht nur durch die Probleme, die ein Kind mit sich bringt. Ich glaube, die Beziehung war überhaupt noch nicht gefestigt genug. Wir haben uns zu kurz gekannt. Mein Freund kam mit seinen Gefühlen nicht klar. Seine Eifersucht war massiv. Er dachte, sein Sohn nimmt ihm die Frau weg. Er war ständig eifersüchtig auf den engen Mutter-Kind-Kontakt. Er hat sich außen vor gefühlt und keine Möglichkeit gesehen, das zu ändern.

Ich wußte, daß so etwas passieren kann, denn es haben sich in meinem Bekanntenkreis in dieser Situation viele Leute getrennt. Meine Therapeutin hatte gesagt: »Achtet darauf, daß ihr viel für euch macht.« Wir haben nicht darauf geachtet, und das war wohl ein großer Fehler. Wir hätten das viel nachdrücklicher tun sollen. Es gab aber auch nicht viele gemeinsame Interessen. Deshalb hat jeder von uns viel mit anderen Leuten gemacht. Wir haben abwechselnd auf unseren Sohn aufgepaßt, uns dann das Kind in die Hand gedrückt und sind schnell wieder weg, um die Zeit voll nutzen zu können. Da ist ganz viel schiefgelaufen. Aber wir sind auch in zu vielen Dingen grundsätzlich anderer Meinung. Da war einfach nichts mehr zu retten. Die Beziehung war von Anfang an sehr unausgeglichen. Ich habe mich sehr um sie bemüht. Aber als das Kind da war, habe ich das nicht mehr so gekonnt. Von meinem Freund kam nicht viel. Der hatte nur seine Erwartungshaltung und dann halt die Eifersucht. Ich konnte und wollte mich nicht mehr allein so bemühen. Für eine Beziehung ist es aber notwendig, daß zwei Leute an ihr arbeiten. Wenn das nur einer macht, das reicht nicht. Die Situation hat sich so sehr zugespitzt, daß wir uns jetzt trennen. Wir haben vor, uns die Arbeit mit unserem Sohn weiter zu teilen.

Im nachhinein kann ich sagen: Die Vorbereitung durch die Therapie hat mir gebracht, daß ich die Ziele, die ich mir beruflich gesetzt hatte, erreicht habe. Ich bin sehr konsequent wieder in den Beruf zurückgegangen, habe mich den Schwierigkeiten gestellt, auch wenn es sehr hart gewesen ist. Ich hätte es ohne Therapie furchtbar gefunden, mich von meinem Kind abzuwenden und meine Interessen wieder wichtig zu finden. Ich hätte viel stärker das Gefühl gehabt, eine schlechte Mutter zu sein. Das ist schwierig, wenn man nicht darin bestärkt wird, etwas für sich zu tun.

Die anderen fanden nämlich, ein kleines Kind in andere Hände zu geben, das sei ganz schlimm. Es wurde gerade noch eben akzeptiert, daß der Vater sich stundenweise um sein eigenes Kind kümmerte. Obwohl sich ein Vater ja nicht so um ein Kind kümmern könne wie die Mutter. Aber wenn man dann anfängt, sein Kind in fremde Hände zu geben, dann wird es ganz problematisch. Selbst bei den Großeltern oder der besten Freundin darf man das nicht. Und Kinderkrippen dürfte es nach Meinung der meisten Menschen gar nicht geben. Das sei eine viel zu große Belastung für Kinder, wenn man sie den ganzen Tag mit anderen Kindern spielen lasse. Es einer Erzieherin auszusetzen, das könne ein Kind überhaupt nicht verarbeiten. Es muß wohlbehütet an Mutters Rockschoß kleben und soll vom Leben erst mal nichts erfahren. Das sind meine Erfahrungen mit meiner Umgebung. Eine Mutter hat ihre Bedürfnisse zum Wohle des Kindes völlig zurückzustellen. Und das mindestens drei bis vier Jahre lang. Auch bei den Leuten, von denen ich aufgrund ihrer alternativen politischen Einstellung etwas anderes erwartet hätte. Die leben eher von der Sozialhilfe, als zu sagen: »Ich gehe trotz Kind mein Geld erarbeiten.« Wenn man sich als Frau um seinen Beruf kümmert, dann wird man als karrieregeil abgestempelt. Es gilt als verwerflich, sein eigenes Interesse mit dem für das Kind gleichzustellen.

In mir war dieses Ziel die ganze Zeit gewachsen. Es war für mich ganz klar, daß ich trotz des Kindes beruflich weitermachen wollte. Mit Hilfe der Therapie konnte ich gut dazu stehen. Es gab zwar auch Schwankungen, es gab auch Situationen, in denen ich dachte: Du schaffst es doch nicht. Aber zutiefst hatte ich das Gefühl, es sei in Ordnung, mein Ding zu machen, obwohl ich Mutter bin.

Unterstützt worden bin ich von meinen Eltern und von einer guten Freundin. Alle drei haben von vornherein gesagt: »Wir nehmen dir den Jungen ab.« Alle tun das bis heute regelmäßig. Sie haben es angeboten und konsequent durchgehalten. Von denen hat keiner auch nur einmal gesagt: »Das Kind gehört die ganze Zeit zur Mutter.« Es ist sehr wichtig, daß man auch ein paar Leute hat, die zu einem stehen. Wenn man sich gegen alle nur behaupten muß, ist es wahnsinnig schwer.

»Die meisten Paare machen nach der Geburt eines Babys eine Beziehungskrise durch.«

Hermann Bullinger *(41) ist Therapeut, Pädagoge und Buchautor und hat ein Kind. Er lebt mit seiner Lebensgefährtin zusammen.*

Beim Lesen Ihres Buches »Wenn Paare Eltern werden« bekommt man den Eindruck, es sei unnormal, wenn ein Paar nach der Geburt eines Kindes nicht in eine Beziehungskrise gerät.

Mein Eindruck ist, daß fast alle Paare in den ersten eineinhalb Jahren nach der Geburt des ersten Kindes in eine Beziehungskrise geraten. Und daß diese Krise bei den Paaren am stärksten ausgeprägt ist, die die traditionellen Beziehungsformen am konsequentesten in Frage stellen. Mir ist irgendwann klargeworden, daß ein Kind eine ganz tiefgreifende Veränderung im Leben ist. Jede Veränderung fordert, daß man sich neu organisiert. Daß man sein Leben neu einrichtet. Daß alles, was bisher selbstverständlich war, seine Selbstverständlichkeit verliert. Krise heißt ja, neu einstellen auf eine neue Situation. Neuorganisation. So was geht nicht glatt ab. Das löst viele Probleme aus.

Diese Beziehungskrise trifft die meisten Paare unvorbereitet, denn von ihr ist in den Medien nur selten die Rede. Viele Paare sind mit der Bewältigung einer solchen Krise überfordert. Die zunehmende Zahl von Paaren, die sich zwischen dem ersten und dritten Lebensjahr des Kindes trennen, ist ein Indiz dafür. Und wenn es nicht zur Trennung kommt, die Ursachen für die Auseinandersetzungen jedoch nicht aufgearbeitet, sondern nur »unter den Teppich« gekehrt werden, wird aus dem früheren Miteinander nicht selten ein schweigendes Nebeneinander, das nur noch des Kindes wegen aufrechterhalten wird.

In der Schwangerschaft wollen offenbar die wenigsten Paare wissen, was auf sie zukommt. Und auch in den Büchern, die auf die Geburt vorbereiten, ist davon kaum die Rede...

Die Erwartungen an die neue Situation sind überwiegend positiv. Viele Eltern gehen davon aus, ein Kind sei nur eine Bereicherung. Die meisten Paare haben eine idealisierte Vorstellung von der ersten gemeinsamen Zeit mit dem Neugeborenen. Von der Situation zu dritt erhoffen sie sich hauptsächlich eine Erweiterung der Situation zu zweit. Und daran hat die bei uns vorherrschende Familienideologie einen entscheidenden Anteil. Die Schwangerschafts- und Geburtsvorbereitungsliteratur trägt – ohne dies bewußt zu beabsichtigen – dazu bei, den Zustand der Unwissenheit aufrechtzuerhalten. Sie geht in die Richtung strahlendes Paar, strahlende Mutter mit strahlendem Kind – alles positiv. In den Geburtsvorbereitungskursen wird ja auch höchst selten angesprochen, daß eine Geburt unschön und schwierig verlaufen kann. Daß es ernsthafte Komplikationen geben kann. Es läuft eben alles in eine positive Richtung. Damit wird den Eltern allerdings ein schlechter Dienst erwiesen. Unvorbereitet, wie sie sind, treffen sie diese Schwierigkeiten unerwartet. Da das Paar meistens nicht weiß, daß diese Probleme normal sind und fast von allen Eltern ähnlich erlebt werden, neigt es dazu, sich individuell die Schuld zu geben. Das bewirkt, daß Probleme innerhalb der Beziehung bleiben und nach außen das vorgeschriebene Bild des strahlenden Ehepaares vorgespielt wird. Hier schließt sich der Kreis. Da die Betroffenen über ihre Probleme nicht sprechen, weil sie glauben zu versagen, bleiben die Probleme weiterhin verborgen. Und jedes Paar wird diese Krise erneut als individuell und selbst verschuldet erleben.

Warum wird darüber nicht aufgeklärt?

Dies alles wird bisher wenig öffentlich diskutiert, weil diese Krise weder zu den idealisierten Vorstellungen von der Selbstverwirklichung durch die Mutterschaft paßt noch zu der vom lebenslangen Eheglück. Man hat wohl Angst, durch die belastenden Aspekte des Kinderkriegens und Mit-Kindern-Lebens das vorherrschende positive Bild zu trüben. Es wird wohl befürchtet, daß das nicht ohne Auswirkungen auf die Gebärfreudigkeit bleiben würde. Die Annoncen des Bundesfamilienministeriums in den Zeitungen zeigen ja zum Beispiel nur, wie toll es ist, ein Kind zu haben. Die andere Seite des Kinderhabens, die wird verschwiegen.

Was läuft da bei Paaren ab?

Die Frau trifft die Realität stärker, weil es traditionell so ist, daß sie für die Aufrechterhaltung der Beziehung zuständig ist. Frauen fühlen sich mehr dafür verantwortlich als Männer, sie erleben das stärker als ihr individuelles Versagen: Ich habe sie nicht hingekriegt, diese Harmonie, diese tolle Situation von Vater, Mutter und Kind. Und das ist natürlich noch mal eine Hemmschwelle, auf andere zuzugehen und offen zu sagen, ich schaffe es nicht.

In den Beziehungen mit traditioneller Arbeitsteilung geht der Mann ja recht bald wieder arbeiten. Er hat also viel weniger Veränderungen. Er kommt abends nach Hause und kriegt mit, daß die Frau irgendwie »schlecht drauf« ist. Daß alles schwierig ist. Er kennt die Situation der Frau nicht, lebt in einer anderen Welt und hat in der Regel nie erfahren, was die tagtägliche Betreuung eines so kleinen Wesens bedeutet. Daß das unheimlich zehrend ist, kann er gar nicht verstehen. Er deutet die Probleme als Unfähigkeit der Frau, mit der Situation klarzukommen. Er denkt insgeheim: Die müßte das doch eigentlich packen, das ist doch die Aufgabe einer Mutter. Also, wieso packt meine Frau das nicht, wieso kommt die nicht klar?

Es treffen zwei verschiedene Welten aufeinander, wobei die Frau, die ja mal berufstätig war, sich in die Welt des Mannes noch hineinversetzen kann. Aber nicht umgekehrt. Ich spreche aus eigener Erfahrung. Ich war zweieinhalb Jahre Hausmann. Erst wenn man diese Erfahrung gemacht hat, kann man verstehen, was das bedeutet.

Was bedeutet es denn genau?

Zum Beispiel, daß man nach so einem Tag nicht das Gefühl hat, gearbeitet zu haben. Obwohl man total erschöpft ist, ausgelaugt, sich auf nichts anderes mehr einlassen kann, keine Energie mehr hat. Und daß es unheimlich schwer fällt, von sich selbst abzusehen und völlig für ein Kind dazusein. Wenn man sich den ganzen Tag nur auf den Rhythmus eines anderen eingelassen hat, stellt sich das Gefühl ein, man sei selber total zu kurz gekommen dabei. Daß man sich dann leer und gerädert fühlt, keine anderen Interessen mehr hat und erschöpft ist, das kann man jemand anderem zwar verbal mitteilen. Aber wer es nicht kennt, wird es kaum begreifen. Eine solche Erfahrung macht man als Mann ja normalerweise nicht.

Für den Mann, dessen Berufsleben nicht unterbrochen wird, ist die Frau also plötzlich das unbekannte, fremde Wesen?

Die Aufmerksamkeit, die der Mann bis dahin von seiner Partnerin erwarten konnte, ist plötzlich weg. Er sieht aber: Sie kümmert sich permanent ums Kind. Und oft hat sie keine anderen Interessen mehr. Das scheint übrigens frauenspezifisch zu sein. Gerade in der Frühkindphase schränken viele Frauen ihren Horizont total ein. Sie haben keinerlei andere Interessen mehr. Sie mögen nur noch über ihr Kind reden. Das fand ich, als ich Hausmann war, entsetzlich. Das habe ich als Mann nämlich so nicht erlebt. Ich habe eher darunter gelitten, daß ich meine anderen Interessen nicht wahrnehmen konnte. Für mich war es schwer, mit Müttern zu verkehren, die – obwohl sie vorher engagiert im Beruf standen – nur noch 24 Stunden lang ihr Kind im Sinn hatten. Das ist sicher für viele Männer ein Problem: Was fange ich mit meiner Frau an, die sich für gar nichts anderes mehr interessiert?

Wie empfinden Väter das Stillen?

Beim Stillen entsteht Nähe und Kommunikation zwischen Mutter und Kind, von der der Mann sich ausgeschlossen fühlt. Als nähme das Kind ihm was weg. Das löst zwiespältige Gefühle aus, denn er will ja auch, daß das Kind gestillt wird. Viele Männer gestehen sich diese Gefühle nicht ein und tun so, als sei alles okay. Sie verdrängen die Eifersucht, die diese Situation *auch* in ihnen auslöst. Die macht sich aber eben doch bemerkbar in Vorwürfen, in Empfindlichkeiten.

Was bedeutet es für ein Paar, wenn die Frau plötzlich keine Lust mehr auf Sex hat?

Die meisten Frauen haben nach der Geburt zunächst überhaupt keine sexuellen Bedürfnisse. Auch darauf sind weder Mann noch Frau vorbereitet. Es gibt zwei Möglichkeiten: Der Mann kann als Forderer auftreten. Die Frau fühlt sich dann unter Druck gesetzt. Sie empfindet einfach nichts, weiß aber nicht, woran es liegt. Oder der Mann sagt nichts. Damit ist das Problem aber auch nicht gegessen, dann schwelt es unter der Decke weiter. Der Mann weiß nicht, was er machen soll. Die Frau auch nicht, und viel Zeit zur Kommunikation haben sie auch nicht. Es staut sich meistens alles. Was macht der Mann? Er stürzt sich vielleicht noch mehr in den Beruf, um da Selbstbestätigung zu bekommen. Die Frau ist frustriert, fühlt sich allein gelassen und macht sich vielleicht noch Vorwürfe. Für beide wäre das alles leichter zu ertragen, wenn sie sich sagen könnten, daß niemand »schuld« ist und daß sich die Lust wieder einstellen wird, wenn die erste schwierige Zeit mit dem Baby vorüber ist.

Welche Rolle spielen Kinder, wenn eine Beziehung vorher schon problematisch war?

Es begegnen mir oft Frauen, die betonen: »Es ist nicht durch das Kind gekommen. Die Beziehung war vorher schon problematisch. Durch das Kind ist das nur klargeworden.« Als wäre es ein Vorwurf, daß die Kinder auch ihren Anteil haben. Damit werden die Probleme nur untergebügelt nach dem Motto: Wenn zwischen uns alles okay ist, dann stehen wir das auch durch. So ist es eben nicht immer. Ob ein Paar mit einem Kind klarkommt, das hängt nicht nur davon ab, wie intakt die Beziehung ist. Das hieße nämlich auch: Wäre der Partner anders gewesen, dann wäre alles anders gekommen. Ich hätte nur den richtigen Partner haben müssen. Da landen wir dann ganz schnell wieder bei der alten Geschichte vom Märchenprinzen. Ein Kind zu haben, ist, unabhängig davon, wie die Beziehung vorher war, eine Situation, die ein vollkommen neues Verhalten erfordert. Die Beziehung muß neu definiert werden. Das Paar kann nur hoffen, möglichst viel oder auch möglichst wenig aus der alten Beziehung mit rüberzuretten. Wer leugnet, daß es nun völlig neue Anforderungen gibt und sich so aus einer Beziehung verabschiedet, wird mit dem nächsten Partner wieder genau dieselben Probleme haben. Das ist ja ein Phänomen in Paarbeziehungen: Ich suche mir unbewußt den Partner, der zu meiner eigenen Problematik paßt. Und *jeder* hat eine eigene Problematik. Wenn wir uns unter heutigen Bedingungen eine längerdauernde Beziehung vorstellen, dann ist die nur möglich, wenn wir hart daran arbeiten.

Heute sind viele Paare wirtschaftlich nicht mehr aufeinander angewiesen. Wie wirkt sich das auf die Baby-Krise aus?

Wir haben heute die Möglichkeit, uns von unserem Partner zu trennen. Im Gegensatz zu unseren Eltern, die hatten das noch nicht. Heutige autonome Paarbeziehungen sind so: Zwei Individuen kommen zusammen, aber jedes hat seinen Bereich. Man ist unabhängig voneinander, jeder hat den Raum, seine Interessen auch unabhängig vom Partner zu pflegen. Jeder hat seinen eigenen Freundeskreis. Niemand muß sich mit dem Partner reiben: Was will ich, was willst du? Neben dem Beruf haben beide auch noch genug Zeit, bestimmte Dinge gemeinsam zu machen. So lassen sich das eigene Leben und das des Partners einigermaßen konfliktfrei zusammenbringen. In so einem Haushalt ohne Kinder stellen sich zwar auch Fragen der Arbeitsaufteilung, aber das kriegt man in der Regel organisiert.

Die Situation verändert sich total, wenn ein Kind dazu kommt. Es entstehen nämlich plötzlich Abhängigkeiten voneinander, an die man gar nicht gewöhnt ist. Die Probleme, die vorher ausgeklammert werden konnten, sind jetzt nicht mehr auszuklammern. Wieviel freie Zeit der eine hat, davon ist der andere jetzt immer mitbetroffen. Vorher konnten beide 40 Stunden berufstätig sein, kein Problem. Jetzt müßte einer auf 20, der andere auf 30 Stunden reduzieren. Wie machen sie das? Und durch das Kind entstehen auch völlig neue innere Abhängigkeiten: Jeder will eine lebenslange Beziehung zum Kind haben. Das bedeutet zwangsläufig, daß damit jeder auch lebenslang mit dem anderen irgendwie zu tun haben wird.

Selbst wenn ich mich trenne und das Kind beim anderen ist, bin ich mitbetroffen. Diese neue Situation aktualisiert natürlich die für jeden Menschen ein Leben lang schwierige Problematik von Autonomie und Abhängigkeit ganz enorm. Ich denke, daß wir da aufgrund der wirtschaftlichen Unabhängigkeit heute besonders viele Schwierigkeiten haben.

Irgendwann ist die Illusion, es würde alles wieder wie früher, nicht mehr aufrechtzuerhalten. Paare müssen eine Ent-Täuschung verkraften. Wie läuft das ab?

Bei Männern und Frauen verschieden. Das hängt damit zusammen, daß Männer mit ihren Gefühlen anders umgehen. Da Männer rational mit ihren Gefühlen umgehen, registrieren sie erst mal gar nicht, was da vor sich geht. Sie empfinden so ein schleichendes Unbehagen, von dem sie selber gar nicht genau sagen können, woher das kommt. Wenn man Männer in der Zeit fragt, hört man manchmal: Ich bin unzufrieden. Es ist viel gewonnen, wenn sie das überhaupt sagen können. Viele können nicht einmal das artikulieren. Aber sie stehen unter Spannung. Sie sind unzufriedener, unausgeglichener als sonst. Die Ursachen dafür suchen sie außerhalb ihrer selbst. Und da finden sie genug. Sie erleben ja, wie sehr ihre Frau sich verändert hat. In ihrem Sinne nicht positiv. Weil sie ja oft genug das Gefühl haben, zurückgesetzt zu werden. Es ist Groll da. Die Frau verhält sich in einer Weise, die auf ihre Männer-Bedürfnisse keine Rücksicht nimmt. Da liegt es nahe, sie den Männer-Groll auch spüren zu lassen. Paradoxerweise passiert das bei den wenigen Gelegenheiten, wo die beiden sich näherkommen könnten. Denn nur wo Nähe entsteht, kann ich den anderen meinen Groll spüren lassen. Das verhindert dann natürlich, daß beide sich wieder annähern. So entsteht ein Teufelskreis. Die Frau fühlt sich dabei unverstanden und allein gelassen. Und irgendwann ist klar: So wie früher werden wir nie wieder funktionieren.

Beeinflußt der Muttermythos das Verhalten der Väter?

Der Muttermythos entlastet die Väter von der Verantwortung, weil er für sie bedeutet: Ich spiele sowieso keine Rolle. Daran wirken die Frauen aber mit. Wenn ich meinem Partner suggeriere, er sei unbedeutend für die Entwicklung des Babys, auf der anderen Seite aber massive Forderungen an ihn richte, dann verträgt sich das natürlich nicht. Ich muß dem Vater schon zubilligen, daß er eine genauso zentrale Bezugsperson sein kann und daß er dann eben auch genauso wichtig ist.

Was versteht man unter den »neuen Vätern«, und haben die es leichter?

Mit den »neuen Vätern« sind die Männer gemeint, die ein großes Interesse an einer intensiven Beziehung zu ihrem Kind haben und eine entsprechend große Bereitschaft, sich an der anfallenden Arbeit zu beteiligen. Leichter haben sie es nicht. Ich glaube, wegen der überall noch vorhandenen Rollenklischees bekommen sie sogar noch mehr Probleme. Wenn der Vater eine genauso intensive Beziehung zum Baby haben will wie die Mutter, dann entsteht ja eine Rivalität zwischen den beiden. Und darauf sind wieder beide nicht vorbereitet. Auch für die nicht-traditionelle Mutter ist das Baby noch »ihre Domäne«, also hat sie das Gefühl, der Vater mache ihr etwas streitig. Der Vater aber erlebt, daß er zwangsläufig den kürzeren zieht, solange das Kind gestillt wird. Hinzu kommt: Der neue Vater wird von der Gesellschaft allein gelassen, was seine Berufssituation angeht. Von einer Frau erwartet man traditionellerweise geradezu, daß sie beruflich zurücksteckt. Von einem Vater aber nicht. Wenn ein Mann kürzertreten will, ist das für ihn sehr schwierig. Nicht nur andere Männer verstehen das nicht, sondern auch die meisten Frauen nicht, die voll in der Berufstätigkeit stecken und keine Kinder haben.

Wie kann man aus der Beziehungskrise wieder herauskommen?

Da bleibt nichts anderes übrig, als sich erst mal auf eine längere Konfliktphase einzustellen. Viele Dinge kann man erst begreifen und bearbeiten, indem man sie durchlebt. Es gibt keine Patentrezepte, davor würde ich warnen. Jeder muß seinen Weg finden. Ganz wichtig ist: Beide müssen die Geduld aufbringen, da durchzugehen. Das erscheint vielen Menschen heutzutage ungewöhnlich. Heute will jeder gleich Lösungen: Wenn ich es so und so mache, muß es klappen. Sich auf eine neue Situation einzustellen, ist aber ein innerer Prozeß, der seine Zeit dauert. Ich finde es wichtig, daß man das als etwas Normales begreift.

Gibt es überhaupt befriedigende, unserer Zeit gemäße Lösungen?

Es muß auf den unterschiedlichsten Ebenen etwas passieren. Wir brauchen mehr Öffentlichkeit für dieses Problem. Dann müßte es mehr Angebote geben, daß Eltern a) besser vorbereitet werden und b) ihre Konflikte besser bearbeiten können. Familienberatungsstellen, die mit dieser Problematik vertraut sind, wären schon ein kleiner Schritt. Da – möchte ich mal polemisch sagen – wäre Geld sicher sinnvoller angelegt als für diese Anzeigenkampagne der Bundesregierung. Es würde konkret etwas getan, statt nur eine Illusion zu schüren.

Dann muß natürlich die ganze Situation im Arbeitsleben verändert werden. Das fängt bei der Versorgung mit Kindertagesplätzen an. Es müßte viel mehr Angebote geben für Kinder unter drei Jahren. In Tarifverträgen müßte stehen, daß jedem das Recht zusteht, wegen eines Kindes für zwei, drei oder vier Jahre auf eine halbe Stelle zu gehen und dann vielleicht entsprechend dem Alter des Kindes auf eine dreiviertel Stelle und langsam wieder auf eine ganze Stelle. Da tut sich bei uns überhaupt nichts. Auch bei den Gewerkschaften nicht, weil die so sehr an den Normalarbeitszeiten festhalten. Die 35-Stunden-Woche ist dafür aber keine Lösung. Da muß mehr Flexibilität rein. Ich finde es auch sehr wichtig, daß es dabei nicht nur um die Frauen geht, sondern daß Teilzeitarbeit für *Eltern* zur Norm wird. Genauso muß es auch für Männer entsprechende Angebote geben, wenn sie den Part des Hausmannes übernehmen wollen. Daraus, daß es heute noch eine Minderheit von Männern ist, die ihre Vater-Rolle anders leben will, darf man nicht ableiten, es beträfe ja nur so wenige. Man sollte sie unterstützen und ihren Vorbildcharakter betonen. So kann man eine positive Identifikation schaffen.

Auch die Frau wird manches aus ihrer Domäne abtreten müssen.

Beide werden von Umwälzungen positiv wie negativ betroffen sein: Beide geben was ab, und beide bekommen eine Menge hinzu.

Wie wichtig ist die Zweierbeziehung der Eltern für die neue Dreierbeziehung?

Viele Eltern geben ihre Gemeinsamkeit für das Kind auf, und das rächt sich. Dabei wäre es wichtig, daß sie sich bewußt Zeit füreinander nehmen. Eltern haben ein Recht darauf, ihren eigenen Bereich zu verteidigen. Das ist nichts Schlimmes! Viele haben da heute wahnsinnig überzogene Vorstellungen. Es traut sich ja kaum noch jemand, sein Kind mal woanders zu lassen, weil man denkt, es schade ihm. Man neigt heute dazu, alles für das Kind zu tun. Das geht auf Kosten der Paarbeziehung. Es muß drin sein, daß Eltern sich Abende oder mal einen Tag für sich nehmen. Es gibt Eltern, die über Jahre nichts mehr zu zweit unternommen haben.

Wenn eine Beziehung total verfahren ist – was kann eine Paartherapie leisten?

Eine Paartherapie kann grundsätzlich dabei helfen, rauszukommen aus den meist unbewußt eingefahrenen Schemata von Kommunikation miteinander. Weil es einen Dritten gibt, der hilft. Viele Paare kommunizieren auf einer Vorwurfsebene. Da können Beratung und Therapie leisten, daß ein Paar jenseits dieser eingefahrenen Vorwürfe wieder miteinander ins Gespräch kommt. Daß man lernt, einander die Gründe des Verhaltens zueinander zu erklären, seine Empfindungen auszudrücken. Schlimmstenfalls erkennt man, an einem »point of no return« zu sein. Daß die Gefühle, die man füreinander hatte, auf null oder sogar im Minus angelangt sind. Dann ist es unheimlich schwer, das konstruktiv aufzuarbeiten. Aber wenn man daran arbeitet, ist es immer so: Beide Wege sind offen. Man kann wieder zueinander finden oder sich trennen. Ehetherapie leistet im Notfall dann auch, die Bedingungen einer Trennung so zu gestalten, daß man übers Kind noch miteinander zu tun haben kann. Daß nicht alles blockiert ist. Daß man die Elternbeziehung noch leben kann, auch wenn die Paarbeziehung nicht mehr lebt.

III.

SCHLAFLOSE NÄCHTE

»Mein Sohn hat ein Jahr lang keine Nacht durchgeschlafen. Heute weiß ich, es hat auch an mir gelegen.«

Andrea *(37) ist Sekretärin (im Moment in Mutterschaftsurlaub), verheiratet und hat eine Tochter (acht Jahre) und einen Sohn (elf Monate).*

Wie hart die erste Zeit mit einem Baby ist, hatte ich ganz vergessen. Meine Tochter ist jetzt acht Jahre alt. Mit meinem Sohn ist das wieder so, als ob er mein erstes Kind wäre. Das härteste für mich ist, daß er noch nie durchgeschlafen hat. Am Anfang dachte ich, das legt sich bald. Jeden Abend ist die Hoffnung da: Irgendwann muß er doch mal durchschlafen. Ich hoffe seit elf Monaten.

Es ist etwas besser geworden, seit er acht Monate ist. Jetzt schläft er manchmal drei bis vier Stunden. Wenn ich Glück habe, auch etwas mehr. Bis zum achten Monat war es so, daß er alle zwei Stunden kam. Manchmal jede halbe Stunde. Da kriegst du zuviel. Abends kommt er um acht ins Bett. Diese Abendeinschlafzeit habe ich ihm beigebracht. Da habe ich mich einmal durchgesetzt. Ich habe ihn schreien lassen, was ich sonst nie mache. Aber ich wollte unbedingt, daß er um diese Zeit ins Bett kommt. Fast eine Stunde hat er dann gebrüllt. Ich habe im Türrahmen gestanden und war immer drauf und dran, hinzugehen und ihn hochzunehmen. Ich habe dann manchmal einfach Fenster geputzt, damit ich die Autos höre und nicht ihn. So hat er nach und nach kapiert, daß er um acht schlafen muß. Nur – er schläft nicht lange. Vielleicht zwei bis drei Stunden. Dann ist er wieder wach.

Mich mit ihm hinlegen, das kann ich nicht. Meine Tochter ist ja noch da. Die muß auch mal was von ihrer Mutter haben. Und ich muß waschen, kochen, den Haushalt machen.

Von seiner ersten Schlafphase fällt für mich, wenn's hochkommt, eine Stunde Schlaf ab. Dann ist er erst mal wieder wach. Und läßt sich nicht sofort wieder hinlegen. Er will dann spielen. Manchmal bringe ich ihn zu meinem Mann, aber bei dem wird er meist zu aufgedreht.

Die Nächte verlaufen so: Wenn ich ihn endlich wieder mit viel Mühe im Bett habe, lege ich mich auch hin. Manchmal schlafe ich gerade eine halbe Stunde, dann kommt er wieder. Wir haben eine unheimliche Antenne zueinander. Sobald er sich im Bett regt, höre ich es. Bei ihm ist es genauso. Er hört, wenn das Bett raschelt, wenn ich huste, wenn ich mich räuspern muß. Dann ist er wieder wach. Ich stille ihn eine halbe Stunde, er schläft wieder. Nach drei Stunden ist er wieder da. Die Nächte sind voller Unterbrechungen. Manchmal habe ich ihn nur angesehen und gesagt: »Es ist nicht wahr. Jetzt hatte ich dich eine Stunde am Busen, habe dich gewiegt und getröstet und umhergetragen, und dann schläfst du nur eine halbe Stunde.« Das geht bis morgens.

Morgens ist es oft so: Der Wecker klingelt um 6.30 Uhr. Meine Tochter muß zur Schule. Mein Sohn schläft gerade seit einer halben Stunde, nachdem ich ihn zwei Stunden herumgetragen habe. Ich will schnell meine Tochter fertigmachen und hoffe, mich dann noch mal hinlegen zu können. Ich gehe in ihr Zimmer, helfe ihr beim Anziehen. Wir schleichen die Treppe runter. Plötzlich schreit er oben. Und ich weiß, das dauert jetzt wieder.

Ich frühstücke mit meinem Mann und bemühe mich dann, meinen Sohn noch mal zum Schlafen zu bringen, wenn meine Tochter und mein Mann aus dem Haus sind. Oft klappt das aber erst, wenn es schon wieder Zeit ist, fürs Mittagessen einzukaufen, weil meine Tochter ja bald aus der Schule kommt. Ich versorge meine Tochter und gehe nachmittags mit meinem Sohn spazieren. Im Wagen, an der frischen Luft, da schläft er wunderbar. Und ich tröste mich: Wenn ich schon keinen Schlaf bekomme, dann wenigstens frische Luft.

Ich glaube, ich stille ihn zuviel. Ich habe meinen Sohn nur am Busen. Ich stille ihn immer, wann er will. Immer, wenn er meint, er muß einen Schnuller haben, will er meinen Busen.

Das ging schon im Krankenhaus los. Wenn er da geschrien hat, haben sie ihm den ollen Schnuller vom Fläschchen mit einem Lätzchen ausgestopft und in den Mund geschoben. Wenn ich ins Kinderzimmer kam, fand ich ihn fürchterlich weinend. Ich fand das gräßlich, immer dieses ekelhafte Ding da im Mund. Er wollte es auch gar nicht. Da habe ich gesagt: »Bei deiner Mama brauchst du keinen Schnuller zu nehmen.« Heute verdamme ich mich. Dieses Schnullern ist ja beruhigend. Wenn ich damals gleich beim Schnuller geblieben wäre, hätten er und ich sicher besser schlafen können.

Ich habe es dann mit der Flasche versucht. Aber die hat er nicht genommen. Da hat er gewürgt, als täte ich ihm was ganz Schreckliches an. Ich habe mich wirklich bemüht: mit Milch probiert, mit Saft. Nichts. Die Flasche will er nicht. Er spielt nur damit herum. Er schnullert ein bißchen, macht Theater oder steckt sie mir in den Mund.

Daß ich so wenig Schlaf bekomme, hat natürlich Folgen. Durch die Schlaflosigkeit funktioniert einfach nichts mehr. Ich fühle mich immer überdreht. Die ganze Familie leidet unter meiner Nervosität. Schon wenn ich morgens den Frühstückstisch decke, knallt mir dauernd etwas runter.

Ich habe ständig ein wattiges Gefühl. Und Schweißausbrüche, Hitzewallungen. Die bekomme ich, sobald ich etwas nicht ertragen kann. Wenn mein Sohn nicht schlafen will. Wenn meine Tochter zu laut ist. Wenn draußen ein Hund bellt. Wenn meine Tochter aus der Schule kommt und das Essen ist noch nicht fertig. Wenn ich weiß, gleich kommt mein Mann nach Hause und möchte dies und das. Ich fühle mich überfordert, und dann bekomme ich Schweißausbrüche und Hitzewallungen. Ich denke immer: Andere Frauen haben drei und vier Kinder, die schaffen das mit links, nur ich schaffe das nicht.

Zu dieser Nervosität kommt die Hetze. Ich hetze immer. Dadurch passieren mir noch mehr Pannen, und ich schimpfe immer. Das ist ein Kreislauf – wie ein Irrgarten. Manchmal mache ich die

Augen zu, bin völlig erschöpft. Ich möchte im Sitzen einschlafen, aber ich weiß, daß ich nicht schlafen kann. Ich bin müde, aber es geht nicht. Ich bin überdreht. Vor Erschöpfung. Ganz selten, wenn mal ein paar Minuten nichts los ist, setze ich mich in den Schaukelstuhl und gucke Löcher in die Luft. Oder ich versuche zu lesen. Ich blättere Zeitschriften durch. Aber es kommt nichts an. Ich sitze dann nur und gucke still vor mich hin.

Damit sich nicht so viel ansammelt, pöbele ich oft vor mich hin. Morgens im Bad gucke ich in den Spiegel und fluche. Und bin entsetzt, wie ich aussehe. Ich bin gar nicht mehr ich. Ich gefalle mir nicht mehr. Ich bin ja kein eitler Mensch, ich finde nicht, ich müßte besonders hübsch sein. Aber diese Augenringe, diese Falten um meine Augen, diese fahle Haut, das macht mich unendlich traurig. Weil ich mich so gar nicht kenne. Das kommt mir vor wie eine Krankheit.

Als mein Sohn ein halbes Jahr alt war, hatte ich einen Zusammenbruch. Der kam von einer Sekunde zur anderen. Mein Mann mußte den Notarzt rufen. Der hat festgestellt, es war ein Fieberanfall, wegen der totalen Erschöpfung. Ich spüre richtig: Mein Körper macht nicht mehr voll mit.

Ich habe eine Erkältung nach der anderen. Ich habe noch nie so viele Erkältungen gehabt wie in diesem Jahr. Ich bin eine Woche gesund, und dann bin ich wieder zwei bis drei Wochen krank. Ich habe überhaupt keine Abwehrkräfte mehr, obwohl ich sehr drauf achte, daß ich mich gesund ernähre. Mein Sohn hat mich wirklich ausgesaugt, mein Zahnfleisch geht zurück, meine Haare sind kaputt. Das ist überhaupt nicht mehr mein Körper.

Manchmal weine ich vor Verzweiflung und Erschöpfung. Einmal habe ich tierisch gebrüllt. Da war ich so fertig, da konnte ich nicht mehr. Ich putzte Fenster. Mein Sohn war gerade eingeschlafen. Morgens hatte meine Tochter mir in der Küche vor die Füße gespuckt, sie lag also im Bett, ich hatte sie gerade mit Zwieback versorgt. Mein Mann arbeitete unten in seinem Büro. Mein Sohn war nach einer halben Stunde schon wieder wach. Ich habe ihn beruhigt und noch mal hingelegt. Nach einer Viertelstunde kam er wieder. Plötzlich konnte ich nicht mehr. In dem Moment war mir alles zuviel. Nur trösten und hin- und herrennen. Ich habe gedacht, ich platze. Es war so ein irrer Druck von innen. Der mußte raus. Da habe ich geschrien, ganz laut geschrien. Einfach »aaaaaaaahhhhhh«, ganz laut. Ich habe nicht wieder aufgehört. Das war ein Moment, da hätte ich mal jemanden gebraucht, der mich tröstet. Mein Mann kam hochgerannt und fragte: »Was schreist du denn das Kind so an?« Ich habe nur gesagt: »Ich habe das Kind nicht angeschrien.«

Wenn ich nicht geschrien hätte, wäre ich ohnmächtig geworden oder weggetreten, oder vielleicht hätte ich einen Knacks gekriegt. In dem Moment hatte ich einfach das dringende Bedürfnis, loszuschreien, was ich ja sonst nie mache. Es ging mir danach besser, muß ich sagen, es ging mir besser. Nur, habe ich mir dann gesagt, das kannst du vor deinem Kind nicht machen. Aber was soll ich tun? Ich muß immer nur geben.

Ich habe vor der Geburt gesagt: »Ich kann das, ich mache das, und ich schaffe das irgendwie.« Nur, bei uns ist es so, daß ich alles ziemlich alleine mache. Mein Sohn hat seine Mutter, aber seinen Vater hat er nicht. Der Vater sagt: »Das Kind gehört im ersten Jahr zur Mutter.« Und ich denke, ich bin selbst schuld. Ich hätte von Anfang an sagen müssen: »Los, steh auch mit auf, du bist der Vater.« Ich habe mir aber immer gesagt, er arbeitet ja, und ich bin im Moment zu Hause. Ich weiß aus der Zeit, als ich noch voll berufstätig war, daß man da seine volle Kraft braucht. Wenn ich mal eine Nacht schlecht geschlafen hatte, war der Tag gelaufen.

Ich merke auch, daß ich meiner Tochter überhaupt nicht gerecht werden kann. Ich bemühe mich, aber ich schaffe es nicht, und deshalb laufe ich auch noch dauernd mit einem schlechten Gewissen herum. Durch das schlechte Gewissen kann ich noch schlechter schlafen. Es kommt vor, daß ich meine Tochter anbrülle. Dann sagt sie mir: »Früher hast du mich in den Arm genommen, und jetzt nimmst du nur noch ihn in den Arm.« Ich versuche, ihr zu erklären, daß er noch so klein ist und gar nichts versteht.

Ich gebe mir wirklich furchtbar viel Mühe. Ich habe richtig darauf hingearbeitet, daß meine Tochter nicht eifersüchtig wird. Aber jetzt weiß ich, das kann man gar nicht umgehen. Egal, wie alt ein Geschwisterkind ist, es wird doch eifersüchtig und aggressiv. Meine Tochter läßt ihre Aggressionen nicht an ihrem Bruder aus, sondern an mir. Darunter leide ich natürlich auch.

Ich bin zornig auf alles, was von außen kommt. Ich mag keinen Besuch mehr haben, nicht mehr ans Telefon gehen, gar nichts. Mein Freundeskreis leidet darunter. Wenn ich sage: »Jetzt noch nicht, wartet, bis ich grünes Licht gebe, ich bin noch nicht soweit«, finden sie mich merkwürdig. Manchmal laden sich einfach Leute selbst ein und sind dann da. Wenn sie nicht wieder gehen, ist mir das unerträglich. Ich empfinde das als Aufdrängen. Ich möchte einfach nicht auch noch Leute hier haben. Ich will meine Familie und meine Ruhe. Ich bin immer drauf bedacht, daß Ruhe herrscht hier im Haus. Ich brauche Ruhe, mich macht im Moment jedes Geräusch kribbelig. Ich habe wieder festgestellt: Wenn man ein Kind hat, trennen sich viele Wege, Freundschaften gehen auseinander, man sieht sich nicht mehr so oft. Seit der Geburt meines Sohnes ist ein großer Abstand zu meinen Freunden entstanden.

Was ich brauchte, ganz dringend, wäre, mal wieder durchschlafen zu können. Nicht nur eine Nacht. Ich müßte mal wieder ein paar Nächte hintereinander durchschlafen. Ich müßte mich mal ausruhen. Ich denke, wenn ich nicht mehr so unruhig bin, so aufgeregt, daß ich dann alles ganz anders sehe. So eine schlaflose Zeit würde ich nicht noch mal durchstehen. Das könnte mein Körper gar nicht mehr.

Ich habe viel darüber nachgedacht und bin zu dem Ergebnis gekommen: Noch mal würde ich mich nicht so aufopfern. Ich würde vieles von vornherein anders machen.

Auf jeden Fall würde ich meinen Mann mit einbeziehen. Ihm das Kind häufiger in den Arm drücken und sagen: »So, kuschelt mal schön, schlaf mit ihm ein, verbring auch mal eine Nacht mit ihm.« Dann würde ich nie wieder so einen Firlefanz mit einem Kind machen. Ich würde mein Kind wirklich mal schreien lassen, ohne ein schlechtes Gewissen zu bekommen. Damit es merkt, Mama ist nicht immer sofort da und springt bei jedem Pieps.

Ich würde nicht mehr den ganzen Tag »psst, psst« sagen, »leise«. Ich würde meiner Tochter sagen: »Spielt ruhig, wenn das Kind es hört, fühlt es sich wohl. Es merkt, es hat Geschwister und freut sich drauf, daß es später mitspielen kann.«

Ich würde nicht mehr im voraus schon alles vermeiden wollen. Das ist ein einziger Streß, und man wird nur enttäuscht. Ich bin wahnsinnig enttäuscht, weil ich mir so viel Mühe gegeben habe, und dann funktionierte nichts so, wie ich mir vorgestellt hatte. Ich würde mich nicht mehr ständig unter den Druck setzen, auch noch den Haushalt perfekt schaffen zu müssen, nichts liegenzulassen und auch noch eine gute Ehefrau abzugeben. Und vor allem würde ich nicht mehr sagen: Nur so bin ich eine gute Mutter.

»Mütter müssen nicht bei jedem Mucks springen. Babys dürfen ruhig mal quengeln.«

Dr. Gisela Brehmer (47) *ist Kinderärztin und Buchautorin.*

Muß man Psychologen wörtlich nehmen, die sagen, Babys solle man auf gar keinen Fall schreien lassen, weil das ihrer Persönlichkeitsentwicklung schade?

Wir sind da in der Geschichte von einem Extrem ins andere gefallen. Das eine Extrem war früher, die Kinder wegzustellen und schreien zu lassen. Heute praktizieren die Eltern das andere Extrem. Das Baby soll so glücklich und angstfrei wie möglich aufwachsen. Alle seine Bedürfnisse sollen erfüllt werden, damit es ein gesundes Urvertrauen entwickelt. Entsprechend stillt, trägt und beschäftigt die Mutter das Baby den ganzen Tag und die ganze Nacht. Dabei opfert sie ihre eigenen Bedürfnisse und die ihres Partners. Ich meine, daß es einen Mittelweg gibt. Ein Baby kann sich nämlich nur zu einer ausgewogenen Persönlichkeit entwickeln, wenn auch die Eltern ausgewogene Persönlichkeiten sind. Gibt die Mutter ihre eigenen Ansprüche und Bedürfnisse auf und läßt alle Gedanken ausschließlich um das Baby kreisen, droht sie zur Sklavin ihres Kindes zu werden. Dieses wächst zwar selbstbewußt heran, wird aber gleichzeitig grenzenlos egoistisch und tyrannisch.

Gerade beim ersten Kind sind die Eltern unsicher und hilflos. Sie wollen alles richtig machen und tun lieber zehnmal zuviel als einmal zu wenig...

Richtig, aber dabei verpassen sie die Chance, ihr Kind zu erziehen, und trösten sich häufig dadurch, daß sie auf bessere Zeiten hoffen. – Eine trügerische Hoffnung. Besser ist es, sich so früh wie möglich zu fragen: Was läuft hier falsch? Wie kann ich das Baby und auch mich selbst ausreichend zufriedenstellen? Die Eltern sollten sich rechtzeitig bemühen, die Arten des Schreiens auseinanderzuhalten: Ist das Baby hungrig? Will es schlafen und seine Ruhe haben? Schreit es, weil es sich äußern will? Oder ist das Schreien ein Zeichen für Schmerz, Ärger oder Langeweile? Schreit es kläglich, weil es traurig ist, verzweifelt ist?

Es gibt also viele Anlässe für mehr oder weniger lautstarke Äußerungen. Die müssen die Eltern verstehen lernen, denn sie erfordern unterschiedliche Antworten.

Schreit ein Baby durchdringend und ist weder zu beruhigen noch abzulenken, so ist es meist hungrig. Hier ist zum Glück schnell Abhilfe zu schaffen. Schreit das Kind ängstlich, so will es rasch getröstet werden. Es kann aber auch mal knötern oder unzufrieden vor sich hin quengeln – das ist nicht schlimm. Gelegentlich müssen Mütter ihre Kinder auch mal in Ruhe lassen. Sie sind nicht für jede Mißstimmung oder Langeweile verantwortlich. Vielmehr sollte das Baby die Chance erhalten, selbst aus dem Unbehagen oder nächtlichen Aufwachen herauszufinden, indem es beispielsweise seine Lage verändert, den eigenen Daumen findet, etwas beobachtet und allmählich wieder in den Schlaf sinkt.

Übertreiben Eltern im ersten Glück über das Baby ihre Zuwendung?

Ja, viele Eltern fassen das Baby pausenlos an, reden auf es ein oder tragen es herum und zeigen ihm dadurch immer neue Bilder. Folglich wird es überreizt.

Es kann hilfreich sein, sich zu fragen: Wie würde ich es machen, wenn ich noch drei weitere Kinder hätte?

Dann könnte sich die Mutter natürlich nicht für jedes und auf der Stelle ein Bein ausreißen. Sie würde auch nicht alle Hoffnungen und Ängste auf dieses eine Kind konzentrieren. Beim Einzelkind – und das erste ist ja zunächst ein solches – setzt die Mutter sich selbst und das Baby meist wahnsinnig unter Druck, damit es das ausgeglichenste, gesündeste, tollste, schönste und erfolgreichste Kind wird.

Gibt es von Natur aus schwierige Schreikinder, oder liegt es an der Mutter, wenn ein Kind permanent schreit?

Manche Kinder sind tatsächlich Schreikinder. Das versuche ich zusammen mit den Müttern herauszufinden. Dabei gilt es zunächst, die Mütter von möglichen Schuldgefühlen zu entlasten. Oft bleibt nichts anderes übrig, als die Kinder so hinzunehmen, wie sie sind. Dann muß man das Schreien ertragen. Es gibt Kinder, die sind von Anfang an schwierig: temperamentvoll, lebhaft, überaktiv, schnell reizbar oder auch ängstlich. Manche haben Blähungen und sind dann einfach nicht zu beruhigen. Solche Kinder haben höhere Ansprüche und nehmen die Umwelt viel stärker wahr. Da muß man einfach sagen: Dieses Kind ist so, vielleicht wird mein nächstes anders.

Dann gibt es auch Kinder, die sind schnell gelangweilt. Die brauchen mehr Anregungen von außen. Wenn ihr Kind so ist, wird die Mutter natürlich zusehen, das ein wenig zu überbrücken. Aber sie sollte sich nicht den ganzen Tag zum Spielkameraden des Kindes machen.

Manche Babys hingegen sind von vornherein ruhig und ausgeglichen. Die Geburt verlief meist normal, sie sind rundlicher, nicht aufgeregt, trinken ruhig und sind schnell zu beruhigen, sobald sie auf den Arm genommen werden.

Es gibt aber auch schwierige Mütter...

Natürlich muß sich eine Mutter auch fragen: Wie stehe ich eigentlich zu meinem Kind? Was mache ich falsch? Hat das Kind eher eine ruhige Veranlagung und störe ich es? Bin ich chaotisch? Wie ist mein Leben, ist es geordnet, ruhig? Oder bin ich hektisch? Tanze ich auf allen Hochzeiten? Wie gelassen kann ich mein Kind auf den Arm nehmen, oder bin ich auch in dieser Situation ungeduldig? Oder sogar ungehalten, wenn das Kind nicht gleich zur Ruhe zu bringen ist? Brauche ich vielleicht sogar das Kind mit seinem Schreien, mit seinen Schlafstörungen? Fühle ich mich im tiefsten Innern geschmeichelt, daß das Kind dauernd etwas von mir will? Wie sieht es sonst in meiner Familie aus? Ist der Vater selten zu Hause?

Herrscht zwischen ihm und mir zuwenig Harmonie? Mache ich das Kind zum Liebes-Ersatz?

Diese Fragen können auch noch tiefer gehen: Soll das Kind Lebenssinn spenden, den eine Frau woanders nicht sucht oder nicht findet?

Ehe das Kind durch trügerische Hoffnungen überfordert wird, sollten die Eltern selbstkritisch versuchen, Abstand zu finden und zunächst etwas für sich selbst tun.

Nachts ist häufiges Schreien besonders problematisch. Das Baby wird zur Nervensäge. Übernächtigte und ungeduldige Eltern sind die Folge.

In der Tat gibt es Mütter, die rennen Monate und Jahre Nacht für Nacht – viermal und öfter zum Kind, weil es nicht durchschläft. Wenn Mütter nachts ihre verdiente Ruhe nicht bekommen, sind sie am Tage übermüdet und meist aggressiv. Sie schaffen es nicht zu fragen: Stopp, was ist hier eigentlich los? Muß ich nicht etwas an meinem Verhalten ändern? Zu dieser Veränderung benötigen sie zusätzliche Kraft, die aber fehlt – ein Teufelskreis. Zur Beruhigung werden Methoden angewandt, die zwar kurzfristig Entlastung schaffen, langfristig aber falsche Verhaltensweisen verfestigen: Das Baby benutzt den Busen zwischen den Mahlzeiten als Schnuller-Ersatz und läßt die Mutter kaum in Ruhe. Müttern wird häufig nicht bewußt, wie sie dabei zu Werkzeugen ihres Kindes werden. Mit wirklicher Liebe und wissender Erziehung hat das nichts zu tun.

Halten Mütter sich für unentbehrlicher, als sie sind?

Ein Beispiel habe ich gerade genannt: das zu häufige und zu lange Stillen. Selbstkritische Mütter haben mir oft erzählt, wie enttäuscht sie waren, wenn sie merkten, daß ihr Baby zwischendurch mit dem eigenen Daumen oder dem Schnuller genauso zufrieden war wie mit dem Busen.

Viele Mütter erzählen mir ganz stolz, daß ihr Baby den Schnuller oder Flaschensauger angewidert wieder ausspuckt. Ich desillusioniere die Mütter dann und sage, daß sie von sich auf das Baby schließen. Das Kind genießt zwar die Brust, die Mutter, die innige Nähe, gleichwohl ist das Baby zwischendurch auch mit dem Schnuller zufrieden. Den Schnuller anzunehmen muß gelehrt und gelernt werden. Babys sind prinzipiell skeptisch bei allem, was neu in den Mund kommt, als müßten sie sich schützen. Dabei wird reflexhaft die Zunge vorgestoßen. Mit etwas Geduld lernt das Baby in etwa ein bis zwei Wochen, den Schnuller im Mund zu behalten, man muß ihn nur immer wieder anbieten und festhalten. Falls das Baby lieber an den Daumen gewöhnt werden soll, legt man es auf den Bauch oder man nimmt es auf den Arm und führt immer wieder das Fäustchen an den Mund.

Wenn es aber bereits zu langfristigen Schlafstörungen gekommen ist, wie sollen dann Mütter ihr Verhalten korrigieren?

Zunächst muß die Mutter ihr Verhalten am Tage verändern. Sie muß versuchen, dem Kind am Tag den Schnuller oder die Teeflasche anzugewöhnen. So steht ein Ersatz bereit. Denn völlig ersatzlos kann sie dem schlafgestörten Kind nachts nicht die Brust oder Milchflasche entziehen. Lernen erfolgt so: Alles, was belohnt wird, wird verstärkt. Wenn nachts beim Aufwachen Busen oder Milchflasche gegeben werden, belohnt man das falsche Verhalten. Man kann davon nur wieder wegkommen, wenn es nachts nicht so schmusig zugeht, wenn man alles etwas kürzer macht, statt Busen ungesüßten Tee oder den Schnuller anbietet.

Bei schweren und regelmäßigen Schlafstörungen kann man sogar soweit gehen, das Kind kurz vor Beginn der üblichen Schrei-Zeiten zu wecken, um ihm etwas zu trinken zu geben. So wird das Schreien überflüssig und nicht mehr belohnt.

Wichtig ist, daß der Entwöhnungsprozeß langsam, kontinuierlich und konsequent erfolgt. Andernfalls wird das Baby verunsichert und verliert sein Vertrauen in die Welt.

Wie kann sich die Mutter die Arbeit mit einem schwierigen Kind erleichtern?

Jede Mutter sollte zunächst einmal prüfen, ob sie die ganze Verantwortung allein tragen muß. Möglichst sollten andere Familienmitglieder, auch Freunde, mit einbezogen werden. Leider müssen auch heute noch die Väter häufig an ihre Mitverantwortung erinnert werden.

Es ist so wichtig, daß die Mutter auch einmal raus kommt, tun kann, wozu sie Lust hat: ein Buch lesen oder spazierengehen. Nur wer sich für sich selbst Zeit nimmt, hat auch Kraft für andere.

Auch für das Kind ist es besser, von Anfang an mehrere Gesichter kennenzulernen. Dann ist es nicht übermäßig stark an eine einzige Person gebunden, sondern lernt, auch zu anderen Personen eine Beziehung aufzubauen.

Was sagen Sie einer Mutter, die arbeiten gehen muß/möchte und ein schlechtes Gewissen hat, weil sie ihr Baby weggibt?

Wenn eine Mutter arbeiten möchte oder muß, würde ich persönlich für die Betreuung die Tagesmutter der Baby-Gruppe vorziehen. Ich habe keine Bedenken, einer Mutter zu raten, eine zweite oder auch dritte Person hinzuzuziehen – wie es in der Großfamilie ja gang und gäbe war – und arbeiten zu gehen. Ich entdecke keine vermehrten Störungen, die auf die Betreuung durch Tagesmütter zurückzuführen wären. Tagesmütter sind oftmals reifer, erfahrener, älter und ergänzen die elterlichen Erziehungsbemühungen sinnvoll. Voraussetzung ist aber immer, daß die Mutter-Kind-Beziehung liebevoll ist und daß das Kind nicht abgeschoben wird.

Wenn Kinder von vornherein mehrere Bezugspersonen haben, also nicht nur an die Mütter gebunden sind, fremdeln sie mit etwa acht Monaten weniger und schreien nicht sofort, wenn eine andere Person sie auf den Arm nimmt. Bei ängstlichen Kindern ist es oft die Mutter, die klammert.

IV.

SEXUALITÄT NACH DER GEBURT

»Nach den Geburten mochte ich lange nicht berührt werden. Es war schwer, dazu zu stehen.«

Katja *(38) ist Hausfrau, verheiratet und hat zwei Töchter und einen Sohn (acht, sechs und drei Jahre).*

Bevor mein erstes Kind auf die Welt kam, habe ich immer geglaubt, die Geburt sei das Schwerste. Wenn du die überstanden hast, hast du das Härteste hinter dir. Als mein Sohn auf der Welt war, habe ich gemerkt, daß es nach der Geburt erst richtig losgeht. Dann fängt die harte Zeit erst richtig an.

Mein Sohn war ein Schreikind. Man konnte machen, was man wollte. Ich wußte oft nicht, wie ich ihn noch beruhigen sollte. Manchmal war ich völlig verzweifelt. Zum Schluß war ich so fertig, daß ich ihn einfach habe schreien lassen.

Schon bei seiner Geburt habe ich gesagt: »Ich möchte noch ein Mädchen. In einem Abstand von zwei Jahren.« Genauso hat es dann auch geklappt. Ein zweites Kind wollte ich, weil ich ein Einzelkind nicht gut fand. Mein Sohn wäre zu isoliert groß geworden.

Mit meiner Tochter hatte ich großes Glück. Sie war ruhig, schlief viel. Das war schon viel einfacher. Aber auch mit einem pflegeleichten Kind ist die erste Zeit schwer.

Ich hatte das Problem, daß ich Schlupfwarzen habe und nicht stillen kann. Ich wollte aber, daß meine Tochter Muttermilch bekommt. Wenigstens die ersten vier Wochen. Also mußte ich abpumpen. Für 100 ml brauchte ich ungefähr eine Stunde. Das Füttern dauerte dann noch mal eine Stunde. Und das sechsmal am Tag. Da blieb mir tagsüber je eine Stunde zwischendurch. Und mein Sohn war ja auch noch da. Hinlegen tagsüber, das war nicht möglich. Mit Haushalt – den habe ich fast alleine gemacht, mein Mann hat mittags gekocht – war ich rund um die Uhr im Einsatz. Ohne längere nächtliche Schlafphase. Das schlaucht.

Die spürbare Hormonumstellung dauerte bei mir jeweils ein halbes Jahr. In der Zeit weinte ich oft und war sofort in Rage, schon bei nichtigen Anlässen. Auch körperlich fühlte ich mich erst nach einem halben Jahr wieder einigermaßen wohl. Schlafentzug ist ja eine Foltermethode. Ich schrie viel rum, bekam Wutanfälle und kam in Situationen, die ich vorher nicht einkalkuliert hatte.

Und dann saß ich oft, wenn meine Kinder abends im Bett waren, völlig ausgelaugt am Tisch und dachte: Jetzt kann ich gerade noch eine halbe Stunde hier sitzen, dann muß ich ins Bett gehen. Denn auch nachts mußte ich ja einmal abpumpen und füttern. Ich saß ruhig da und wollte nichts, außer eine halbe Stunde nur für mich sein. Dasitzen und vor mich hin starren. Ich wollte auch nicht lesen oder fernsehen. Nur innerlich einen Moment zur Ruhe kommen. Da kam dann häufig mein Mann aus dem Büro, sah, daß ich die Kinder im Bett hatte, und fing an, mich zu streicheln. Das konnte ich überhaupt nicht haben. Da bin ich regelmäßig explodiert.

Oder wir lagen gerade im Bett, ich völlig erschöpft und müde. Und ich merkte, mein Mann wollte was von mir. Ich weiß nicht, ob er nur zärtlich sein oder mit mir schlafen wollte. Ich konnte überhaupt keine Berührung ertragen. Kein Streicheln, kein Anfassen, nichts. Das Zärtlichkeitsbedürfnis meines Mannes kam bei mir an wie noch eine Forderung. Und ich erfüllte ja schon den ganzen Tag Forderungen. Meinen Mann auch noch zufriedenzustellen, das war für mich überhaupt nicht drin. Da fühlte ich mich völlig überfordert.

Ich habe meinem Mann dann nur gesagt: »Laß mich in Frieden.« Es war mir sogar zuviel, ihm etwas erklären zu müssen. Das führte dazu, daß er sich zurückgesetzt fühlte. Er sah, ich beschäftigte mich den ganzen Tag mit den Kindern. Nur für ihn hatte ich keine Zeit. Aus seiner Sicht habe ich ihn sicher total vernachlässigt.

Hinzu kam, daß meine Tochter die ersten neun Monate mit in unserem Schlafzimmer schlief. Ich hatte jedesmal, wenn beim Umdrehen das Bett knarrte, Angst, daß sie aufwachen könnte. Mit einem Ohr war ich immer beim Kind. Und bei dem leisesten Geräusch war ich sofort in Panik.

Von Freundinnen wußte ich, daß es denen mit ihren sexuellen Bedürfnissen genauso erging wie mir. Das hat mir geholfen, zu meinen Gefühlen zu stehen. Natürlich hatte ich unterschwellig immer Schuldgefühle. Weil man ja möglichst bald wieder normal funktionieren will. Ich fand es schon unangenehm, meinen Mann ständig zurückzuweisen. Weil ich fand, er hatte ja auch ein Recht auf Zuwendung. Aber ich wollte mich auch nicht selbst vergewaltigen.

Diese Probleme hatte es bei meinem Sohn auch schon gegeben. Aber da war das noch nicht so deutlich geworden. Ich hatte zwar auch nicht gleich wieder Lust auf meinen Mann, aber das dauerte nicht so lange. Ich ging halbtags arbeiten, hatte mehr Abwechslung. Mein Mann sorgte halbtags für den Jungen. Da hatte ich mehr Ruhe und konnte mich schneller wieder regenerieren.

Beim zweiten Kind hatte ich zunächst keine Lust auf Sexualität, weil ich so erschöpft war. Als es mir wieder besser ging, war die Situation dann schon total verfahren. Mein Mann reagierte immer beleidigt, wenn ich ihn abwies. Er behauptete, ich hätte nur mit ihm geschlafen, weil ich unbedingt Kinder hätte haben wollen. Nun, da ich sie hätte, hätte ich jegliches Interesse an ihm verloren. Oder er fing wegen Kleinigkeiten Streit an. Er war bockig, sagte ständig, daß ich die Kinder falsch behandele. Die Streitereien und Vorwürfe schaukelten sich hoch. Das war ein Teufelskreis: Weil er sauer war, kam ich noch weniger in Stimmung. Mein Mann fühlte sich wieder zurückgesetzt, und die Stimmung wurde noch mieser. Der Tag war voller Verletzungen und Angriffe. Es war tagsüber überhaupt nicht mehr schön. Trotzdem sollte abends im Bett Zärtlichkeit vorherrschen. Ich habe meinem Mann gesagt: »Ich bin kein Roboter. Ich kann nicht tagsüber mit dir streiten und nachts Lust auf dich haben.« Männer können ja offenbar körperliche Lust und Stimmung trennen. Ich kann das nicht. Ich habe mal danach gefragt, als er wieder mit mir schlafen wollte, obwohl wir uns vorher gestritten hatten. Er hat mir gesagt, daß sich der Streit auf seine sexuellen Gefühle nicht auswirkt. Durch den täglichen Kleinkrieg haben wir uns gefühlsmäßig ziemlich auseinandergelebt. Die Vertrautheit, die innere Übereinstimmung gingen mehr und mehr verloren.

Vor unserer Ehe haben wir oft und gerne zusammen geschlafen. Abends haben wir Arm in Arm im Bett gelesen oder auch nur gelegen und gekuschelt. Seit ich Mutter bin, bin ich immer mit einem Ohr bei den Kindern. Es fehlt einfach die Muße für so was. Ich war anfangs nur auf die Kinder fixiert, und zwar total. Weil sie mich auch total gefordert haben. Da hätte ich einen verständnisvollen Mann gebraucht und nicht einen, der selber auch noch fordert. Ich fand meinen Mann sehr verständnislos. Ich habe ihm dann gesagt, er solle warten. Mich nicht immer bedrängen. Er solle mir die Chance geben, daß ich von selber kommen kann. Er ist für eine Weile in ein anderes Zimmer gezogen und hat dort geschlafen. Nach einer gewissen Zeit hatte ich tatsächlich mal Lust. Als diese ständigen Anforderungen weg waren. Deshalb plädiere ich heute generell für getrennte Schlafzimmer, wo jeder den anderen besuchen kann. Im gemeinsamen Ehebett steht immer das Muß im Raum, daß man miteinander schläft. Und wenn einer nicht will, geht der Knatsch los. Diese Situation habe ich einfach gehaßt. Mit getrennten Zimmern finde ich es einfach besser. Mein Mann nicht, nehme ich an.

Als meine Tochter ein halbes Jahr alt war, nahm er sich seine erste Freundin. Als ich ihn zur Rede stellte, sagte er: »Ich weiß gar nicht, was du willst. Es geht dir doch nichts ab. Du hast doch keine sexuellen Bedürfnisse.«

Er hat zwar behauptet, er hätte nicht mit ihr geschlafen, nur geschmust. Aber Küssen und Knutschen reichte mir schon. Später habe ich noch erfahren, daß diese Frau ihn zweimal auf seine Seminare begleitet hat. Und daß man sie dort für seine Frau gehalten hat. Das hat mich zutiefst verletzt. Zu wissen, der Mann hat eine Freundin, tauscht Zärtlichkeiten aus, zu glauben, da ist vielleicht die Vertrautheit, die ich mir gewünscht hätte statt des täglichen Kleinkriegs, das war verdammt schwer für mich. Ich konnte kaum damit klarkommen. Vor allem mit dem Gefühl, er war mit einer anderen vertraut und nicht mit mir. Damit kann ich heute noch nicht umgehen. Ich habe lange gedacht, ich kann ihn nie wieder küssen.

Nachdem wir Monate nicht miteinander geschlafen haben, ist es wieder passiert. In absoluter Hektik. Dabei bin ich ein drittes Mal schwanger geworden. Ich hatte mich mit den fruchtbaren Tagen verrechnet. Die dritte Schwangerschaft und noch ein Kind, das war die Hölle für mich. Mein Mann hatte nach der Geburt wieder eine Freundin. Die Gefühle, die ich noch für ihn hatte, sind ganz verlorengegangen. Inzwischen haben wir eine Ehetherapie angefangen. Anders wußte ich keinen Rat mehr. Jetzt sind wir dabei, den Problemberg, der sich angesammelt hat, aufzuarbeiten.

»Das Stillen hat mich körperlich so ausgefüllt, daß ich an Sex überhaupt nicht gedacht habe.«

Simone *(35) ist Kirchenmusikerin, verheiratet, und hat zwei Söhne (vier und 1 1/2 Jahre). Sie ist wieder schwanger.*

Ich wollte immer gerne Kinder haben. Ich habe mir also gesagt: Wenn du ein Kind haben willst, mußt du ihm Zeit und Raum geben. Innerlich und äußerlich. Du mußt eine Zeitlang auf vieles verzichten. Mir war klar, daß ich mich auf allen Gebieten einschränken muß. Zeitlich, körperlich und geistig. Als Ausgleich würde ich mich an meinen Kindern erfreuen. Ich kann mich an Kindern einfach ergötzen. Ich glaube, das ist eine gute Voraussetzung, wenn man Kinder haben will.

Ich hatte das Gefühl, daß Kinder ganz selbstverständlich in das Leben einer Familie gehören, sie darin ihren Platz haben. Aber auch, daß die Frau weiterhin ein Recht auf ihr Leben hat. Ich war neugierig auszuprobieren, wie ich das zusammenkriege.

Was auf mich zukommt, wußte ich ziemlich konkret. Meine Schwester hat mit ihrer kleinen Tochter bei uns gelebt, bis das Kind fast ein Jahr alt war. Da bekommt man eine Menge mit. Das war wie ein kleiner Babykurs, eine hautnahe Erfahrung. Das hat sicher dazu beigetragen, daß ich ganz gut klargekommen bin.

Schon in der Schwangerschaft gingen trotzdem Probleme los. Ich habe mich sehr auf das erste Kind gefreut. Mir war aber sehr lange übel. Da hatte ich dann immer zwei Stimmen in mir. Die eine sagte: Übelkeit, hat das etwa psychische Gründe? Lehnst du das Kind vielleicht ab? Solche Gedanken haben mich gemartert. Auf der anderen Seite konnte ich sie auch beiseite schieben und mir sagen: Bei mir ist es eben so, ich akzeptiere es. Gestört hat mich, daß ich nicht

105

mehr ich selber war. Durch die Übelkeit war ich sehr gereizt. Ich war auch sehr müde und fühlte mich von der Umwelt ausgeschlossen. Ich hatte nicht mehr meine normalen Gefühlsreaktionen, ich kannte mich selbst nicht mehr.

Das war die erste Anfechtung. Ich mußte lernen, daß ich mich veränderte, daß ich nicht immer so bin, wie ich mich kenne. Im weiteren Verlauf der Schwangerschaft ging es mir zunehmend besser.

Vor der Geburt habe ich mich mehr gefürchtet als vor der Zeit hinterher mit dem Kind. Alles, was mir unbekannt ist, macht mir angst. Alles, was ich noch nie durchlebt habe. Je näher die Geburt rückte, desto geringer wurde dann die Angst. 30 Stunden dauerte es von der ersten bis zur letzten Wehe. Ich war am Ende meiner Kräfte. Mein Sohn wurde schließlich mit der Saugglocke geholt. Da kamen wieder die Gedanken: Wieso kannst du dein Kind nicht auf normale Art zur Welt bringen? Dahinter steht diese Vorstellung von der natürlichen Geburt: Wenn alles gut ist, muß das Kind normal zur Welt kommen. Dabei wird ganz vergessen, daß es auch andere Dinge gibt, die dem entgegen stehen als die Einstellung der Mutter.

Während der Geburt war mein Mann ganz toll. Er war immer anwesend und aufmerksam, aber völlig unauffällig im Hintergrund. Ich habe mich von ihm sehr getragen gefühlt. Als ich wirklich nicht mehr konnte und der Arzt sagte: »So, noch dreimal feste pressen«, hat er gesagt: »Das kann sie nicht, lassen Sie sie nur zweimal pressen.« Ich hätte das nicht mehr sagen können, so fertig war ich. Da war mein Mann mir eine große Hilfe. Er konnte sich wunderbar einfühlen.

Die Geburt war also sehr schwer. Danach wollte ich erst mal absolut kein Kind mehr haben. Trotzdem war sie ein tiefes Erlebnis, das mich in Dimensionen geführt hat, die man nicht kennenlernt, wenn man diese Anstrengung nicht auf sich nimmt. Die Geburt meines zweiten Sohnes ging schon viel schneller und war einfacher, und auf die Geburt meines dritten Kindes freue ich mich jetzt richtig, obwohl ich weiß, wieviel es bedeutet und wieviel man geben muß. Aber ich denke, es ist auch ein Geschenk, die Geburt bewußt und intensiv erleben zu können. Und das Tollste ist ja, hinterher das Baby im Arm zu haben.

Im Wochenbett habe ich immer die Stimmungsschwankungen am dritten Tag. Die kommen, wenn das Kind abends schreit, ich noch nicht genug Milch habe, die Brüste schmerzen und ich völlig verzweifelt bin, weil ich auch noch todmüde bin. Dann wechseln Glück und Unglück ständig ab. Aber das macht mir nichts aus. Ich weiß, das ist ganz normal. Man muß versuchen – wie bei den Wehen –, entspannt zu bleiben und es akzeptieren. Ich bin auch früher schon mit Gemütsverstimmungen gut umgegangen. Wenn ich gemerkt habe, ich bin verstimmt, dann habe ich mir gesagt: Heute geht nichts. Ich habe mich ins Bett gelegt, die Vorhänge zugezogen und beschlossen: Heute bin ich für die Welt nicht da.

Es ist sehr hilfreich, wenn man sich eine Gefühlsverstimmung eingesteht wie einen Schnupfen, wie eine leichte Krankheit. Wenn man weiß, man ist nicht gut drauf, dann sollte man nicht dagegen ankämpfen. Ich habe gelernt, das zu akzeptieren. Am nächsten Tag kann ich meistens schon wieder aufstehen. Ich glaube, weil ich diese Einstellung schon vorher hatte, konnte ich mit den Gefühlsschwankungen im Wochenbett und danach viel besser umgehen.

Wenn ein Kind kommt, müssen die Umstände stimmen. Die Wohnung muß groß genug sein. Die Finanzen müssen einigermaßen geregelt sein. Und für die ersten Wochen mit dem Baby sollte man sich Hilfe organisieren. Jemanden, der einem das ganze Drum und Dran abnimmt, wie Einkaufen, Kochen und Waschen. Ich habe schon in der Schwangerschaft dafür gesorgt. Das würde ich jeder jungen Mutter empfehlen, damit sie soviel Zeit wie möglich für sich und das Baby hat. Es kommt ja ein ganz fremder Mensch auf die Welt. Und diesen Menschen muß man kennenlernen. Man verliebt sich ja in das Baby. Man sollte sich, genau wie zwei Verliebte, nicht von anderen stören lassen. Auch nicht von zuviel gutgemeintem Besuch. Aus der Verliebtheit heraus kann dann so ein Kind in die Familie hineinwachsen. Viele denken, Mutterliebe kommt plötzlich, und man liebt sein Kind automatisch von Anfang an. Das habe ich anders empfunden. Die Liebe ist gewachsen, und dafür brauchten wir Zeit und Raum.

Mein Mann hatte sich Urlaub genommen, als mein Sohn da war. Er hat den Haushalt gemacht, das Kind gewickelt. Er hat ihn mir oft abgenommen. Auch für den Vater und das Baby gibt es die »bonding phase«, in der sich das Band zwischen beiden knüpft.

Und dann haben mir Freundinnen geholfen. Da war ich im Zwiespalt, ob ich die Hilfe annehmen könnte. Ich konnte mir schwer das Recht zugestehen, mich auszuruhen und nur ums Baby zu kümmern. So ein Konflikt kommt sicher von dem Mutterbild in unserer Gesellschaft: Die gute Mutter muß alles alleine schaffen. Bei mir kommt hinzu, daß meine eigene Mutter alles allein geschmissen hat und bei ihr immer alles tipptopp ist. Da hat man im Hinterkopf: Warum kannst du das nicht auch?

Andererseits dachte ich, was ich nicht kann, kann ich nicht. Ich wollte mich ja nicht völlig kaputtmachen. Ich wollte lieber für das Baby dasein als völlig gestreßt und überarbeitet. Dann werde ich unausstehlich und nervös, und ich wollte lieber ausgeglichen und ruhig für mein Kind sein. Ich wußte, wenn es mir gutgeht, gehe ich mit dem Kind am besten um. Ich hatte mir nicht vorgenommen, bald wieder genauso zu funktionieren wie vorher. Was für mich nicht stimmte, habe ich nicht gemacht.

Trotz aller Hilfen bin ich an die Grenzen meiner Belastbarkeit gekommen. In der Zeit habe ich in mein Tagebuch geschrieben: »Das Kind führt mich durch seine laut geäußerten Bedürfnisse fast täglich an meine Grenzen des Wissens, des Einfühlungsvermögens, der Belastbarkeit meiner Nerven, meiner Gefühle in bezug auf Schuld und Unvermögen. – Dann aber dieses schlafende Kind sehen. Den Holzring noch in der einen Hand. Die andere Hand entspannt auf dem Federbett, den Kopf zur Seite geneigt, nicht mehr im Raum anwesend. Nur dieser stille schlafende Leib.« Das sehen zu können, ist für mich die Entschädigung für all die Dinge, die man in der Zeit so auf sich nimmt.

Mit Kindern zu leben ist manchmal hart. Die schwierigen Phasen sind eine Herausforderung. Ich glaube, ob man damit gut oder schlecht zurechtkommt, ist auch eine Frage der Lebenseinstellung. Wenn man eine allzu feste Vorstellung davon hat, wie das Leben sein sollte, und es kommt anders, wird man unzufrieden. Ich glaube, auch die schwierigen, unvorhersehbaren Dinge gehören zum Leben. Und wenn man sie annimmt, dann bringen sie einen nicht aus der Fassung. Das tun sie nur, wenn man dagegen ankämpft.

Das einzige richtige Problem, bei dem ich nicht wußte, wie ich es lösen soll, hat mir die Sexualität bereitet. Das war doch gravierender, als ich mir vorgestellt hatte. Solange ich gestillt habe, hatte ich absolut keine Lust, mit meinem Mann zu schlafen. Ich habe zwar vorher gewußt, daß das passieren kann, aber ich habe nicht gedacht, daß das so lange dauert. Das tat mir sehr leid, und ich war in einem großen Konflikt. Der Mann verändert sich ja körperlich nicht. Der hat bald wieder Lust und findet seine Frau attraktiv. Aber ich war durch das Stillen körperlich so ausgefüllt und befriedigt, daß ich nicht mal an Sexualität gedacht habe. Dummerweise habe ich meine sonstigen sexuellen Probleme da hineinprojeziert, und das ist natürlich ganz problematisch. Heute weiß ich, daß man das auseinanderhalten muß. Ich habe mich mit meinem Mann über alles unterhalten, und er hat mich auch verstanden. Aber was nützt es? Es sind und bleiben zwei verschiedene Interessenlagen. Mein Mann ist keiner, der sich eine Freundin nehmen oder sich selbst helfen würde.

Jetzt beim dritten Kind wollen wir versuchen, es spielerisch oder durch Massage hinzukriegen, diese Zeit zu überbrücken.

Einen sehr hohen Stellenwert hat für mich mein Beruf. Ich bin nicht nur auf Kindererziehung fixiert. Ich habe sehr viele andere Interessen. Mein Beruf – ich bin Kirchenmusikerin (Chorleitung und Orgel) – eignet sich vorzüglich, wenn man neben den Kindern arbeiten will. Weil ich meine Zeit einteilen kann. Wenn ich anwesend sein muß, haben andere frei, abends und am Wochenende.

Mein Mann übernimmt dann die Kinder. Meinen älteren Sohn habe ich auch schon mitgenommen.

Ich mache meine Arbeit sehr gerne. Ich habe sie nach der Geburt des ersten Kindes nur etwas zu früh wieder angefangen. Aus einem von außen kommenden Anspruch heraus: Du mußt emanzipiert sein. Kümmer dich nicht zuviel um deine Kinder. Paß auf, sonst bleibst du dran hängen. Das waren gar nicht meine eigenen Befürchtungen. Heute lasse ich mich nicht mehr so beeinflussen. Ich bin sicher, daß ich auch mit drei Kindern wieder in meinen Beruf einsteigen werde.

Zum Thema Beruf habe ich in mein Tagebuch geschrieben: »Wie schön es war, dieses Wochenende ohne Kind. Als ich nach Hause kam, war es schön, die Jacke an die Garderobe zu hängen und von der Arbeit gekommen zu sein. Zu Hause und Arbeit, diese beiden Dinge sind in meinem Leben sehr wichtig. Trotzdem bin ich bereit, in der ersten Zeit alles zurückzustellen für das Baby.«

Als zwei Kinder da waren, habe ich meinen Beruf noch nötiger gebraucht. Weil ich sonst überhaupt keine Zeit mehr für mich gehabt hätte. Das hat mir sehr zu schaffen gemacht. Als ich dann wieder arbeitete, dachte ich: Wie gut! Keine Kinder, keine Windeln, keiner, der was von mir will. Es wollen zwar andere Leute was von mir, aber das hat eine andere Qualität. Es ist eine ganz andere Seite, die im Beruf gefordert wird. Das habe ich ganz nötig gebraucht. Weil es eine Bestätigung war. Zu Hause bekommst du ja keine Bestätigung. Außer daß du dich an den Kindern freust – und das ist ja eigentlich der Lohn, das Schöne daran. Bei der Arbeit bekommst du direkte Anerkennung, und das finde ich eben auch sehr wichtig.

Auf meinen Mann kann ich mich 100prozentig verlassen, wenn es darauf ankommt. Aber in Zeiten, wo der Alltag rollt, da hatten wir auch Krisen. Einfach, weil ich von den Kindern so absorbiert war, daß ich für meinen Mann nicht genug Zeit hatte. Da gab es schwierige Momente. Beim zweiten Kind noch mehr. Beim ersten Kind war er noch euphorisch und wollte auch Opfer bringen. Nach dem zweiten fanden wir überhaupt keine Zeit mehr für uns als Paar. Und auch keine Zeit jeder für sich alleine. Abends waren wir einfach sehr früh müde. Er von der Arbeit, ich von den Kindern. Da fand ich den Vorschlag meiner Geburtsvorbereiterin sehr gut, daß jeder einen Abend in der Woche für sich hat und einen Abend mit dem Partner verbringt. Wir gehen jetzt einen Abend gemeinsam zum Yoga, und jeder hat einen Abend in der Woche, über den er frei verfügen kann. Es ist sehr wichtig, daß jeder seine eigenen Kontakte pflegen kann.

Daß die Beziehung gut läuft, ist eine Grundvoraussetzung dafür, daß es auch mit den Kindern gut läuft. Es gab Zeiten, da haben wir uns gegeneinander verhärtet. Da haben wir nicht sofort den Weg gefunden, miteinander zu sprechen. Bei mir bewirkt das leider, daß ich mit den Kindern schlecht umgehe. Dann wird mir alles plötzlich zuviel. Wenn die Beziehung nicht gut ist, dann wird es kritisch.

Mit den Kindern nicht gut umgehen, bedeutet, ich werde ungeduldig, ich schüttele sie und schreie sie an. Dann ist meine Ruhe und Geduld vorbei. Wenn ich mich ungerecht behandelt fühle, habe ich nicht mehr die Reserven, für die Kinder die entsprechende Geduld aufzubringen. Bei meinem Mann ist es ähnlich, wenn ihn die Arbeit zu sehr mitnimmt. Im Urlaub läuft das bei uns phantastisch. Da sind wir alle sehr entspannt.

Im Alltag gibt es eben manchmal Engpässe. Anfangs wollte ich meinem Mann vorschreiben, wie er mit den Kindern umzugehen hat, wenn er auf sie aufpaßt. Da hat er sehr bald gesagt: »So geht das nicht. Entweder du läßt mich machen, wie ich das für richtig halte, oder du mußt es selber machen.« Das habe ich sehr bald eingesehen und habe runtergeschluckt und ihn machen lassen.

Bisher haben wir doch immer wieder den Weg gefunden, miteinander zu sprechen. Oder wir haben mit Freunden geredet. Mein Mann macht das nicht so gerne. Ich finde es wichtig. Ich kann auch intime Dinge gut mit anderen besprechen.

Über die Punkte, wo ich dachte, jetzt schaffst du es nicht mehr mit den Kindern, habe ich mir Richtlinien in mein Tagebuch geschrieben:

1. Ich nehme mir frei, wenn mir alles über den Kopf wächst. Das

muß sein. Ich muß mal ohne Kinder sein und werde kein schlechtes Gewissen deswegen haben. Es ist mir in dem Moment auch egal, ob Vater, Oma, Opa damit überfordert sind. Ich muß raus. Lieber eine zufriedene Mutter als eine unzufriedene. Die unzufriedene Mutter ist die schlechteste.

2. Lieber eindeutig emotional sein, als ein vom Kopf gesteuertes Mal-so-mal-so. Ich halte nichts von kopfpädagogischen Grundsätzen. Ich versuche, meine Grenzen wahrzunehmen und zu ihnen zu stehen.

3. Meine eigenen Bedürfnisse nehme ich genauso ernst wie die meines Kindes.

4. Ich störe das Kind nie, wenn es zufrieden ist. Ich meine stören mit eigenen Projektionen, wie: Es müßte sich doch eigentlich langweilen, es müßte doch Hunger haben, es müßte doch jetzt meine Zärtlichkeit haben wollen.

Mit diesen Grundsätzen bin ich bisher ganz gut gefahren.

»90 Prozent aller Frauen haben nach der Geburt eines Kindes keine Lust auf Sex. Das ist ganz normal und dauert bis zu einem Jahr.«

Dr. Edith Bauer *(50) ist Frauenärztin, verheiratet, und hat zwei Kinder.*

Sie machen in Ihrer Praxis eine alternative Geburtsvorbereitung Wie kamen Sie drauf, daß das nötig sein könnte?

Als ich mich vor neun Jahren hier niedergelassen habe, war ich im weiten Umkreis die erste und einzige Frauenärztin. Ich habe mir gesagt, das sollte mich nicht als einziges von den männlichen Kollegen unterscheiden. Ich habe festgestellt, was es hier an Geburtsvorbereitung gab, war nicht ausreichend. Die Schwangeren waren viel zu wenig informiert und hatten wenig Austauschmöglichkeiten. Heutzutage, wo es nur noch Kleinfamilien gibt, die irgendwo in ihrer Dreizimmerwohnung im Hochhaus sitzen und sonst wenig Kontakte haben, ist eine Gruppe, die Rückhalt gibt und wo man sich austauschen kann, für junge Mütter überlebenswichtig.

Ich selbst hatte in meinen beiden eigenen Schwangerschaften und auch danach niemanden, der mir geholfen hätte. Ich habe bei meinen Kindern ganz stark empfunden, mit meinen Problemen allein zu sein. Und da kam der Wunsch auf, für andere besser machen zu wollen, was ich selbst negativ erlebt hatte. Ich lernte eine Psychologin kennen, die die gleiche Erfahrung gemacht hatte, daß sie in ihren Schwangerschaften keine befriedigenden Antworten auf ihre vielen Fragen bekommen hatte. Inzwischen sind wir ein Team.

Was geschieht bei Ihnen in der Geburtsvorbereitung?

Sie dient nicht nur der Vorbereitung auf die Geburt. Auch die Elternschaft bedarf der Vorbereitung. Wir besprechen in unseren

Kursen bei Erstgebärenden Phantasien übers Elternsein und stellen uns die Elternrealität vor, wenn Kinder da sind. Auch das Erleben der Schwangerschaft wird reflektiert, denn schon da kann der Kontakt zum Kind angeregt und unterstützt werden.

Meist wollen Eltern aber gar nichts über die Zeit danach wissen.

Richtig. Wir haben festgestellt, daß wir da auf gewisse Grenzen stoßen. Frauen wollen und können in der Schwangerschaft nicht alles voll aufnehmen. Wenn wir einer Schwangeren erzählen, daß sich nach der Geburt alles um 180 Grad verändert, dann glaubt sie uns das nicht. Sie kann es sich nicht vorstellen. Sie ist in der Schwangerschaft zielgerichtet programmiert auf die Stunde Null – die Geburt. Danach fällt sie in ein Loch. Deshalb müssen wir auch nach der Geburt Ansprechpartner sein.

Was kann man in der Schwangerschaft für die Zeit danach vermitteln?

Man kann Weichen stellen. Es gibt viele Dinge, die sich in der Schwangerschaft schon ansatzweise zeigen. Ein Beispiel: Wir unterstützen die Schwangere, ihre veränderten Bedürfnisse als gesund und wichtig zu begreifen. Weil Schwangere oft meinen, diese Bedürfnisse störten den Lebens- und Arbeitsablauf. Schwangere haben oft einen zu hohen Leistungsanspruch. Sie überfordern sich, statt ihre Schwächen ernst zu nehmen. Sie glauben, in der Schwangerschaft müßten sie besonders gut funktionieren, sonst verlören sie ihren Arbeitsplatz oder die Anerkennung des Partners oder ihrer Mutter (Ich habe sechs Kinder bekommen und dabei noch gearbeitet). Wenn Frauen da zu versagen glauben, können sie sich selbst nicht mehr akzeptieren. Die natürliche Regression in der Schwangerschaft führt zu Konflikten mit dem leistungsbetonten Frauenbild der 80er und 90er Jahre. Die Frauen erleben ihre Schwächen als individuelles Versagen, obgleich es sich um ein kollektives Problem handelt. Wenn man den Schwangeren diese Bezüge klarmacht, entlastet man sie und hilft ihnen, sich besser zu akzeptieren.

Gleichzeitig ist das eine Vorbereitung auf das Muttersein, denn das gleiche Leistungsdenken wird später auch bei der Mutterschaft zum Problem. Ein großes Thema nach der Geburt ist, daß Frauen sich als Mütter nicht gut genug fühlen. Dabei sagen selbst Analytiker, eine Mutter muß nur ausreichend gut sein. Sie muß nicht supergut sein. Man muß da viele Frauen entlasten.

In der Sexualität ändert sich für viele Frauen nach der Geburt eines Kindes eine Menge.

Das geht schon in der Schwangerschaft los. Manche Frauen bekommen besonders viel Lust. Möglicherweise die, die vorher immer Angst hatten, schwanger zu werden. In der Schwangerschaft sind sie sicher. Es gibt auch welche, die es jahrelang immer darauf angelegt haben, endlich schwanger zu werden. Bei denen war es lange so: Los, wir müssen, es ist gerade günstig. In dem Moment, wo sie schwanger sind, ist es bei denen aus und vorbei. Die haben dann überhaupt keine Lust mehr. Sie haben ihr Ziel erreicht.

Nach der Geburt geht es den meisten Frauen so, daß sie erst mal überhaupt keine Lust mehr auf Sex haben. Ich würde sagen, das ist bei 80 bis 90 Prozent aller Frauen so. Besonders nach der ersten Geburt. Nach dem zweiten Kind ist es oft anders, weil die Umstellung nicht so total ist. Beim ersten Kind ist alles völlig neu und ungewohnt. Das Kind ist total abhängig von der Mutter und beansprucht sie voll. Je nachdem, wie die Mutter geartet ist, stürzt sie sich auch voll auf ihr Kind. Dadurch bleibt der Mann erst mal im Hintergrund. Das bemerkt sie zunächst gar nicht. Sie ist so beschäftigt. Der Mann nimmt Rücksicht, weil sie nachts immer aufstehen muß, immer müde ist. Er versteht vieles. Aber eines Tages fängt er an zu drängeln, weil er meint, er müsse auch mal wieder dran sein. Sie selbst meint: Eigentlich müßte ich doch auch wieder Lust haben. Es kommen Schuldgefühle hinzu, denn sie merkt durchaus, daß sie den Mann vernachlässigt. Das schaukelt sich hoch, was die Bereitschaft zur Sexualität nicht gerade verbessert.

Welche Gründe gibt es für das sexuelle Desinteresse der Frau?

Die Unlust ist sicher eine Kombination aus vielen Faktoren. Einmal ist die Frau emotional sehr gebunden. Sie ist einfach gesättigt. Von daher kommt sie nicht auf die Idee, mit ihrem Mann schlafen zu wollen.

Dann ist es ja so, daß die Frauen, die stillen, einen Großteil ihres Hautkontaktes und ihres Zärtlichkeitsbedürfnisses, ihres Lustgefühls, durch das Stillen befriedigt bekommen. Sie sind durchaus ausgefüllt und glücklich mit dem, was sie haben. Da fehlt gar nichts mehr.

Außerdem sind die Frauen ja wirklich müde und kaputt. Und das fördert die Lust nicht.

Hinzu kommt: Viele Frauen haben keine realitätsgerechte Vorstellung von ihren Genitalien. Sie haben die Vorstellung: Da hat dieses dicke Kind durchgepaßt! Wie entsetzlich, das muß ja ganz zerrissen sein und dann auch noch zerschnitten. Mit anderen Worten: total verletzt.

Durch den Östrogenmangel ist die Scheide in der Stillzeit empfindlicher als sonst. Wie in den Wechseljahren ist sie trockener. Und weil Lust und Motivation sowieso mangelhaft sind, kommt auch die Lustphysiologie – die Befeuchtung der Scheide – langsamer in Gang. Wenn die Paare dann trotzdem versuchen, miteinander zu schlafen, ist die Scheide oft trocken und tut weh. Da die Frau ohnehin schon ahnte, es würde weh tun, macht sie diese noch enger, verkrampft sich, und dann tut es noch mehr weh. So rückt eine lustvolle Sexualität möglicherweise in immer weitere Ferne.

Es gibt dann noch – das zähle ich aber zu den neurotischen Störungen – Paare, für die das Kind wichtiger war als die Paarbeziehung. Wenn diese Frauen ihr Kind haben, ist der Mann sehr dauerhaft draußen, und das Kind spielt die erste Geige. Die Frau hat eine neurotische Beziehung zum Kind. Je länger das andauert, um so schwieriger ist das zu beheben. Es ist nicht einfach, das wieder hinzukriegen.

Was sagen Sie Paaren, die mit sexuellen Problemen zu Ihnen kommen?

Bei Trockenheit der Scheide empfehle ich den Paaren, ein Gleitmittel zu nehmen. Damit es nicht zu diesem Teufelskreis kommt:

Ich habe Angst, daß es weh tut, und dann tut es natürlich auch weh. Und dann traut man sich das nächste Mal überhaupt nicht mehr ran. Wir haben sehr gute Erfahrungen damit gemacht.

Aber auch Wissen entlastet. Gesagt zu bekommen, daß solche Schwierigkeiten nach einer Entbindung normal und sehr häufig sind, entlastet schon enorm. Ich glaube, das offene Gespräch über dies Problem ist ungeheuer wichtig. Das Paar muß wissen, daß es Zeit braucht. Daß es nichts übers Knie brechen muß. Und daß es keine Schuldgefühle haben muß. Daß es nicht allein damit steht, sondern daß es anderen auch so geht und daß man darüber reden kann.

Nach einer großangelegten Studie, die in England gemacht wurde, dauert es im Normalfall ein Jahr, ehe sich alles wieder normalisiert. Mit oder ohne Behandlung.

Wie kann man dieses Jahr überbrücken?

Ich rate Paaren, dieses Jahr, in dem die Frau weniger Lust hat, für neue Entdeckungen zu nutzen. Es als Chance zu sehen, auch mal mit anderen sexuellen Möglichkeiten als der Penetration zu experimentieren. Es gibt so viele Möglichkeiten, Liebe und Zärtlichkeiten auszutauschen. Die meisten Paare kommen nicht von selbst darauf.

Leider liegt es in der Erziehung, daß viele Männer meinen, ihre Liebe nicht anders als über Penetration beweisen zu können. Die Frau will oft einfach nur in den Arm genommen werden. Dieses Gefühl von Wärme und Geborgenheit reicht ihr manchmal schon. Aber wenn die Frau signalisiert, daß sie das möchte, will der Mann gleich mehr.

Das Emotionale, das Gefühl, ist bei dem vielen, das in den letzten Jahren über Sexualität, sexuelle Funktionen, sexuelle Leistung geredet und geschrieben wurde, einfach unter den Tisch gefallen. Das, was die Beziehung neben der Sexualität noch ausmacht, wird völlig abgespalten. So geht es einfach nicht. Wenn man Sexualität so isoliert betrachtet, als sexuelle Funktion, dann sieht man sie leistungsbezogen. Meist ist es so, daß die Frau sich dann sperrt. Dann können die beiden sich nicht mehr miteinander verständigen. Das Paar muß sich aber austauschen. Sie muß ihm sagen, daß ihre Bedürfnisse in der Schwangerschaft und direkt danach anders sind als vorher. Und er sollte sich fragen, wofür die Sexualität bei ihm steht.

V.

MÜTTER BRAUCHEN VIEL ZUWENDUNG

»Ich fühlte mich plötzlich genauso pflegebedürftig wie ein Baby.«

Barbara *(33) ist Redakteurin, verheiratet, ihr Sohn ist sechs Jahre alt.*

Den Alltag mit einem Baby konnte ich mir konkret überhaupt nicht vorstellen. Ich hatte die Phantasie: Ein Kind begleitet mich durchs Leben. Ich dachte, ich könnte mein Leben wenig verändert weiterführen, wenn mein Kind da ist. Ich war stark in der Frauenbewegung engagiert und habe politisch gearbeitet. Ich war sehr aktiv, kämpferisch. Und durch und durch ein Kopfmensch. So war mein Bild von mir, und so fand ich mich gut. Ich habe geglaubt, daß ich dieselbe bleibe, die ich bin. Daß ich mich unverändert stark fühlen würde. Klar, an Veränderungen, die ein Kind mit sich bringt, an weniger Zeit, an eine Verlagerung meiner Energie, habe ich gedacht. Aber daß ich selbst mich völlig verändern würde, das habe ich in keinster Weise ins Kalkül gezogen. Die Verbindung zu meinem Mann, dachte ich, würde durch das Kind noch stärker und fester.

In unserer Stadt gab es eine Arztpraxis, wo man ambulant entbinden konnte. Da wollte ich hin. An dem Tag, als das Fruchtwasser anfing, tropfenweise abzugehen, machten wir uns mit der U-Bahn auf den Weg. Es war heiß. Die Hebamme schloß mich an den Wehenschreiber an. Der tickte schon ganz schön, obwohl ich noch nichts bemerkt hatte. Sie sagte: »Nur ein hoher Blasensprung, es kann noch etwas dauern.« Ich sollte noch mal nach Hause gehen. Als ich im Begriff war aufzustehen, machte es plötzlich »platsch«. Literweise lief mir das Fruchtwasser in die Stiefel. Die Hebamme sagte: »Jetzt ist die Fruchtblase geplatzt. Legen Sie sich wieder hin, ich fühle mal.« Sie tastete und wurde merkwürdig bedeckt. Zog die Schultern hoch und sah mich so komisch an. Dann sagte sie: »Also, was ich fühle, ist kein Kopf.« Schweigen. Ich dachte: Wie, kein

Kopf? Vor einigen Wochen hatte der Arzt mir erklärt, es sei alles in Ordnung, der Kopf liege im Becken. »Ja«, sagte sie nach einer Pause, »das fühlt sich eher wie ein Po an. Das ist eine Steißlage, die können wir nicht ambulant entbinden.« Das war der erste Hammer. Das bedeutete Kaiserschnitt, und darauf war ich überhaupt nicht vorbereitet. Mit der Geburt fing es schon an, völlig anders zu laufen, als ich mir vorgestellt hatte. Und ich fing schon da an, mit meiner Situation zu hadern.

Der Arzt im Krankenhaus ging wirklich gut auf mich ein. Das muß ich sagen. Ich bekam nur eine örtliche Betäubung. Zum Bauch hin wurde ich zugehängt. An den Bewegungen merkte ich, daß der Schnitt gemacht wurde. Schmerzen spürte ich nicht. Fünfmal haben sie auf meinen Bauch gedrückt, dann, schwupp, war das Baby da. Und hat gleich im hohen Bogen gepinkelt. Als ich es sah, habe ich nur gedacht: Ach, da ist er jetzt also. Es war ein Junge. Ich weiß nur noch, ich hatte ihn im Arm und erwartete, jetzt käme, peng, die große Mutterfreude. Und ich würde ihn ablecken, wie eine Mutterkatze ihr Junges. Schließlich war er ein Wunschkind. War aber nicht so. Ich habe nur registriert: Kind ist da. Sieht ja ulkig aus. Als er versorgt war, hat mir die Hebamme das kleine Teilchen wieder in den Arm gedrückt und gesagt: »Sie können jetzt stillen.« So ein Leichtgewicht in meinen großen Armen – so ist ja das Verhältnis –, daran mußt du dich erst mal gewöhnen. So eine kleine Wurst. Nicht zerknittert wie die, die durch den Geburtskanal kommen. Es war eine freundliche, nette kleine Wurst, weder hübsch noch häßlich. Hatte sich schon gekratzt. Die Fingernägel waren viel zu lang.

Es hat Tage gedauert, bis ich ein Gefühl für das Kindchen kriegte. Als die Betäubung nachließ, ging es mir erst mal hundeelend. Nach vier Tagen bin ich auf eigene Verantwortung nach Hause gegangen. Ich habe darauf bestanden.

Mein Mann hatte sich sechs Wochen freigenommen. Mein Sohn war sehr gut gelaunt und hat nicht viel gequäkt. Ein pflegeleichtes Kind.

Aber mir ging es dreckig. Ich fühlte mich körperlich saumäßig und hatte das Gefühl, ich sei nicht mehr im Vollbesitz meiner geistigen Kräfte. Ich funktionierte im Kopf nicht mehr richtig. Als wir das erste Mal nach draußen gingen, mußte mein Mann mich wie eine Greisin unter den Arm klemmen. Wir liefen unsere Straße hoch. Dort parkten die Autos in Parkbuchten. Der Bürgersteig war relativ breit. Trotzdem habe ich mich von den Autos bedrängt und bedroht gefühlt. Ich hatte das Gefühl, ich müßte spießrutenlaufen und dachte: Gleich raste ich aus oder werde ohnmächtig. Die Menschen kamen in Zeitlupe wie auf Wolken auf mich zugewandelt, wie bedrohliche Figuren. Es war monsterhaft. Ich habe gedacht: Jetzt büßt du ein für allemal deine Fähigkeit ein, vernünftig wahrzunehmen, zu denken, zu handeln, stark zu sein. Ich fühlte mich komplett zerstört, vernichtet. Durch die verzerrten Wahrnehmungen kam ich auf die Idee: Dich kann keiner mehr ernst nehmen. Dich kann keiner mehr gut finden. Mit dir kann sich keiner mehr normal unterhalten. Du bist null und nichtig.

So fing meine Identitätskrise an und wurde noch schlimmer, als mein Mann wieder arbeiten ging. Da dachte ich, daß ich der Situation überhaupt nicht mehr gewachsen bin. Dieses ständige Dasein für meinen Sohn. Klar, ich habe schnell festgestellt, daß ich den kleinen Kerl lieben lerne – auf lernen möchte ich ein Schwergewicht legen. Er hat mir auch irgendwo Spaß gemacht.

Aber ich habe total gehadert mit meiner Mutterrolle. Wie kämpferisch war ich gewesen, was hatte ich für gute Ideen gehabt! Und plötzlich war ich auf das Muttersein reduziert. Ich konnte nicht mehr mitmischen. Das fand ich unterirdisch.

Tagsüber war ich allein mit meinem Sohn. Ich hatte zwar dafür gesorgt, daß wir in einer Wohngemeinschaft wohnten. Aber alle gingen arbeiten. Ich konnte niemandem meine Zweifel mitteilen, meine Ängste, was in mir vorging, was mit mir passierte. Ich konnte weder meine Stimmung, noch was mit dem Kind los war, vermitteln. Wenn ich mit meinem Sohn gebrabbelt habe, diese Urlaute, die man plötzlich wieder von sich gibt – dann habe ich nur noch neben mir gestanden. Ich fand das abartig. Ich habe gedacht, ich werde nie wieder ein normaler intelligenter Mensch. Ich kam mir lächerlich und minderwertig vor. Meinem Mann mochte ich das abends gar nicht erzählen. Was hatte ich denn auch schon zu erzählen? Wie oft der kleine Kerl geschissen hat? Welche Farbe sein Stuhlgang hat? Mein Gott, wie unbedeutend ich das fand. Das waren doch keine weltbewegenden Dinge. Ich fand das alles äußerst unwichtig.

In meiner Wohngemeinschaft fanden ihn alle knuddelig. Vielleicht waren sie auch gar nicht der Meinung, daß es öde ist, was ich zu erzählen hatte. Aber ich selbst kam mir so öde vor. Ich selber konnte meine kleinen Erlebnisse mit meinem Sohn nicht schätzen. Ich fand sie banal, blöd, uninteressant. Überhaupt nicht spannend. Wie sollten andere meine Erlebnisse oder mich dann spannend finden? Ich fand mich komplett unattraktiv und nichtssagend. Ich hatte die Vorstellung im Kopf, draußen tobt das wilde Leben, und an mir geht es vorbei.

Das war die eine Seite. Die andere war, daß ich große Schwierigkeiten hatte mit den Erwartungen, die man von außen an mich gestellt hat. Die Erwartung, wie ich als Mutter zu sein hatte. Damit konnte ich überhaupt nicht umgehen. Ich fühlte mich betrogen. Als Frau und als Mensch. In meiner menschlichen Würde. Denn ich wurde nach meinen Bedürfnissen überhaupt nicht mehr gefragt. Ich wurde behandelt wie die reinste Muttermaschine. Mir wurde ziemlich schnell klar: In dem Moment, wo ein Baby da ist, bist du nur noch der ausführende Part. Der, der Rücksicht zu nehmen hat. Der überhaupt nicht mehr nach seiner Identität gefragt wird. Der als Frau und als Mensch nicht mehr zählt.

Es kam keiner auf die Idee, daß ich als Mutter bedürftig sein könnte. Weil ich mich ausgepowert fühlte, weil ich ständig gab. Dabei war ich genauso bedürftig wie ein kleines Baby. Genauso. Ich war meiner beknackten körperlichen Situation ausgeliefert. Meinem seelischen und geistigen Schwund. Ich war der beknackten Rolle ausgeliefert, die ich zu spielen hatte. Dabei wußte ich, diese typische Mutter konnte und wollte ich nicht sein. Es gab aber niemanden, der sich für mich interessierte. Es wurde nur noch gefragt, welche Untersuchungen hat dein Kind? Welche Fortschritte macht es? Macht es genug Bäuerchen? Trinkt es Fenchel oder Kamille? Wie gesund ist Muttermilch, und wie lange solltest du stillen? Bla, bla, bla. Du stehst nur noch zur Verfügung. Du bist nur noch ein Wurmfortsatz, ein Handlanger deines Kindes. Es wird sich nur noch um das neue Leben gekümmert. Du als Mutter, deine Ausgewogenheit, alles Schrott. Ob du vor die Hunde gehst, ob es dir hier zieht, da kneift, ob du wieder mit deiner Sexualität klarkommst, interessiert keinen.

Der Mutter hat es gutzugehen, und alles dreht sich um das Kind. Das ging so weit, daß mir jemand zum Geburtstag Kinderspielzeug geschenkt hat. Da bin ich geplatzt vor Wut.

Mein Mann hat mir in der Situation sicher gegeben, was er konnte. Aber es war mir zu wenig. Wir haben oft und lange darüber diskutiert. Ich habe bei meinem Mann sehr barsch eingefordert, daß wir die Arbeit teilen müssen. Ich habe recht früh versucht, auch wieder eigene Wege zu gehen. Das hat mein Mann mir sehr übelgenommen. Es ist unserer Beziehung schlecht bekommen. Ich kann heute nur jedem sagen: Auch die Beziehung kommt durch ein Kind in eine dicke Krise. Ich hatte mir ja vorgestellt, mein Kind wird mich begleiten, und die Verbindung mit meinem Mann wird durch das Kind stärker. Statt dessen saugte mir mein Kind sämtliche Kraft aus dem Körper, und die engere Verbindung mit meinem Mann fand nicht statt. Die zusätzliche Zementierung eines Liebesverhältnisses findet durch eins garantiert nicht statt: durch ein Kind. Das Gegenteil ist der Fall: Die Krise ist vorprogrammiert. Ein Mann kann überhaupt nicht damit umgehen, was bei einer Frau so abläuft. Der Mann hat keinen Identitätsverlust. Ich wußte ja überhaupt nicht mehr, wer ich bin. Meine Identität war futsch. Ich war nicht mehr ich selber, und darunter habe ich gelitten.

Mein Selbstbild war miserabel. Das hat mich dazu gebracht, irgendwann eine Therapie anzufangen. Ich habe versucht, mir klarzumachen, daß die Überlegungen, die ich angestellt hatte, um meinen Kinderwunsch zu verwirklichen, daß diese Überlegungen offensichtlich nicht richtig gewesen waren.

Heute weiß ich, ich muß auch auf mich achten. Ich darf mich über dem Kind nicht vergessen. Es ist, glaube ich, für Frauen ganz wichtig, daß sie sie selber bleiben. Daß sie sich als Persönlichkeit pflegen und pflegen lassen müssen. Jede muß rausfinden, was für sie am besten ist. Nur dadurch kann es dem Kind gutgehen. Das hört sich vielleicht hart an. Weil es immer noch ein Ansinnen der Gesellschaft ist, dem Kind Sklavin sein zu müssen. So kann es aber nicht gehen. Es muß um die Verbindbarkeit beider Interessen gehen. So wie in der Beziehung zum Mann auch. Wenn einer sich aufgeben muß, das haut nicht hin. Dadurch transportiert man nur Klischees, diese irren Erwartungen an Mütter, immer weiter. Und für dein Kind kommt dann wieder rüber: Es ist legitim, wenn die Mutter sich opfert. Ich bin nicht bereit, mich zu opfern. Dazu kann ich heute ganz klar stehen. Die Beziehung zu meinem Mann hat die Krise leider nicht überstanden. Wir sind dabei, uns scheiden zu lassen.

»Das Kind in uns wird besonders stark aktiviert, wenn ein Baby kommt.«

Helga Kreikenbaum *(42) ist Diplom-Psychologin. Sie lebt mit ihrem Lebensgefährten und dessen Tochter zusammen.*

Was ist »das Kind in uns«, und wie macht es sich bemerkbar?

Das innere Kind ist das Kind, das wir selbst einmal waren, und auch das Kind, das wir nicht sein durften. Das Kind hat unseren Charakter geschaffen durch grundlegende Kontakterfahrungen. Durch unsere als Kind gemachten Erfahrungen bauen sich unsere Weltsicht und unser Selbstbild auf. Das Kind ist ein wesentlicher Teil von uns und ist dichter an der Oberfläche, als die meisten Menschen glauben. Es kann durch einen bestimmten Geschmack, Geruch, eine Stimmlage oder Situation aktiviert werden. Dabei bringt es Gefühle, Bilder, Vorstellungen mit, die damals für uns wichtig waren. Wenn sich unsere Entwicklung im wesentlichen ungehindert vollziehen konnte, ist das innere Kind im Erwachsenenalter wohl integriert in die erwachsene Persönlichkeit.

Was bedeutet es, die Kindheit in allen Phasen ungehindert zu durchlaufen?

Es bedeutet, daß Mutter und Vater (als erste Bezugspersonen und Vorbilder) das Kind in seiner Persönlichkeit akzeptieren, daß das Kind alle seine Gefühle (Wut, Lust, Angst, Sehnsucht, Traurigkeit) erleben und zeigen durfte, ohne daß sie als gut oder schlecht, positiv oder negativ bewertet oder sogar untersagt oder bestraft wurden. Das geht nur, wenn Eltern mit diesen Gefühlen selbst gut umgehen können, denn Gefühle brauchen Vorbilder. Das Kind lernt aus dem Verhalten der Eltern, wie es mit Gefühlen umgehen kann. Wenn die Entwicklung des Kindes an einem Punkt stagniert, das Kind behindert oder verletzt wurde, bleibt dieses Erlebnis als eine Wunde bestehen, die in bestimmten Situationen wieder aufbrechen kann.

126

Können Sie ein Beispiel nennen?

Wenn ein Kind die gefühlsmäßige Erfahrung gemacht hat, bei den Eltern nicht willkommen zu sein, bleibt diese Erfahrung als ein verletzbarer wunder Punkt bestehen. Der Erwachsene kann, wenn dieser Punkt durch ein späteres Erlebnis wiederbelebt wird, sehr stark und für die Situation unangemessen reagieren. Die Wunde kann zum Beispiel wieder aufbrechen, wenn ein erwachsener Mensch bei einer Verabredung lange warten muß, wenn man ihn stehen läßt oder ihn beim Eintreffen auf einem Fest nicht begrüßt. Eine solche Situation aktiviert dann das Erlebnis der Kindheit: Ich bin nicht willkommen. Das innere Kind meldet sich mit all seinem Schmerz.

Gibt es denn auch »die Mutter in uns«, und wie macht sie sich bemerkbar?

Die Mutter in uns ist der Teil, der das Verhalten unserer Mutter, ihre Ge- und Verbote verinnerlicht hat. Viele Frauen stellen irgendwann mit Entsetzen fest, wie sehr sie ihrer Mutter ähnlich sind, obwohl sie das vom Verstand her ablehnen. Dabei ist es sehr verständlich, daß wir unserer Mutter ähnlich sind, schließlich ist sie unsere erste intensive Kontaktperson: während wir im Mutterleib sind, bei der Geburt, in den ersten Monaten unseres Lebens. Zuerst können wir noch nicht zwischen uns selbst und der Mutter unterscheiden. Etwas später ist die Mutter die ganze Welt für uns, noch später identifizieren wir uns mit ihr. In seinem Buch »Grammatik der Gefühle, Mutmaßungen über die ersten Lebensjahre« schreibt Tilman Moser sehr eindrucksvoll: »Mutter, sage nicht, daß ich ein böser Junge bin, denn ich liebe dich so sehr, daß ich es dir glaube.«

Was die Mutter verboten und zugelassen hat, ist als Erfahrung fest verankert. Das geht so weit: Wenn die Mutter durch ihr Verhalten dem Kind nicht gestatten konnte, glücklich zu sein, kann es passieren, daß der erwachsene Mensch sich das später selbst nicht gestatten kann. Er gestaltet sich immer wieder Situationen, in denen er unglücklich ist.

Wie kann man unterscheiden, wann die Mutter in uns reagiert und wann das Kind?

Das innere Kind meldet sich durch *Gefühle*, die innere Mutter durch *Gedanken*, durch den Verstand, durch Sätze wie »Das kannst du nicht«, »dazu bist du zu schwach«, »das tut man nicht«. Innerlich erleben wir das als eine Art Dialog: »Ich möchte mein Baby neben mir schlafen lassen« (Gefühl). »Das Baby muß aber in seinem eigenen Bett schlafen« (Verstand). Gefühle und Gedanken unterscheiden zu lernen, kann helfen, wieder einen tieferen Zugang zu den eigenen wirklichen Bedürfnissen zu bekommen.

Was passiert nun mit dem inneren Kind in einer Frau, wenn sie schwanger wird?

Durch eine Schwangerschaft wird das innere Kind stark aktiviert. Verletzungen durch die Mutter, Wunden, unbefriedigend verlaufene Erlebnisse, Entwicklungsphasen tauchen wieder auf. Im Alltag kann sich dies durch eine ungewohnte Verletzbarkeit und Sensibilität zeigen. Es ist oft nicht das Bewußtsein, sondern es ist der Leib, der sich erinnert. Er hat seine eigene Erinnerung und die geht zurück bis in die vorgeburtliche Zeit. Der Leib erinnert sich auch an die eigene Geburt. Er erlebt alles mit, den Streß der Mutter, die Freude der Mutter, große Gefühlseinbrüche während der Schwangerschaft. Er erlebt, wie er nach der Geburt berührt wird. Ob mit liebevoll warmen oder mit kalten abweisenden Händen. Die Geburt ist für Mutter und Kind physisch und psychisch ein tiefes Erlebnis. Deshalb ist es so wichtig, daß beide liebevoll begleitet werden. In unseren Krankenhäusern fehlt bei der Entbindung oft die vertrauensvolle warme Atmosphäre. Mit dem Körper der Frau wird mechanisch und lieblos umgegangen. Dadurch kann sehr viel früh erlebte Lieblosigkeit wieder in Erinnerung kommen. Zusammen mit anderen tiefgreifenden Veränderungen, wie der plötzlichen Verantwortung für das Kind, der Abhängigkeit des Kindes von der Mutter, den hormonellen Veränderungen, kann eine Depression ausgelöst werden.

Viele Frauen reagieren in der Schwangerschaft auf alles, was die eigene Mutter tut und sagt, hochsensibel.

Viele Frauen haben in der Schwangerschaft das Bedürfnis, sich ihren Müttern zuzuwenden. Sie nehmen mehr Kontakt auf, als sie vorher hatten. Da setzt noch einmal eine Überprüfung der eigenen Mutter-Kind-Beziehung ein. Die schwangere Frau fragt sich: Wie hat meine Mutter die Schwangerschaft mit mir erlebt? Hat sie sich gefreut? War ich ihr lästig? Wie war meine Geburt? War meine Mutter liebevoll? Hat sie Unterstützung durch meinen Vater erfahren? Diese Überprüfung bietet die Chance für einen Gesundungsprozeß.

Nun ist das Baby da. Das Kind in uns ist besonders wach, aber die erwachsene Frau ist gefordert.

Gerade nach der Geburt des Kindes wird die Mutter stark beansprucht. Sie muß bemuttern, ständig für das Kind dasein, geben. Gleichzeitig aber wird die eigene Bedürftigkeit aktiviert. Das innere Kind meldet sich. Die Mutter ist genauso bedürftig wie ihr Baby. Auch sie braucht Bemutterung. Besonders schwierig kann die Zeit nach der Geburt für Frauen sein, die bisher unabhängig und selbständig im Beruf gestanden haben, die ihre eigene Bedürftigkeit ausgegrenzt haben. Sie finden jetzt keine Möglichkeit, mit den Bedürfnissen und Gefühlen, die sie plötzlich haben, umzugehen. Oft verurteilen die Frauen sich selbst, scheuen sich, darüber zu sprechen, und kommen in einen Zustand innerer Isolation.

Kann uns das Kind in uns dabei helfen, mit dem realen Baby umzugehen?

Ja. Es kann helfen, wenn die Mutter in gutem Kontakt mit ihrem inneren Kind ist. Eine Frau, die bei einer lieblosen Mutter aufgewachsen ist, kann es aber auch sehr schwer haben, auf ihr eigenes Kind liebevoll und verständnisvoll zu reagieren, weil sie das nicht kennengelernt hat. Es gehört sehr viel eigene Persönlichkeitsentwicklung dazu, in Situationen verständnisvoll zu sein, wo wir selbst Verständnislosigkeit erfahren haben.

Was passiert, wenn unser reales Kind etwas tut, was uns als Kind nicht gestattet wurde?

Da gibt es viele Möglichkeiten. Es kommt darauf an, wie stark unser Bedürfnis als Kind war, das Verbotene zu tun, wie stark unser Bedürfnis frustriert wurde und wie. Eine Möglichkeit ist, daß wir unserem Kind im Übermaß das erlauben, was wir selbst nicht durften, weil wir dadurch unser eigenes Defizit befriedigen. Eine andere Möglichkeit ist, daß wir unserem Kind das verbieten, was uns selbst verboten wurde. Häufig ist zu sehen, daß Mütter ihren Kindern nicht gestatten können, sich die Welt anzueignen, sich zu lösen, selbständig zu werden. Sie reißen ihre Kinder sofort zurück, obwohl keine reale Gefahr besteht. Das hat mit der Frau zu tun, die es nicht aushalten kann, daß ihr Kind eigene Erfahrungen macht, sich von ihr entfernt. Noch eine Möglichkeit ist, daß wir unserem Kind in einem gesunden Maß gestatten, was wir selbst nicht durften. Das können wir dann, wenn wir zwischen eigenen Bedürfnissen und denen des Kindes unterscheiden können.

Viele Eltern wollen eigene Defizite an ihren Kindern wieder gutmachen.

Das geht natürlich nicht. Eltern nehmen in diesem Fall ihr Kind, das ja ganz anders ist, so wahr, als seien sie es selbst, als sei es keine eigene Persönlichkeit. Es sieht aus, als sei es gut gemeint, wenn Eltern Defizite gutmachen wollen, ist aber letztlich sehr egoistisch und kann dem Kind schaden, weil es von den Eltern benutzt wird, um deren Bedürfnisse zu befriedigen.

Manche Eltern sagen: Wenn wir gewußt hätten, was auf uns zukommt, hätten wir kein Kind in die Welt gesetzt.

Bei solchen Frustrationen sollten Eltern sich ehrlich fragen, welche heimlichen Erwartungen sie an ihr Kind hatten. Häufig ist es so, daß die Natur uns Menschen ein Schnippchen schlägt: Eltern bekommen ein Kind, das ihre eigene Persönlichkeitsentwicklung stark herausfordert. Das ist eine große Chance, wenn die Eltern die Herausforderung annehmen. Wenn sie es nicht tun, kann das für die Eltern-Kind-Beziehung schwierig sein, sogar zu einer Katastrophe führen, in der das Kind als schwächstes Glied das Opfer ist.

Ist es sinnvoll, einem Kind alles Leid zu ersparen?

Das ist unrealistisch und wäre auch nicht gut. Auch Leid gehört zum Leben. Es ist wichtig, daß das Kind lernt, mit Leid umzugehen. Daß es traurig/wütend/ängstlich sein darf und Verhaltensmöglichkeiten dafür entwickeln kann. Dabei kann die Mutter dem Kind helfen, wenn ihr bewußt ist, wo sie selbst gelitten hat, wie damit umgegangen wurde und was ihr geholfen hat. Einem Kind alles Leid ersparen wollen, bedeutet, es für das Leben in dieser Welt nicht sattelfest zu machen. Zuwenig Liebe ist Diebstahl, zuviel ist Mord.

Was passiert in einer Frau, wenn sie von der Phantasie befallen wird, sie könnte ihr Kind von der Wickelkommode oder vom Balkon fallen lassen oder den Kinderwagen ins Wasser schieben?

Solche Phantasien verstehe ich als Symptome, die aus einer überfordernden Situation entstehen. Eine Möglichkeit der Interpretation wäre: Das innere Kind der Frau will das reale Kind beseitigen, da es der Frau so große Schwierigkeiten macht, sie überfordert. Meistens stehen solche Phantasien im Zusammenhang mit der neuen großen Verantwortung, der die Frau sich nicht gewachsen fühlt, mit der eingeengten Freiheit, der Isolation, in die sie sich durch das Kind gebracht sieht. Es kann auch sein, daß die Frau noch nie so eine intensive Gefühlsbeziehung hatte wie zu ihrem Kind, und daß ihr das angst macht. Das gesellschaftliche Tabu, über diese Schwierigkeiten frei sprechen zu dürfen, unterstützt noch die Isolation, in der sie sich dann befindet. Die Gefühle, die in ihr entstehen, finden keine Ausdrucksmöglichkeit, sie sind eingesperrt und äußern sich dann in Phantasien, die ihr angst machen und sie an ihrer Normalität zweifeln lassen. Wenn diese Gefühle besprochen werden dürfen, baut die innere Spannung sich ab. Das ist eine Erfahrung, die Frauen, die sich auf Selbsthilfegruppen eingelassen haben, bestätigen können. Über sich selbst sprechen zu dürfen und das Gefühl zu bekommen, mit den Schwierigkeiten nicht allein zu sein, erleichtert sehr.

Solche Phantasien bedeuten also nicht, daß die Frau nicht mehr zurechnungsfähig ist, daß sie zu einer Gefahr für ihr Kind wird?

Das kommt auf die Intensität des Erlebens an. Wenn die Frau keine Möglichkeit findet, sich mitzuteilen, Hilfe in Anspruch zu nehmen, kann sie zur Gefahr werden. Es gibt ja viele mißhandelte und getötete Kinder in unserer Gesellschaft. Mißhandelte Eltern tragen in sich ein großes Potential an Frustration und Wut, das sich niemals äußern durfte und das sich nun am eigenen Kind entlädt.

Wenn das Kind unentwegt schreit, Probleme bereitet, die Beziehung der Eltern womöglich stark angespannt ist. Wenn eine Frau keine Ahnung hat, daß sie auch Gefühle wie Wut und Aggressivität in sich hat, kann sie natürlich auch nicht damit umgehen. Sie neigt also zu extremen Reaktionen.

Was kann man dann tun?

Hat eine Frau solche Phantasien, ist es wichtig, mit jemandem über ihre Lebenssituation, die Beziehung zu ihrem Kind, zum Vater des Kindes zu sprechen. Wie war ihre eigene Kindheit? Die Frau muß verstehen, was die Auslöser für ihre schrecklichen Phantasien sind.

Auf keinen Fall darf die Frau mit Medikamenten ruhiggestellt oder als schlechte Mutter, als verrückt, abgestempelt werden. Sie muß in ihrem Erleben ernst genommen werden, und man muß ihr Hilfe und Verständnis anbieten. Sie muß die Möglichkeit bekommen, ihre Situation zu reflektieren.

Es ist tatsächlich eine große Erleichterung zu wissen: Meine Verfassung ist erklärlich, sie ist nicht unnormal.

Ja, und dazu ist der Schritt aus der inneren Isolation, in der die Frau sich befindet, wichtig. Durch ihn kann sie die Erfahrung machen, daß sie als Person durchaus in Ordnung ist, daß ihre Gefühle natürlich sind, daß sie nur nicht gelernt hat, mit allen Gefühlen umzugehen. Weiter kann es sein, daß sie dann Möglichkeiten sieht, ihre derzeitige Lebenssituation, die sie als nicht positiv empfindet, zu verändern.

Wird in unserer Gesellschaft das Kind in uns totgeschwiegen?

In unserer Leistungsgesellschaft wird gefordert, eine erwachsene Persönlichkeit zu sein. Die Existenz unseres inneren Kindes wird sicher nicht genügend respektiert. Das Kind in uns wird oft getadelt oder lächerlich gemacht, wenn es Leistung verhindert.

Was passiert mit dem inneren Kind des Mannes, wenn ein reales Baby kommt?

Auch beim Mann wird die eigene Mutter-Kind-Beziehung aktiviert. Er erinnert sich an die eigene Kindheit, schöne Erlebnisse, Verletzungen. Seine schwangere Frau aktiviert die Erinnerung »Mutter« in ihm. Ist das Baby da, ist er konfrontiert mit den Kinderthemen »an zweiter Stelle zu stehen« und »hilflos zu sein«, »am innigen Kontakt nicht teilnehmen zu können«. Die Bedürftigkeit des Babys richtet sich ja vorwiegend an die Mutter. Der Mann kann es nicht stillen, er muß es immer wieder der Mutter bringen. Der Mann kann sehr schmerzhaft die Begrenzung seines Kontaktes, seiner Unfähigkeit, das Kind in seinem Bedürfnis befriedigen zu können, erleben.

Wie wirkt sich das auf die Beziehung aus?

Wenn bei einem oder sogar bei beiden Eltern während der Schwangerschaft und nach der Geburt des Kindes das eigene Kind stark aktiviert wird und die Eltern sich dessen nicht bewußt sind, wenn sie alte schmerzhafte Erlebnisse nicht von der aktuellen Situation trennen können, kann das für die Beziehung sehr schwierig sein.

Mann und Frau sind dann oftmals in ihrer Beziehung enttäuscht voneinander. Sie entfremden sich, das Kind steht im Mittelpunkt, sie sind nur noch Eltern, die erwachsene Mann/Frau-Beziehung bleibt ungelebt oder wird vernachlässigt. Häufig haben Frauen nach der Geburt, wenn sie ihr Kind stillen, kein oder ein sehr geringes Bedürfnis nach Körperkontakt mit dem Mann. Einfach deshalb, weil das Neugeborene ständig an ihrem Körper ist. Ohne die Situation zu verstehen, kann der Mann sich sehr schnell abgewiesen oder nicht mehr begehrt fühlen. Deshalb ist es so wichtig, daß Paare in der neuen Lebenssituation über ihr Erleben sprechen, sich austauschen.

Welche Motive haben eigentlich Menschen, die ein Kind in die Welt setzen?

Der Kinderwunsch ist ein Teil der Persönlichkeitsentwicklung. Möchten sie ihr Kind aufwachsen sehen? Möchten sie sehen, wie es sich entwickelt, wie es gedeiht, Lebensfreude hat? Können sie geben, ohne unmittelbaren Dank haben zu wollen? Dann ist es schön, Kinder zu haben.

Aber: Haben sie dem Kind von vornherein bestimmte Aufgaben zugedacht? Soll es Mutter oder Vater vor der Einsamkeit retten? Sie im Alter versorgen? Das tun, was die Eltern nicht konnten, zum Beispiel studieren? Oder sollen sie das Bedürfnis der Mutter oder des Vaters befriedigen, endlich jemanden zu haben, der sie bedingungslos liebt? Wenn das zutrifft, bekommt ein Kind einen schweren Rucksack mit. Dann ist vorprogrammiert, daß die Beziehung zwischen Eltern und Kind schwierig wird. Das Kind darf dann nicht sein, was es ist.

VI.

DEPRESSIONEN, WENN DAS BABY DA IST

»Ich wollte nur schwanger sein – das Kind wollte ich gar nicht.«

Mona *(37) ist Sekretärin, verheiratet und hat eine sechsjährige Tochter.*

Als ich 30 wurde – mein Mann Wolfgang ist zehn Jahre älter als ich –, dachten wir, das wird wohl nichts mehr mit einem Kind. Ich hatte zwei Abtreibungen und zwei Fehlgeburten hinter mir. Die letzte Fehlgeburt lag fünf Jahre zurück, und in diesen fünf Jahren hatten wir nichts zur Empfängnisverhütung getan. Ich war aber nicht mehr schwanger geworden. Also glaubten wir, das Thema sei durch. Das war okay für uns. Die Beziehung zu Wolfgang war unheimlich gut. 13 Jahre waren wir schon zusammen. Für viele war unsere Beziehung vorbildlich. Wir haben viel miteinander gemacht, und ich fand das Leben zu zweit richtig schön. Wolfgang konnte sich ein Leben ohne Kinder sehr gut vorstellen. Bei mir fand der Kopf das auch in Ordnung, der Bauch weniger.

Nach den unglücklichen Schwangerschaften war ich zwar traurig gewesen, aber in tiefe Depressionen hatte mich das nicht gestürzt. Nur aus dem Bauch heraus war irgendwie das unerklärliche Bedürfnis da, ein Kind zu kriegen. Mein Kopf sagte immer: So ein Quatsch, wozu ein Kind? Was ich zu der Zeit nicht wußte: Ich war wieder schwanger.

Als ich es erfuhr, kamen die alten Ängste hoch. Geht es diesmal gut oder wird es wieder eine Fehlgeburt? Ich hatte ein schlechtes Gewissen wegen der Abtreibungen. Ich glaubte, sie wären der Grund für meine Fehlgeburten. Ich wollte mich aber nicht verrückt machen. So beschloß ich, nichts dafür zu tun, daß die Schwangerschaft erhalten bleibt. Ich hatte keine Lust, mich wieder wochenlang ins Krankenhaus zu legen, wenn Blutungen kämen. Entweder ganz normal, oder ich hätte es abgehen lassen.

Ich blieb schwanger. Die gefährliche Zeit ging vorüber. Keine Blutungen. Meine Schwangerschaft wurde unheimlich schön, ich habe mich wahnsinnig wohl gefühlt. Von dem Moment an, als der Bauch sichtbar wuchs, war ich stark Zum-Bäume-Ausreißen, und das bis zuletzt. Jetzt hatte ich genau das, was sich ein Teil von mir gewünscht hatte. Es gab bei mir keine Mißstimmungen. Ich war mir zwar nicht sicher, ob ich eine gute Mutter werden würde, weil ich mir nie vorstellen konnte, wie ich alles unter einen Hut kriegen sollte. Ich wollte auf jeden Fall wieder arbeiten gehen. Ich habe immer gesagt: »Das muß alles gehen. Wir haben 13 Jahre gut zusammen gelebt, das kann so schwierig nicht sein.« Ich hätte nie gedacht, daß unsere gefestigte Beziehung in Mitleidenschaft gezogen werden könnte.

Kleine Schwierigkeiten gab es dann von Wolfgangs Seite. Er zog sich zurück, grübelte tagelang, sprach kein Wort mit mir. Bis er damit rauskam, daß er über finanzielle Dinge nachgedacht hatte. Zwischen uns beiden war es, bis auf diese Grübelphase, unheimlich schön. Der erste richtige Mißton kam mit der Geburt. Die war nämlich überhaupt nicht so, wie man es uns in der Geburtsvorbereitung vorgegaukelt hatte und wie wir es uns gewünscht hatten.

Wir hatten uns bestens auf eine sanfte Geburt vorbereitet. Ich hatte mir auch die Klinik danach ausgesucht. Die Geburt war nicht sanft, weder für die Mutter noch fürs Kind. Ich war immer davon ausgegangen, wer so wie ich durch die Schwangerschaft geht und so unerschütterlich der Meinung ist, daß ihm nichts passieren kann, dem passiert auch nichts, der muß auch die Geburt gut schaffen.

Es fing ganz normal an. Eigentlich Idealbedingungen. Vollmond war, in der Nacht nach dem Stichtag setzten die Wehen ein. Wir warteten, bis sie alle fünf Minuten kamen, dann sind wir los. Im Krankenhaus verlief alles friedlich, ohne jeden Streß. Ich brauchte kein Schmerzmittel. Klar, als die Wehen stärker wurden, hab' ich losgebrüllt. Aber das war in Ordnung. Für mich war klar, das gehört sich so. Ich lag bis zum nächsten Abend in Wehen. Um 18 Uhr kamen dann die Preßwehen. Aber ich kriegte das Kind nicht raus.

Es hatte eine völlig unnormale Lage. Eine extreme Vorderhauptslage. Den Kopf total im Nacken. Immer, wenn die Hebamme nach dem Kind griff, hatte sie die Nase oder sogar das Kinn in der Hand. Die Hebamme sagte: »Es will noch nicht raus, es macht sich breit.«

Da kam mir der Gedanke: Wer weiß, ob es das Baby ist, das nicht will? Vielleicht will ich es gar nicht raushaben. Wir haben zwei Stunden gewürgt und gewürgt. Plötzlich wurden die Herztöne des Babys schlechter. Panik kam auf. Bis dahin war alles prima gelaufen. Ich hatte alles in der Hand. Ich hatte das Gefühl: Ich mache. Plötzlich wurde mit mir gemacht und zwar total. Ein Anästhesist stellte mir dusselige Fragen. Ich wurde verkabelt und für einen Notkaiserschnitt vorbereitet. Ein Kaiserschnitt war für mich das allerletzte, darauf war ich innerlich überhaupt nicht vorbereitet. Ich wollte doch eine schöne Geburt haben. Ich wollte doch die Geburt auskosten. Ich wollte das unbedingt normal zu Ende bringen.

Aber man rupfte mir sehr unsanft Kittel und Strümpfe vom Leibe. Der Professor eilte hastig herbei. Ich hatte noch mitgekriegt, wie sie hektisch nach ihm riefen. Mein Mann war im Eifer des Gefechtes abgedrängt worden. Nach ihm rief ich dann laut und voller Angst. Ich wurde von irgendwelchen Männern gepackt und – völlig nackt, wie ich war – auf so eine eiskalte Edelstahldurchreiche gelegt. Panisch ergriff ich irgendeine Hand und brüllte wieder laut nach Wolfgang. Plötzlich stand er da – man hatte ihn in OP-Kleidung und Häubchen gesteckt. Ich nahm meine letzte Kraft zusammen und sagte: »Ich will es noch mal so versuchen.«

Das ging aber nur noch mit Saugglocke. Es war brutal. Ich fand, das hatte was von Schlachthof. So fühlte ich mich. Unheimlich viele Leute waren um mich herum. Drei zerrten an der Kette, an der die Saugglocke über einer Art Flaschenzug befestigt war. Die ziehen daran wie die Irren, bis ihnen der Schweiß runterläuft. Es ist ganz gräßlich, wenn du siehst, wie das alles am Kopf von deinem Kind hängt. Ich habe geglaubt, die reißen es in Stücke. Andere legten sich über meinen Bauch und drückten. Das war ein schlimmes Erlebnis.

Irgendwann war das Kind da. Es lebte und war wohl guter Dinge.

Ich habe es gar nicht bekommen, denn es mußte sehr gründlich untersucht werden. Ich habe es auch nicht vermißt. Ich war nur froh, daß es ein Mädchen war. Das hatte ich mir gewünscht.

Wir blieben vier Stunden im Kreißsaal. Mit Kind. Das war sehr schön. Alle haben sich um mich gekümmert. Wolfgang war da. Aber es kam wieder das Gefühl, daß ich dieses Kind nicht haben wollte. Ich glaube heute, Johanna kam so schwer, weil ich sie nicht wollte. Man nahm sie mir dann erst mal ab, und ich wollte sie auch nicht wiederhaben.

Zwölf Stunden nach der Geburt fragte eine Schwester ganz entsetzt: »Sie haben ja Ihr Kind gar nicht, wollen Sie denn Ihr Kind nicht haben?« Was sollte ich sagen? »Tja, Sie können's mir ja mal bringen.« Sicher, ich fand das kleine Wesen süß und niedlich. Aber meine Gefühle flossen nicht über vor Glück. Ich habe keinen Moment so was gedacht wie: Endlich ist das lang ersehnte Kind da, oder: Endlich sind wir eine Familie. Das Gefühl hat es auch später nie gegeben. Gleichzeitig kam das schlechte Gewissen: Ich verhalte mich nicht adäquat. Ich stelle keine glückliche Mutter dar. Es war so – ich weiß, das klingt brutal –, daß Johanna übrig war. Sie ist dazugekommen zu zwei Leuten, bei denen alles gestimmt hat. Ich hatte von Anfang an das Gefühl, das Kind stört uns in unserer Beziehung. Von Anfang an überwog das Genervtsein.

Im Krankenhaus habe ich dann vier Tage kaum geschlafen. Es war eine Mischung aus totalem Wachsein im Kopf und absoluter körperlicher Ermüdung. Ich habe mich noch nie in meinem Leben körperlich so kaputt gefühlt.

Ich wollte keinen Besuch haben. Nicht mal meine Mutter durfte kommen. Der einzige, den ich um mich haben wollte, war Wolfgang. Nur wenn ich wußte, er ist da und trägt diese Johanna im Flur auf und ab, fand ich innerlich Ruhe. Wolfgang hat Johanna oft bis nachts um zwölf hin- und hergeschleppt. So konnte ich mich kurze Zeit entspannen. Sonst fühlte ich mich dauernd wie elektrifiziert. Nach drei Tagen kam die Heulerei. Schon das Gefühl, alle anderen springen wie die jungen Rehe über den Flur und sind happy, nur ich schlurfe wie die älteste Urgroßmutter daher und kann mich nicht freuen, hat mich völlig fertiggemacht. Ich blieb zwölf Tage im Krankenhaus.

Das erste halbe Jahr zu Hause war eine Zeit, wo mir viel aufgefallen ist. Aber mir war nicht klar, was genau los war. Es war ein Mischmasch aus unerklärlichen Sachen, der da ablief. Ich dachte mir, daß es nicht jeder Mutter so geht. Es fällt mir heute noch schwer, über diese Zeit danach zu sprechen.

Körperlich ging es mir schlecht. Ein Vierteljahr nach der Geburt hatte ich kaum noch Kraft. Ich fühlte mich lange wie eine ausgenommene Gans. Ich heilte überhaupt nicht richtig. Außerdem habe ich alle meine Aufgaben als schwere körperliche Last empfunden. Ich habe mich ständig zu allem zwingen müssen. Dabei war ich wie versteinert, ich hatte überhaupt keine Emotionen mehr im Gesicht. Ich war wie reduziert.

Nach dem Kind hatte ich kein Bedürfnis. Es kamen oft Gedanken wie: Was wäre, wenn das Kind nicht wär'? Wenn ich's rückgängig machen könnte? Ich hatte keine unmittelbaren Mordgedanken, aber mich flogen so Ideen an wie: Wenn ich nun beim Spazierengehen den Wagen stehen lasse? Oder das Kind hat gebrüllt, und ich hab' gedacht: Ich könnt's jetzt aus dem Fenster schmeißen. Das hab' ich natürlich alles nicht getan, aber gedacht habe ich's. Manchmal ist meine Hilflosigkeit in Haß umgeschlagen. Dann hab' ich Johanna, wenn sie gebrüllt hat, in ihr Bettchen geschmissen. Sie hat natürlich noch mehr geweint.

Dazu kam das Gefühl des völligen Fremdbestimmtseins. Ich hatte das Gefühl: Ich bin gar nicht mehr da. Ich werde zu etwas gemacht, was ich gar nicht will. Ich habe ständig verfügbar zu sein. Nichts kann ich mehr in Ruhe zu Ende tun, nicht mal aufs Klo oder unter die Dusche gehen. Denn wenn ich zwei Minuten verschwinde, kann es schon eine zuviel sein. Ich fühlte mich total aufgefressen und ausgesaugt.

Und ich bekam schlimme Schuldgefühle. Das war die andere Seite. Ich habe Johanna schuldbewußt mit Zärtlichkeit überschüttet. Vor lauter schlechtem Gewissen habe ich einen Haufen Liebe auf das Kind gegossen. Einerseits die Ablehnung, andererseits die totale 150prozentige Hinwendung. Ich habe jedes Geräusch wahrgenommen. Johanna mußte im Schlaf nur »piep« sagen, schon saß ich kerzengerade im Bett. Ich habe jedes Geräusch von ihr als elektrischen Schlag wahrgenommen. Ich, die ich immer geschlafen habe wie ein Bär, die man nachts im Schlaf wegtragen konnte.

Ich fühlte mich so mies für meine Gedanken, daß ich mich total für das Kind engagiert habe. Ich habe alles für sie getan. Insgeheim habe ich viel geheult, so für mich. Nach außen habe ich mich diszipliniert. Meinen Haushalt zum Beispiel habe ich nie vernachlässigt. Nach außen habe ich nichts rausgelassen. Nach außen schien alles harmonisch.

Ich erinnere mich noch, als wäre es gestern: Ich hatte Johanna gebadet, sie war niedlich, hat sich gefreut. Ich halte das Kind vor den Spiegel, sie lacht. Ich lache. Wolfgang macht ein Foto von der Situation. Auf dem Bild sehen wir aus wie eine glückliche Mutter und ihr Kind. Aber innen drin war mir schwer zum Heulen. Ich war todunglücklich. Und habe gedacht: Was mache ich bloß für 'n Scheißspiel? Ich könnte alles aus der Hand fallen lassen. Keiner hat's gemerkt. Nicht mal mein eigener Mann.

Ich möchte nicht wissen, wie viele Mütter so leben. Es kommt ja häufig gar nicht raus, was Mütter für Gedanken haben. Das wissen nur die Mütter. Das läßt sich ja nicht nachprüfen. Es ist auf jeden Fall ein himmelweiter Unterschied zwischen dem, was man vorher weiß und was man hinterher erlebt. Wie oft habe ich gehört: »Das hättest du doch wissen müssen.« Klar habe ich theoretisch vieles gewußt. Aber wenn du drinsteckst, sieht es ganz anders aus.

Ich muß sagen, nach einem halben Jahr habe ich mich voller Begeisterung wieder auf meinen Beruf gestürzt. Zwar habe ich am ersten Tag Rotz und Wasser geheult, als ich Johanna bei der Tagesmutter ließ. Aber ich war froh, von dem Druck und der Verantwortung entlastet zu sein. Die Arbeit brachte keine grundlegende Veränderung für meinen Seelenzustand. Ich kann mich erinnern, daß die Kolleginnen mir immer öfter sagten: »Du bist nicht mehr die alte Mona. Du bist ja richtig zynisch und verschlossen. Immer hast du ein brummiges Gesicht.« Das war mir zu der Zeit noch gar nicht so klar.

Das Gefühl der Unzufriedenheit und Unzulänglichkeit hat sich natürlich auch auf unsere Partnerschaft ausgewirkt. Alles, was wir uns in 13 Jahren zurechtgeschliffen hatten, war mächtig durcheinandergewirbelt. Vorher war ich die Prinzessin gewesen. Mein Mann hatte viel für mich gemacht. Wir waren unheimlich aufeinander eingespielt. Das war nun nicht mehr. Plötzlich drehte sich alles um Johanna. Ich wurde wahnsinnig eifersüchtig auf das Kind. Meistens werden ja die Männer eifersüchtig und fühlen sich zurückgesetzt. Aber bei uns war ich es. Während ich mich als die durch das Kind gestörte Mona begriff, stellte sich Wolfgang offensichtlich ohne jede Schwierigkeit auf die neue Situation ein. Ich hatte die Probleme. Ich konnte aber nicht erklären, was mit mir war. Waren es Eheschwierigkeiten, waren es Probleme mit dem Kind? Als Depression habe ich es schon gar nicht begriffen. Eine Frauenärztin stieß mich drauf.

Die hielt mir knallhart den Spiegel vor, sie kannte das nämlich selbst sehr gut. Sie sagte: »Das ist eine Depression. Nicht die klassische, wo man nur noch heult. Es ist eine versteckte. Man behält nach außen sein Gesicht. Aber innerlich sieht es ganz kläglich aus.« Und dann sagte sie noch: »Vielleicht ist es so, daß Sie gar kein Kind wollten. Vielleicht brauchten Sie nur eine Bestätigung, daß es doch geht, nach Abtreibungen und Fehlgeburten. Es gab bei Ihnen gar keinen Grund für ein Kind. Sie waren in der Partnerschaft glücklich, haben sich nicht leer gefühlt, Ihr Mann hat Sie nicht unter Druck gesetzt, weil er unbedingt ein Kind wollte.« Fast eine Stunde hat sie sich mit mir unterhalten. Das war für mich eine Offenbarung. Endlich war klar, ich habe kein isoliertes Problem, das sonst keiner kennt: Es gab eine Erklärung. Vom Kopf her war ich furchtbar beschämt. Aber ich habe es als eine mögliche Lösung gesehen.

Meine Ehe war inzwischen so gestört, daß ich mit Wolfgang nur andeutungsweise über meine Probleme gesprochen hatte. Er und andere sagten immer: »Was will sie denn? Sie hat ein gesundes Kind, alles ist gut, was will sie mehr?« Ich wußte ja selber noch nicht, was ich wollte. Oder doch: Ich wollte akzeptieren können, daß ich nun dieses Kind hatte. Ich wollte zu dem Kind finden, und das Leben sollte trotzdem wieder Spaß machen.

Das war so schwer. Ich weiß noch, als wir das erste Mal zu dritt Urlaub machten, da hab' ich immer gedacht und auch gesagt: »Wie schön waren doch unsere Urlaube früher zu zweit. Alles war so toll und kuschelig.« Bis Wolfgang mal bitterböse zu mir sagte: »Verdammt noch mal, früher war früher, und jetzt ist jetzt, was soll dieses blöde Gerede?« Aber ich habe alles in Relation gesetzt zu dem, was vorher war. Ich habe immer vorher und danach gesagt, und meinte vor und nach Johannas Geburt. Wolfgang hat gar nicht verstanden, wie ich mit meiner Situation gehadert habe. Daß ich sauer war, nicht mehr in Ruhe Zeitung lesen oder einfach nur faul die Beine hochlegen zu können. Wolfgang sagte: »Jetzt ist das Kind da, und wir machen das Beste daraus.«

Meine Frauenärztin hat mich dann zu einer Therapie ermutigt. Durch diese Ehetherapie habe ich mich heute damit abgefunden, daß wir eine Familie sind. In der Therapie habe ich auch bestätigt gefunden, daß ich gar kein Kind wollte. Ich habe Schuldgefühle, weil es so ist. Aber ich habe gelernt, offen zu sagen, daß ich es schwierig finde, das Kind zu lieben, und daß ich es schwierig finde, die Liebe und Fürsorge über meine negativen Gefühle zu stellen.

Trotz erfolgreicher Therapie würde ich immer sagen, daß Paare ohne Kinder es besser haben. Bei aller Liebe und bei allem, was jetzt natürlich auch da ist, ich finde es einfach eine unheimliche Belastung, immer noch. Manchmal denke ich: Ohrstöpsel rein und weg. Die Ehetherapie hätte früher sein müssen. Aber damals wußte ich ja gar nicht, was los ist. Wenn mich heute Leute fragen, ob ich noch ein zweites Kind haben will, sage ich: »Das könnte ich gar nicht. Ich habe keine Liebe mehr übrig.« Ich habe gelernt, meinen Mann und mein Kind zu lieben. Und ein bißchen soll man ja auch noch sich selbst lieben, nicht wahr?

»Die Geburt meines Sohnes war das Schlimmste, was ich je erlebt hatte.«

Gisela *(38) ist Lehrerin, verheiratet, und hat einen Sohn (neun Jahre) und eine Tochter (vier Jahre).*

Meinen Mann kenne ich aus der Schulzeit. Unser Sohn kam erst, als wir schon acht Jahre verheiratet waren. Da war ich 29. Lukas ist ein Wunschkind. Ich bin sofort schwanger geworden, als ich es mir wünschte. Alles verlief genau nach Plan. Die Schwangerschaft war komplikationslos. Ich habe die ganze Zeit ohne Unterbrechung gearbeitet und habe sogar im Mutterschutz noch Referendare betreut. In der Zeit habe ich auch noch meine Verbeamtung auf Lebenszeit hingekriegt. Ich war damals sehr ehrgeizig.

Die Geburt habe ich mir wie eine Prüfungssituation vorgestellt. Ich bin ein Mensch, der in Prüfungen aufblüht. Ich bin voll da und fühle mich wohl in so einer Situation. Weil ich immer ordentlich vorbereitet bin. So habe ich mir das auch für die Geburt gedacht: Wenn du dich ordentlich vorbereitest, dann klappt es. Ich habe geglaubt, ich würde reagieren wie in einer Prüfung. Ich wollte den Geburtsverlauf mit meinem Wissen lenken.

Im nachhinein würde ich sagen, in eine Geburt muß man sich reingeben. Man muß sich einlassen können auf so eine neue Situation, sich fallenlassen können. Dann ist es sicher leichter. Nun gut, das wußte ich damals nicht.

Also habe ich mich vorbereitet, zusammen mit Ralf, meinem Mann. Wir haben sehr viele Bücher gelesen, ich habe Schwangerschaftsgymnastik gemacht, schon ab dem vierten Monat. Zum Schwangerschaftsschwimmen bin ich von Anfang an gegangen.

Mit meinem Mann war ich in einem Elternvorbereitungskursus, und wir haben einen Wickelkurs gemacht. Ich habe mir Elternzeitschriften gekauft und alle entsprechenden Artikel verfolgt. Im

Freundeskreis gab es damals nur eine Freundin mit Kind. Von daher war ich wenig in Berührung mit dem Thema.

Zur Untersuchung bin ich von Anfang an ins Krankenhaus gegangen. Damit mir das etwas heimischer wurde. Ich war nämlich vorher noch nie in meinem Leben im Krankenhaus. Auch den Kreißsaal haben Ralf und ich uns genau angesehen.

Etwas war für mich sehr merkwürdig in der Schwangerschaft: Das war für mich so, als trüge ich meine Sexualität zur Schau. Ich bin sehr früh zur Sauberkeit erzogen worden. Mit neun Monaten ging ich auf den Topf. Heute weiß man ja, daß das nicht gut ist. Zum Frauenarzt konnte ich gehen, weil ich das im Kopf versachlichen konnte. Aber mit der Schwangerschaft nach außen das Thema Sexualität kundzutun, das war mir schon unangenehm. Alles, was mit »da unten« zu tun hatte, war ein Tabuthema für mich. Obwohl ich schon damals Sexualkundeunterricht gab, mein Fach ist Biologie. Aber das war etwas anderes, da mußte ich mich nicht selber körperlich einbringen.

In der letzten Woche vor dem Termin hatte ich plötzlich sehr viele Wasserablagerungen im Gewebe. Ich mußte alle zwei Tage zur Untersuchung. Es kündigte sich eine Schwangerschaftsvergiftung an. Bei einer Kontrolluntersuchung versuchte der Arzt, mit der Hand den Muttermund etwas zu öffnen, damit die Geburt angeregt würde. Das Kind lag schon ziemlich tief unten, es lag richtig, und die Kopfgröße war gut für eine normale Geburt. Man sagte mir sogar, daß ich keinen Dammschnitt brauche. Alles sei optimal.

Ostersamstag ging dann das Fruchtwasser ab. Aber nur so schluckweise. Und ich merkte ein leises Ziehen. Ob das schon Wehen waren, konnte ich nicht beurteilen. Im Krankenhaus stellte man einen hohen Blasensprung fest. Wegen der Fruchtwasservergiftung und einer Infektionsgefahr sollte ich da bleiben. Ich sollte viel rumlaufen. Der Arzt sagte, das Kind läge so, daß die Nabelschnur nicht mehr vorfallen könnte. In der Nacht bekam ich starke Wehen. Mit Rücksicht auf meine Zimmernachbarin, die gerade ihr Kind bekommen hatte, wollte ich das Licht nicht anmachen. Die Dunkelheit verursachte mir aber Beklemmungen. In der Dunkelheit fühlte ich mich von den Schmerzen bedroht. Jemand hätte mir erklären müssen, wie weit ich bin und wie ich mich verhalten soll. Das hätte mich wieder sicher gemacht. Ich wußte nicht, sollte ich mich melden? Liegenbleiben und warten? Waren das schon richtige Wehen? Die Schmerzen hätte ich noch aushalten können, nur allein konnte ich nicht damit umgehen. Deshalb ging ich in den Kreißsaal.

Da war die Hölle los. So etwas von Hektik. Zwei Geburten liefen auf vollen Touren. Nur eine Hebamme war da. Und es wurde noch eine Notgeburt eingeliefert. Mit dem Taxi. Eine Frau, die ganz außer sich war. Sie schrie entsetzlich. Das war für mich alles andere als ermutigend.

Die Hebamme schob mich eilig in ein Wartezimmer neben dem Kreißsaal. Ich hatte das Gefühl, sie hatte Angst, daß ihr noch eine Frau ausflippt. Sie untersuchte mich in Windeseile und sagte, sie gebe mir eine Spritze. Sie wollte sich wohl schnell wieder Ruhe verschaffen. Sie hat mir nicht gesagt, was für eine Spritze. Ich hatte mir ja nun vorher vorgenommen, daß ich kein Medikament will während der Geburt. Aber weil ich so unerfahren war und dachte, sie muß ja wissen, was ich jetzt brauche, habe ich mich nicht gewehrt. Ich wollte auch nicht stören in dem Aufruhr, der da herrschte. Die Hebamme gab mir also die Spritze, stellte einen Eimer neben das Bett und sagte nur: »Es kann Ihnen von der Spritze schlecht werden.« Dann ging sie wieder. Das Mittel war ein richtiger Hammer. Ich kriegte ein Würgegefühl, und im gleichen Moment war ich weg. Von einer Minute zur anderen im Tiefschlaf. Als ich morgens aufwachte, waren meine Wehen wie weggeblasen. Nicht mal das leiseste Ziehen habe ich gespürt. Und ich bin auch gar nicht richtig wach geworden. Ich war den ganzen Tag in einem totalen Trancezustand. So etwas hatte ich vorher noch nicht erlebt. Ich nehme sonst nie Tabletten.

Als der Chefarzt kam, war der total verärgert und hat geschimpft: Wie man mir mit meiner Schwangerschaftsvergiftung so eine Dosis hätte verpassen können! Ich wurde an den Wehenschreiber gehängt, aber davon kamen meine Wehen nicht wieder. Es war nichts zu machen. Meinen Mann haben sie nach Hause geschickt, weil sich nichts tat. Im nachhinein meine ich, daß diese Nacht verantwortlich dafür ist, wie dann die Geburt verlief. Hätte ich diese Spritze nicht bekommen, hätten die Wehen sicher eingesetzt, und die Geburt wäre normal verlaufen.

In der nächsten Nacht, nachdem ich eingeschlafen war, gingen die Wehen wieder los. Es muß um Mitternacht gewesen sein. Eine andere Hebamme hatte Schicht. Eine resolute Person, vor der mich alle gewarnt hatten, weil sie so ein Dragoner sei. Wir waren ganz alleine. Alles war ruhig. Die Hebamme strickte und sagte mir genau, was ich machen sollte. Mit Kommandoton, aber ermutigend. Für mich war das in Ordnung. Ich fühlte mich gut aufgehoben. Wenn ich Schmerzen habe, kann ich Geschmuse nicht vertragen. Sie ist auch mit mir auf und ab gegangen, damit es vorwärts geht. Von Zeit zu Zeit hat sie mich sogar in den Arm genommen. Also, ich kam gut mit ihr klar. Gelegentlich hat sie mich untersucht, und von Zeit zu Zeit hat sie mir ein Zäpfchen gegen die Schmerzen gegeben. Das ging die ganze Nacht. Gegen fünf sagte sie: »Jetzt wird es langsam.« Wir haben dann den Arzt und meinen Mann angerufen.

Als der Arzt kam, verschlechterte sich meine Situation. Von einer Sekunde zur anderen. Ich fing plötzlich an zu zittern, wie wild. Zittern ist gar kein Ausdruck dafür. Geklappert habe ich, am ganzen Körper. Ich hatte gar keine Kontrolle mehr darüber. Gleichzeitig traten dicke Schweißtropfen aus meinen Poren und rollten mir die Arme runter. Das Fruchtwasser ging in Schwällen ab und lief an meinen Beinen runter. Hinlegen sollte ich mich trotzdem erst, wenn ich nicht mehr stehen und gehen könnte. Trotz Schichtwechsel blieb die Hebamme, weil alle dachten, jetzt dauere es nicht mehr lange. Ich klapperte immer mehr am ganzen Körper. Und dann überfielen mich Preßwehen. Alle waren bereit und sagten: »Jetzt kommt's.« Habe ich auch gedacht. Denn ich hatte ja immer gelesen, wenn die Preßwehen da sind, tut's nicht mehr so weh und dann kommt's.

Es war aber nichts. Plötzlich sagte die Hebamme: »Es geht nicht weiter.« Blitzschnell kam ich an einen Wehentropf, damit die Wehen verstärkt würden. Dann kam die Meldung: »Irgend etwas stimmt da nicht.« Es wurde hektisch. Es hieß: »Pressen«, und ich preßte und preßte, aber es kam nichts. Ich habe gepreßt wie blöd.

Dann hieß es plötzlich: Das Kind hat sich in letzter Minute noch gedreht. Es liegt mit dem Gesicht zum Muttermund statt mit dem Scheitelpunkt. In so einem Fall ist ja ein Kaiserschnitt erforderlich, weil das Kind nur unter großer Gefahr geboren werden kann. Es war aber viel zu spät, um einen Kaiserschnitt zu machen. Alle waren ratlos. Und ich habe kaum noch etwas wahrgenommen, ich war am Ende, völlig am Ende, fix und fertig wie noch nie in meinem Leben.

Mein Körper gehörte mir irgendwie nicht mehr. Da ging plötzlich alles so über mich hinweg. Mein ganzes angelesene Wissen nützte mir nichts. Meine ganze Vorbereitung war wie weggeblasen. Und als es dann noch hieß, die Herztöne meines Babys sind weg – das war der schlimmste Moment in meinem ganzen Leben. An dem Punkt dachte ich: Es geht nicht mehr weiter. Mein Kind stirbt. Mir war plötzlich klar, wie das Leben an einem seidenen Faden hängt. Und ich war machtlos, ich konnte nichts tun! Ich hatte in dem Moment auch keine Hoffnung mehr. Ich habe geglaubt: Mein Kind kommt da nicht heil raus. Ich habe gar nicht an ein behindertes Kind gedacht. Ich hab' gedacht: Es stirbt.

Es kamen dann weitere Ärzte reingestürzt, die zweite Hebamme war da, ein Arzt schrie: »Saugglocke, Saugglocke«. Es war keine Saugglocke sterilisiert. Also mußten sie eine Zange nehmen. Es wurde ein Dammschnitt gemacht. Riesig. Schräg. Die Narbe geht bis auf die Pobacke. Zwei Ärzte warfen sich auf meinen Bauch und drückten und schoben mit Handtüchern. Von hinten wurde ich hochgestemmt und mein Kopf auf die Brust gedrückt. Die Wehen wurden mit dem Wehentropf noch mal verstärkt, und dann wurde Lukas mit zwei starken Preßwehen und der Zange geholt.

Mein Kind war da und gesund. Keiner kann sich vorstellen, wie glücklich ich war. Ich hätte alle umarmen können. Meinem Mann liefen die Tränen übers Gesicht. Meine ganze Apathie fiel von mir ab.

Das Erlebnis hat lange nachgewirkt. Erst jetzt, nach neun Jahren, habe ich mit meinem Mann darüber gesprochen. Das hat sich ganz tief in mir eingegraben.

Ich habe natürlich lange über die erste Geburt nachgedacht. Ich hatte ein Gefühl des Versagens, weil ich mein Kind nicht normal gebären konnte, und Schuldgefühle, weil ich dachte, ich hätte nicht genug geleistet. Wenn Lukas gestorben wäre, hätte ich das Gefühl gehabt, es wäre meine Schuld gewesen. Vielleicht war ein Grund dafür, daß das da unten so eine Tabuzone für mich ist. Man tut nichts rein, und es darf auch nichts rauskommen. Ich konnte mir ja auch vorher nicht vorstellen, daß mein Kind da unten aus mir rauskommt.

Nachdem mein Sohn da war, kam ich auf die Station. Der riesige Dammschnitt war sehr schmerzhaft. Ich fühlte mich extrem geschwächt. Ich konnte mich im Bett kaum aufsetzen. Von der Toilette und aus den Sitzbädern kam ich gar nicht mehr hoch. Meine Vorstellung war gewesen, daß es einem nach der Geburt gutgeht. Deshalb fand ich diese Schwäche schlimm. So schwach hatte ich mich noch nie erlebt. Mein Mann hatte überhaupt kein Verständnis dafür. Aber auch alle anderen erwarteten, daß es mir gutgeht. Dadurch fühlte ich mich noch schlechter. Auf der Station fühlte ich mich sehr allein und gar nicht geborgen. Glück hatte ich mit meiner Zimmernachbarin. Die hatte ihr zweites Kind bekommen und konnte mir vieles zeigen. Stillen, Wickeln, die ganze Babypflege. Wir haben uns gegenseitig geholfen. So waren wir nicht auf Ärzte oder Schwestern angewiesen.

Besuch hat mich in meiner Verfassung sehr mitgenommen. Ich empfand Besuch als Terror. Jeder wollte mir reinreden, und ich war doch selbst noch völlig unsicher. Kaum schrie der Kleine, bekam ich zu hören: »Das Kind muß mal ein richtiges Fläschchen haben! Das Kind muß dies, das Kind muß das.« Mir liefen dauernd die Tränen runter, was keiner verstand. Man hatte ganz andere Erwartungen an mich. Ich habe im Krankenhaus viel geweint. Am vierten Tag ging meine Zimmernachbarin nach Hause.

Da habe ich es auch nicht mehr ausgehalten. Ich bestand darauf, trotz meiner schlechten Verfassung entlassen zu werden. Zu Hause war ich immer noch so schwach, daß ich aus den Sitzbädern nicht alleine hochkam. Alles, was ich schaffte, war, mein Kind zu stillen und zu wickeln. Ich kam weder in meine Klamotten noch zum Haarewaschen. Geschweige denn zu anderen Dingen. Ganz schrecklich wurde es, als mein Mann nach 14 Tagen wieder anfing zu arbeiten und ich mit meinem Sohn allein war. Da bin ich für lange Zeit in der Isolation versackt. Alles wurde mir zuviel.

Mein Grundgefühl war: ständig überfordert, ständig müde, immer erschöpft. Und dauernd Angst, daß meinem Sohn etwas passieren könnte. Ich bekam Zwangsvorstellungen: Ich könnte den Kleinen beim Baden ins Wasser rutschen lassen, ihn vom Wickeltisch fallen lassen. Oder mit ihm stolpern, ihn von meinem Arm stürzen lassen. Deshalb mußte das Auto jeden Tag startklar vor der Tür stehen. Das gab mir ein Gefühl der Sicherheit, obwohl ich nirgendwo hinfuhr. Auch zu Fuß traute ich mich nicht aus dem Haus. Wir wohnen in Hanglage, und ich hatte Angst, den Kinderwagen nicht mehr den Berg hochzubekommen.

Was irgendwie ging, schob ich auf meinen Mann ab. Wenn der abends nach Hause kam, mußte er den Kleinen baden, Milch holen, einkaufen gehen. Ich traute mir nichts mehr zu.

Ich wurde immer einsamer. Daß es anderen Frauen auch so gehen könnte, auf die Idee kam ich gar nicht. Ich fühlte mich unnormal und hatte das Gefühl: Das liegt einzig und allein an dir.

Durch die ständige panische Angst, es könnte meinem Sohn etwas passieren, habe ich ihn dauernd am Körper getragen. Ich nahm ihn viel mit in mein Bett. Wir hatten ständigen Hautkontakt, weil ich immer kontrollieren mußte, ob er noch atmet. Oft bin ich gleich den ganzen Tag im Bett geblieben. Wenn mein Sohn schlief, habe ich auch geschlafen. Weil ich mir einredete:

Du bist so erschöpft, du brauchst Schlaf. Andererseits steckte auch der Gedanke dahinter: So vergeht die Zeit schneller.

Mein Sohn hat sich natürlich so an den engen Kontakt gewöhnt, daß er sofort wach wurde, wenn ich ihn mal ablegte. Dadurch wurde ich immer erschöpfter. Weil ich keine Minute Ruhe und Abstand von meinem Kind hatte. Das Kind lernte, mich ständig zu brauchen. Es konnte bald nicht mehr ohne mich sein. Es nahm auch nur meine Brust. Keine Flasche, keinen Schnuller. In mir wuchs der Wunsch, auch mal ohne mein Kind zu sein. Das war aber nicht möglich.

Bald fühlte ich mich der ganzen Situation nicht mehr gewachsen. Ich hatte aber den Anspruch, meinen Haushalt alleine schaffen zu müssen. Als ich berufstätig war, hatte ich eine Putzfrau. Die hatte ich abbestellt, denn nun war ich den ganzen Tag zu Hause und mußte ja zu irgend etwas nütze sein. Ich schaffte aber nie, was ich mir vorgenommen hatte, und so war ich ständig enttäuscht von mir. Mein Haushalt blieb liegen. Oft war ich wie gelähmt. Ich war ungeschickt geworden. Und: Ich verdiente kein Geld mehr, vernachlässigte aber auch meine Pflichten zu Hause. Ich fühlte mich als schlechte Hausfrau und schlechte Mutter. Ich kam mir wie ein nutzloses Luxusweibchen vor. Wenn ich mich doch mal aufraffte, zum Metzger zu gehen, und dort sprach mich jemand freundlich an, hätte ich sofort losheulen können. Ich fühlte mich überfordert von der Anwesenheit von Leuten. Mir brach der Schweiß aus, wenn ich mich mit jemandem unterhalten sollte. Ich dachte immer, ich rede nur blödes Zeug, ich bringe keinen vernünftigen Satz zuwege. Ich halte es nicht für möglich, daß mich damals jemand nett gefunden haben könnte.

Irgendwann habe ich angefangen, mir bewußt Aufgaben zuzuweisen. Mich zu zwingen, damit ich aus meiner Lethargie herauskam. Ich habe mit meinem Sohn Fahrten unternommen, weil ich mir sagte, das mußt du jetzt packen. Ich bin in einen Turnverein gegangen, damit ich wieder unter Menschen kam. Irgendwann fing ich an, wie wild zu nähen. Um mir sagen zu können: Du schaffst doch etwas. Andere hielten mich dabei für wer weiß wie aktiv. Manchmal bekam ich zu hören: »Warum machst du das alles? Schaff dir doch lieber ein zweites Kind an. Es wird Zeit.«

Danach stand mir nun gar nicht der Sinn, aber die anderen konnten ja nicht wissen, wie es in mir aussah. Ich kam auf die Idee, meine Verfassung könnte mit dem Haus zusammenhängen, in dem wir damals wohnten. Es gab die ersten Artikel über die Gefahren von Formaldehyd. Ich habe die Gründe für mein Unwohlfühlen im Haus gesucht und wollte unbedingt umziehen. Wir haben uns schließlich entschlossen zu bauen. Durch das Engagement für unser Haus kamen langsam meine Lebensgeister wieder. Mein Sohn war inzwischen drei Jahre alt. Ich habe mich sehr in die Planung gekniet und bekam langsam meine Selbstsicherheit wieder. Ich bin auch wieder berufstätig geworden, um mich aus der übergroßen Abhängigkeit von meinem Sohn zu lösen. Der hat sich natürlich mit Händen und Füßen gewehrt. Das war ziemlich hart.

Lange wollte ich kein zweites Kind. Lena kam, als Lukas fünf Jahre alt war. Je näher die Geburt rückte, desto größer wurde die Angst. Aber meine Tochter war eine problemlose Geburt: Drei Stunden und sie war da. Ich habe ambulant entbunden. Zu Hause hatte ich für viel Hilfe gesorgt. Mit meiner Tochter ging dann alles viel einfacher.

»Depressionen nach Geburten kommen öfter vor als bisher vermutet, und sie werden durch die bei uns übliche Krankenhaussituation noch begünstigt.«

Veronika Windsor-Oettel *(35) ist Psychologin, verheiratet, und hat drei Töchter.*

Als ich mit meinem ersten Kind schwanger war, habe ich in der Geburtsvorbereitung überwiegend Entspannungsübungen gelernt. Weil man sagte, daß man mit Entspannung den Angst-Schmerz-Spannungskreislauf durchbrechen könne. Der funktioniert so: Erst wird der Schmerz wahrgenommen. Das verursacht Angst. Die Angst bewirkt Verspannungen. Dadurch wird der Schmerz stärker. Die Angst steigt. Und so weiter. Das bedeutet dann: Du bist selbst schuld, wenn du starke Schmerzen hast. Dann entspannst du dich nicht richtig. Meine Doktorarbeit habe ich später mit Zitaten von Männern begonnen, die allen Ernstes behaupten, daß es überhaupt keinen Geburtsschmerz gibt. Weil es eigentlich ja nur Spannungen sind und ungewohnte Gefühle. Das empfinde ich heute schlichtweg als Frechheit. Aber so bin ich in die Geburt gegangen: Wenn du nur gut vorbereitet bist, und du willst ja das Kind – es war ein gewünschtes und geplantes Kind – und du entspannst dich gut, dann hast du eine leichte, schmerzfreie Geburt.

Mein Frauenarzt machte schon vor dem errechneten Termin eine Fruchtwasserspiegelung. Er hat nicht näher erläutert, warum, hat nur gesagt: »Sie haben doch Bauchatmung gelernt, machen Sie die mal.« Dann hat er den Muttermund gedehnt.

Da war ich das erste Mal sprachlos und dachte: O Gott, was kommt denn da noch auf dich zu? Als ich das nächste Mal in seine Praxis kam, sagte er: »Sie sind ja immer noch da.« Und ich dachte:

Was machst du denn bloß falsch? Verkrampfst du dich so, oder warum geht es nicht los?

Als ich leichte Wehen bekam, bin ich in die Klinik gefahren, wo man mir nach der Untersuchung sagte, man könne es nicht verantworten, mich wieder gehen zu lassen. Die Nachtschwester sagte: »Morgen habe ich um 14 Uhr Dienst, und wenn ich dann komme, haben Sie Ihr Baby.« Ich dachte: Die ist ja niedlich, die will dich wohl trösten. Aber es war kein Trost, wie ich heute weiß. Man wollte die Geburt einleiten, und die Schwester wußte, wie das läuft. Die leiten die Geburt so ein, daß sie alles in einer Schicht durchhauen. Das haben sie auch geschafft.

Ich war überhaupt nicht auf eine Geburtseinleitung vorbereitet, wußte nicht, wann das gemacht wird und wann das gut ist und wann nicht. Das war in der Geburtsvorbereitung kein Thema. Die Schwester sagte nur: »Sie kriegen jetzt mal etwas, damit die Wehen in Gang kommen.« Ich dachte, das sei so was wie ein natürliches Abführmittel. Dann haben sie mich an den Tropf gehängt, und alle Stunde haben sie die Dosis verdoppelt.

Im Nebenraum schrie eine Frau so, daß ich eine Gänsehaut kriegte. Die Türen standen alle auf. Ich fragte meine Ärztin, ob das so schlimm wird. Schreiende Frauen hatten auch nicht ins Geburtsvorbereitungsprogramm gehört. Die Ärztin sagte: »So, wie Sie aussehen, schaffen Sie das ohne Betäubungsmittel.« Da dachte ich: Die hat Erfahrung. Kannst du dich drauf verlassen. Du wirst es so schaffen. – Nach einer Stunde habe ich nichts mehr geschafft. Ich hatte solche Schmerzen, die konnte und wollte ich überhaupt nicht mehr aushalten. Ich wollte nur noch Schmerzmittel haben. Völlig egal, was. An mein Kind habe ich nicht mehr gedacht. Ob das was abkriegt, war mir egal. Ich wollte nur noch den Schmerz weghaben.

Die Wochenbettzeit im Krankenhaus fand ich völlig abartig. Ich fühlte mich behandelt, als sei ich dumm und entmündigt. Wenn ich gerade stillte, knallten die mir das Folienessen auf den Nachttisch. Oder das Essen kam, während ich gerade zur Untersuchung bestellt war. Sitzbäder durften die Frauen grundsätzlich erst am dritten Tag nehmen. Aber schlimmer noch empfand ich die Bevormundung, wenn es um das Baby ging. Hatte ich mal vergessen, sie vor dem Stillen zu wiegen, wurde ich angeschnauzt. Ich fühlte mich sehr unwohl und fand, es war ein schlechter Start mit dem ersten Baby.

Zu Hause hat mich das furchtbar belastet. Erstens, daß mir mein Kind plötzlich egal gewesen und es mir nur noch darum gegangen war, die Schmerzen nicht mehr aushalten zu müssen. Zweitens habe ich mich darüber geärgert, daß ich alles mit mir habe machen lassen. Dadurch habe ich noch mal Schuldgefühle bekommen. Ich habe beim ersten Kind ja auf so Sprüche gehört wie: »Wir tragen die Verantwortung.« Im nachhinein dachte ich: Wie hast du so was schlucken können? Es ist dein Kind, warum hast du nicht gesagt: Nein, ich trage die Verantwortung? Ich hatte das Gefühl, total versagt zu haben, und gedacht, daß die Krankenhaussituation doch sehr viel Energie von den sowieso schon geschwächten Müttern wegnimmt.

Weil ich das Gefühl hatte, mit dieser Geburt nicht fertig zu werden, habe ich angefangen, Bücher zu lesen. Dabei wurde mir klar, an dem ganzen System stimmt was nicht. In dem Buch von Vivienne Welburn »Die Krise nach der Geburt« fand ich sinngemäß: »Wenn die Geburt eingeleitet wird, hält man es ohne Schmerzmittel nicht aus.« Das war die Absolution für mich. Also hatte ich doch nicht völlig versagt! Später habe ich andere Bücher gelesen, aus denen ich erfahren habe, wie furchtbar eine solche Einleitung für Mutter und Kind ist. Und wie unsinnig!

Zwei Jahre nach der Geburt unserer ersten Tochter zogen wir nach Holland. Dort bekam ich unsere zweite und dritte Tochter. Ich machte die Erfahrung, daß man Geburt auch ganz anders erleben kann. Positiver.

In Holland machen zwei Drittel aller Frauen ambulante oder Hausgeburten. Nur wenn eine medizinische Indikation vorliegt, geht die Frau ins Krankenhaus. Häufig geht die Schwangere zu ihrem Hausarzt, der sie ja schon von anderen Besuchen kennt. Wenn er eine gynäkologische Zusatzausbildung hat, übernimmt er die

Schwangerschaftsvorsorge und macht auch die Geburt. Wahlweise kann man sich auch eine Hebamme suchen.

Die Schwangere sucht sich das Krankenhaus aus, in dem sie ihr Kind bekommen möchte – falls sie nicht zu Hause entbinden will. Arzt, Hebamme und Frau können in jedes x-beliebige Krankenhaus gehen und bekommen dort alles zur Verfügung gestellt. Bei uns wäre das undenkbar.

Ich habe unsere beiden Mädchen in einer Klinik ambulant entbunden. Für die Pflege zu Hause gibt es in Holland das Grüne Kreuz. Das ist eine Organisation, die Frauen für die Wochenbettpflege ausbildet und sie in die Haushalte schickt. Die Krankenkasse bezahlt das. Meine beiden Mädchen sind nachts geboren. Morgens um sieben hat mein Mann beim Grünen Kreuz angerufen. Als ich um elf mit dem Baby nach Hause kam, hatte die Schwester mein Bett frisch bezogen und sich auf uns vorbereitet. Sie blieb acht Tage. Erst jeweils zehn Stunden. Dann reduzierte sich das auf sechs Stunden. Die Wochenbettpflegerin übernimmt alle Aufgaben der Hausfrau. Sie versorgt den Haushalt, kocht, gießt Blumen, wäscht die Wäsche, geht einkaufen, bringt die Kinder in den Kindergarten. Sie erledigt alles, was zum Weiterlaufen des Haushaltes nötig ist. Darüber hinaus ist sie medizinisch geschult, bemerkt, ob es Stillprobleme gibt, ob mit dem Baby was ist, ob die Mutter in Ordnung ist.

Anfangs kommen außerdem noch Arzt und Hebamme täglich vorbei. Zwischendurch erkundigt sich eine Frau vom Grünen Kreuz, ob beide Seiten gut miteinander zurechtkommen.

Das alles habe ich als optimal empfunden. Auch für die Krankenkasse ist dies System optimal, denn die Wochenbettpflegerin kostet nur halb soviel wie die Krankenhauspflege. Bei der ersten Schwester habe ich besonders positiv gefunden, daß sie mich bei allem gefragt hat. Sie erteilte keine Befehle, hat mich überhaupt nicht bevormundet. Trotz Wochenbett konnte ich über mich und meinen Haushalt bestimmen und alles entscheiden. Sie hat mich nicht kleingemacht, sondern unterstützt und entlastet. Der totale Kontrast zur Krankenhaussituation in Deutschland.

Beim dritten Kind hat sich die Schwester am zweiten Tag auf mein Bett gesetzt und gefragt: »Wie war denn die Geburt? Erzählen Sie mal.« Wie war ich froh, daß ich ihr alles erzählen konnte. Sie hatte wirkliches Interesse daran. Die dritte Geburt war nämlich wieder eine Katastrophengeburt, weil nichts so lief, wie es laufen sollte. Und da war es toll, daß ich über das alles sprechen konnte. Es hat mich entlastet und tat mir gut. Das war ein ganz anderer Start. Es war ein sanftes Gewöhnen an das neue Kind, an die neue Situation. Während die Frau bei uns zunächst bis zur Unmündigkeit alles abgenommen bekommt, dann aber von heute auf morgen mutterseelenallein zu Hause steht und alles können soll.

Sie haben Ihre persönlichen Erfahrungen in Ihrer Dissertation statistisch untermauert. Ihre Überlegung war, daß die bei uns übliche Krankenhaussituation die Depression nach der Geburt (postnatal) begünstigt. Zu welchen Ergebnissen sind Sie gekommen?

Meine Ausgangsüberlegung war, daß Frauen, die in Deutschland im Krankenhaus entbinden, eher eine postnatale Depression bekommen, als Frauen, die in Deutschland eine Hausgeburt machen oder in Holland entbinden.

Ich ging davon aus, daß jede Frau in einem bestimmten Maße Angst vor der Geburt hat und daß diese Angst je nach Geburtserfahrung nach der Geburt kleiner oder größer geworden ist. Als zweites Merkmal wählte ich den Selbstwert. Meine Untersuchung zeigt, daß Frauen, die in einem Krankenhaus entbinden und dort bleiben, einen höheren Angstwert und einen niedrigeren Selbstwert haben als Frauen, die zu Hause oder ambulant entbinden. Darüber hinaus werden an Krankenhauspatientinnen deutlich mehr Eingriffe vorgenommen (z. B. Dammschnitte), die Frauen sind mit der Geburtssituation unzufriedener, sie haben mehr körperliche und seelische Probleme in der Zeit nach der Geburt. Daraus folgere ich, daß Frauen, die in Deutschland im Krankenhaus entbinden (die holländischen Werte waren besser), stärker gefährdet sind, eine postnatale Depression zu entwickeln als die übrigen Frauen. Oder andersherum formuliert: Die Krankenhausbedingungen begünstigen in einem nachweislich starken Maße psychische Probleme und müssen somit als Mitverursacher der postnatalen Depression angesehen werden (in der Literatur werden hauptsächlich hormonelle Fehlsteuerungen und bis dahin unerkannte krankhafte Persönlichkeitsstrukturen – auch Unreife – als Ursache genannt).

Wie häufig treten bei uns nach Geburten Depressionen auf?

Nur wenige Frauen und Fachleute wissen überhaupt, daß eine Wochenbettdepression auftreten kann. Sie kommt häufiger vor, als gemeinhin angenommen wird. Die Angaben schwanken zwischen zwei und 50 Prozent. Realistisch sind wohl zehn Prozent. Ich habe für Deutschland keine fundierte Untersuchung darüber gefunden. Die meisten Zahlen kommen aus England oder Amerika.

Wie erkennt man eine postnatale Depression?

Die postnatale Depression kann folgende Symptome haben: Angst vor allem und um alles, Zwangsvorstellungen, Konzentrationsverlust, Aggressivität, Niedergeschlagenheit, Traurigkeit (Weinen oder Versteinertsein), Schlaflosigkeit, Müdigkeit, Verlust des sexuellen Interesses, Appetitlosigkeit, Schuldgefühle. Wichtig für die betroffene Frau ist nicht die Anzahl der Symptome, sondern ihr Gefühl, daß sie nicht mehr sie selber ist, ihr Leiden – ohne konkret zu wissen, woran – und das über längere Zeit.

Keine postnatale Depression ist der »Babyblues«. Das sind die Heultage. 50 bis 85 Prozent aller Frauen haben so etwas etwa drei Tage nach der Geburt. Schwerer als die Depression ist die postnatale Psychose. Sie kommt bei ein bis drei von 1000 Frauen vor. Sie entsteht zwei bis drei Wochen nach der Geburt und hat die Kennzeichen einer Psychose, wie Denkstörungen, Wahrnehmungsstörungen, Gefühlsstörungen und Kommunikationsstörungen. Sie kann in Richtung Manie, Depression oder auch Schizophrenie gehen.

Spielt der kalte, technisierte Kreißsaal eine so große Rolle?

Im technisierten Kreißsaal wird die Frau in Körper und Seele zerteilt. Gekümmert wird sich fast nur um den Körper. Die Geburt ist aber auch eine Grenzerfahrung der Seele. Um diese Erfahrung unbeschadet überstehen zu können, braucht die Frau menschliche Begleitung. Wird der Körper von der Seele getrennt, funktioniert er nicht mehr reibungslos. Es treten Geburtskomplikationen auf, die häufig durch Eingriffe gegen Körper und Seele der Frau gelöst werden. Wenn der Geburtshelfer zum Beispiel mit Knie oder Ellenbogen auf den Bauch der Frau drückt, um ihr bei der Austreibung zu helfen. Ich glaube, daß bei ambulanten und Hausgeburten weniger chirurgische Eingriffe vorgenommen werden – besonders auch in Holland. Das liegt darin begründet, daß die meist vorher schon bekannte Hebamme (oder der Arzt) die Frau ganzheitlich begleitet und behandelt. Wenn es der Frau nach der Geburt nicht gelingt, ihre körperlichen und seelischen Erfahrungen zusammenzubringen und zu akzeptieren, wird sie leiden. Dann wird sie krank.

Also werden schon während der Geburt viele Erwartungen zerstört?

Es heißt, die Geburt ist der schönste Augenblick im Leben einer Mutter. Wenn wir sie nur richtig veratmen gelernt hätten, seien die Wehen halb so schlimm. Wenn wir dann das Baby im Arm haben, sei unser Glück perfekt. Wir sind erfüllt von der Mutterrolle und brauchen nichts als das Kind. Über allem schwebt ein Muttermythos.

Die Krankenhausrealität reißt die Mütter aus ihren romantischen Vorstellungen. Im Krankenhaus wird mit dem natürlichen Vorgang der Geburt umgegangen wie mit einer Krankheit, die – selbst wenn die Schwangerschaft ohne Komplikationen verlaufen ist – nur mit einem Arsenal von Apparaten und Überwachungsgeräten in den Griff zu bekommen ist.

Die Wirklichkeit sieht bei der Geburt also ganz anders aus, als die Gebärende sich vorgestellt hat. Sie merkt, die Geburt dauert lange – bei Erstgebärenden sagt man durchschnittlich zwölf Stunden –, und die Wehen tun höllisch weh. Die wenigsten Frauen erleben die Geburt als sanft und schmerzfrei.

Dabei müssen sie sich völlig in die Hände des Klinikpersonals begeben, ihm blind vertrauen, ihm alle Verantwortung überlassen. Sie bekommen wenig oder nichts erklärt und haben nichts unter Kontrolle. Sie wissen häufig nicht, wie weit sie sind, wie lange es noch dauert, wie es weitergeht. Sie sind vollkommen ausgeliefert. Oft wird die Geburt mit Zange, Saugglocke oder Kaiserschnitt beendet, ohne daß die Frau mitentscheiden könnte. Das ist für viele eine katastrophale persönliche Niederlage. Wenn die Frau dann noch merkt, die erwarteten Muttergefühle sind nicht sofort und von selbst da, hat sie das Gefühl, völlig versagt zu haben.

Auch die Wöchnerinnenstationen sind in der Regel nicht gerade so, daß das Glück von Mutter und Kind gefördert würde.

Dort geht die Krankenhausroutine für Mutter und Kind weiter: Die »Patienten« – in diesem Fall Mutter und Baby – sollen körperlich sauber und ohne Beschwerden gehalten werden. Gefühle und Bedürfnisse haben im Krankenhausalltag keinen Platz. Alles muß reibungslos funktionieren. Durch den Pflegenotstand sind die Stationen unterbesetzt, das Pflegepersonal ist überfordert. Für die Erstgebärende ist die Situation mit dem Baby völlig neu. Weil alles so neu ist und die Mutter sich noch unsicher fühlt, hofft sie, von den Schwestern den Umgang mit ihrem Baby zu lernen. Statt dessen bekommt sie Befehle erteilt, deren Sinn sie oft nicht sofort versteht. Die meisten Mütter trauen sich in der Situation nicht zu widersprechen. Sie fühlen sich behandelt, als seien sie keine erwachsenen Menschen. Da Frauen gerade in dieser Zeit ganz besonders sensibel sind, empfinden sie das als doppelt schlimm.

Später, zu Hause, schlagen diese Erinnerungen zurück, die Frau denkt: Ich hätte mich da und da wehren müssen. Das und das war eine Demütigung oder Gemeinheit. Warum habe ich das nicht geschafft? Was habe ich falsch gemacht?

Die meisten Frauen fallen aber erst zu Hause in ein tiefes Loch.

Auch die häusliche Situation begünstigt die Depression. Zu Hause ist die Mutter meist isoliert, allein mit dem Baby. Der Partner geht aus dem Haus. Sie entdeckt, daß das Baby nicht unbedingt die erwartete Erfüllung ist. Daß das Baby sie Tag und Nacht bis zum Umfallen fordert. Sie stellt fest: Ständig für das Baby zu springen, kostet Kraft und Energie. Das ist nicht so wahnsinnig befriedigend, sondern kann auch ganz schön frustrieren. Abends fragt sie sich erschöpft: Was habe ich eigentlich den ganzen Tag gemacht? Dann kommen das schlechte Gewissen und die Ansprüche: Ich muß aber eine perfekte, glückliche Mutter sein. Der Muttermythos stellt auch hier Ansprüche an die Frau, die sie gar nicht erfüllen kann. Demnach hat sie keine Eigeninteressen mehr zu haben. Sie hat aufzugehen in der Mutterrolle. Sie hat glücklich zu sein, daß das Baby da ist. Wenn sie es im Arm hält, sollen alle Schmerzen vergessen sein. Den Frauen wird auf perfekte Weise vermittelt, daß sie perfekte Mütter zu sein haben.

Auf der anderen Seite ist es so: Egal, was die Frau macht, sie wird gesellschaftlich nicht anerkannt. Ist sie eine »gute Mutter«, nicht berufstätig, ist sie gleichzeitig aber das »Heimchen am Herd«. Wird sie wieder berufstätig, ist sie eine karrieregeile Egozentrikerin und muß sich fragen lassen, warum sie überhaupt ein Kind in die Welt gesetzt hat. Die Frau kann also nur falsch handeln. Und wenn sie nicht merkt, daß die Ansprüche an sie falsch sind, dann jagt sie etwas Unerreichbarem nach und hat das Gefühl, sie *sei* falsch. Da ist es schon fast normal und gesund zu nennen, wenn eine Mutter mit Depressionen reagiert und lethargisch wird. Die Ansprüche ans und die Bedingungen fürs Muttersein sind unnormal.

Dazu kommt noch, daß sich das ganze Leben um 180 Grad dreht. Nichts ist mehr wie früher. Und nicht nur vorübergehend, sondern für immer.

Es ist eine Riesenumstellung, vorher berufstätig gewesen und nun Hausfrau und Mutter zu sein. Mit dem Muttersein ändern sich alle Beziehungen: zur eigenen Mutter, denn man ist nicht mehr nur Kind, sondern selber Mutter. Zum Partner, denn das Kind kommt neu hinzu. Im Bekanntenkreis ändern sich die Verhältnisse, denn die, die kinderlos sind und ganz tolle Ferien in Südamerika machen können, finden einen nicht mehr interessant, weil man ständig mit diesem Schreikind am Busen herumrennt oder beim Telefonieren dreimal unterbricht, weil das Kind gegen das Klavier gefallen ist. Da schwenkt man in der Regel zu denen um, die selber Kinder haben und das besser verstehen können.

Auch rein körperlich tut sich eine Menge. Man hat vielleicht Figurprobleme oder noch lange Schmerzen von der Dammnaht. Oder mit dem Stillen klappt es nicht. Das gehört ja auch zum Mutterbild: daß man stillen können sollte. Oder die Hormone fließen noch nicht so, wie sie optimal fließen sollten. Insofern ändert sich unheimlich viel für die Frauen. Und bis sie das alles verstanden und im Griff haben, machen sie eine krisenhafte Zeit durch. Die Frau bekommt aber nicht die Chance, bei sich drinnen aufzuräumen, ihre Erlebnisse in Ruhe zu bewältigen. Es fragt in der Regel keiner nach, wie sie das alles erlebt und wie sie damit zurechtkommt.

Was kann man tun, um der Depression vorzubeugen, oder, wenn man schon eine hat, besser damit fertig zu werden?

Ich appelliere an die Geburtsvorbereiter, die Weichen von vornherein richtig zu stellen. Die Geburtsvorbereitung muß psychische Vorsorge leisten. Und nicht bei den Eltern diese euphorischen romantischen Vorstellungen schüren.

Was die Geburtssituation angeht, finde ich es wichtig, allen Müttern zu sagen, daß sie in eine Situation geraten, in der sie noch nie waren. Daß die Geburt eine Sache ist, die man nicht vorausberechnen kann. Und daß man im Prinzip auf alles gefaßt sein muß. Und zwar nicht nur rein technisch auf Wehentropf, Kaiserschnitt, Glocke, Zange, sondern auch was das eigene Verhalten betrifft. Frauen sollten sich kein ideales Bild von sich und von der Geburt machen. Und sie brauchen sich hinterher keine Vorwürfe zu machen. Ob sie anfangen zu weinen, laut zu schreien, zu fluchen oder ob sie vom Tisch springen wollen – was auch immer sie machen, es ist okay.

Dann würde ich den Muttermythos gründlich in Frage stellen. Damit die Frauen nicht von vornherein so wahnsinnige Ansprüche an sich stellen, wie sie als gute Mutter sein müssen. Ich würde ihnen sagen, daß sie vielleicht genau soviel Pflege brauchen wie ihr Baby und daß sie die für alle Fälle vorher organisieren sollen. Sich Hilfe zu holen für die erste Zeit mit dem Baby zu Hause ohne schlechtes Gewissen oder Versagensgefühl, ist sehr wichtig.

Ich würde der Frau auch klarzumachen versuchen, daß es ihr Recht ist, ihre Interessen aufrechtzuerhalten. Daß sie nicht alles aufgeben muß, wenn das Baby da ist. Es ist wichtig, daß man sagt: Es kann sein, daß du glücklich bist, wenn du auch noch die Windeln bügelst. Es kann aber auch sein, daß du jemand bist, der pro Tag ein Buch lesen muß. Und der lieber drauf verzichtet, gebügelte Bettwäsche zu haben. Beides ist okay. Es ist okay, wenn du Hausfrau bist. Es ist aber auch okay, wenn du berufstätig bist.

In der Geburtsvorbereitung muß dem Mann gesagt werden, wie wichtig nicht nur seine Anwesenheit im Kreißsaal für die Frau ist, sondern auch später, um mit ihm ausführlich über die Geburt reden zu können. Damit sie das Erlebnis verarbeiten kann und es nicht verdrängen muß. Der Mann sollte von sich aus nachfragen, wie seine Frau die Geburt erlebt hat. Und ihr bestätigen, daß es so, wie es war, okay war. Sie muß ihre Sorge – eben, unnormal zu sein – besprechen können. Bei den meisten Frauen ist es nicht damit getan, daß sie es einmal besprechen. Sie müssen es, wie ein Kind, das ein schlimmes Erlebnis hatte, immer wieder erzählen können. Genauso wie die Männer mit ihren Kriegserlebnissen. Das erzählen die noch 40 Jahre danach in allen Einzelheiten, und das ist legitim. Aber Horrorgeschichten der Frauen aus dem Kreißsaal will keiner hören. Da heißt es: Das sollen die beim Kaffeekränzchen abmachen.

Es wäre gut, wenn das alles mit in die Geburtsvorbereitung aufgenommen würde. Aber es kann auch eine Hilfe sein, sich diese Dinge hinterher klarzumachen.

Wie geht man in Holland mit der postnatalen Depression um?

In Holland gibt es regionale Selbsthilfegruppen für postnatale Depressionen. Es gibt viele Bücher zu diesem Thema. Das Aufklärungsniveau ist viel höher als bei uns. Und man spricht über postnatale Depressionen. So wie hier gefragt wird: »Hast du einen Dammschnitt?«, wird in Holland auch gefragt: »Hast du einen Blues oder eine postnatale Depression gehabt?« Das ist etwas, womit jeder was anfangen, womit jeder umgehen kann. Obwohl es in Holland weniger postnatale Depressionen gibt als hier – nur etwa zwei Prozent. Hier ist es heute noch Glücksache, einen Arzt zu finden, der in der Lage ist festzustellen, daß man eine postnatale Depression hat. Hier gibt es in den meisten Wörterbüchern der Psychiatrie und Psychologie das Stichwort »postnatale Depression (PND)« überhaupt noch nicht.

VII.

PROBLEME MIT DER DAMMNAHT

»Ich war froh, als der Arzt mir sagte, ich sei kein medizinisches Monstrum.«

Ute *(31) ist Studentin und erzieht ihre Tochter (sieben Monate) allein.*

Ich habe neun Monate lang in Kalifornien studiert. Den Vater meiner Tochter lernte ich in Los Angeles kennen. Es war eine klassische Begegnung. Wir fühlten uns sofort zueinander hingezogen. So sieht man das sonst nur im Film. Als ich ihn sah, wußte ich, mit dem Mann wirst du ein Kind haben. Innerhalb von zwei Wochen waren wir zusammen. Nach zwei Monaten war ich schwanger. Total irre.

Mein Freund wollte mich heiraten, und ich mußte mich fragen: »Lasse ich mich darauf auch noch ein? Bleibe ich in den USA? Gebe ich meinen Studienplatz in Deutschland auf? Meine Freunde?« Ich habe dann die bittere Entscheidung gefällt, zurückzugehen, mein Studium zu beenden und mein Kind alleine zu bekommen. Er war so sauer, daß er sich ein halbes Jahr überhaupt nicht bei mir gemeldet hat. Und ich machte in der Schwangerschaft die Erfahrung, daß der Mann, den ich liebte, mich alleingelassen hat.

In der Schwangerschaft bin ich unglaublich dick geworden. 30 Kilo habe ich zugenommen. Die Geburt war sehr anstrengend und hat lange gedauert. Meine beste Freundin war dabei. Die hat fünf Kinder, also viel Erfahrung. Meine Hebamme war ganz toll. Die hat mir erklärt, was sie macht, und hat mich wunderbar angefeuert. Das war für mich genau richtig. So habe ich die Geburt letztendlich ohne irgendwelche Mittel geschafft. Nur ganz zum Schluß wurde ein Dammschnitt gemacht. Als meine Tochter da war, war ich total euphorisch. Direkt nach der Geburt ging's mir richtig gut.

Am nächsten Tag schon nicht mehr. Ich bekam hohes Fieber, um das sich aber zunächst keiner gekümmert hat. Später konnte ich immer schlechter sitzen. Der Schnitt tat mir höllisch weh. Ich habe gedacht: Was ist das denn? Es müßte doch besser statt schlimmer werden. Die Frau in meinem Zimmer turnte schon herum, und ich bekam immer mehr Probleme. Sogar bei den Sitzbädern fing es an zu brennen. Irgend etwas war falsch. Ich meldete mich bei der Schwester, aber die nahm mich nicht ernst. So nach dem Motto: »Laß die mal reden, das geht schon vorbei.« Ich mußte richtig massiv werden. Die Stationsärztin meinte, sie habe mich doch gerade untersucht. Ich drang drauf: »Dann müssen Sie mich eben noch mal untersuchen.« Dabei habe ich gedacht, das darf doch wohl nicht wahr sein! Ich weiß nicht, wohin vor Schmerzen und muß drum betteln, daß sich jemand um mich kümmert. – Eine volle Woche hat es gedauert, bis sie die Infektion gefunden haben. In der Zwischenzeit konnte der Virus natürlich ganze Arbeit leisten. Als die Ärztin schließlich meine Naht ansah, stellte sie fest: Die hatte sich aufgelöst. Da klafften richtig große Löcher.

Das bewirkte bei mir einen totalen Stimmungsabfall. Ich dachte, ich drehe durch. Ich wollte meine Sachen packen und abhauen. Ich habe dann Antibiotika genommen. Mein Baby auch. Im nachhinein habe ich gehört, das wäre fürs Baby gar nicht nötig gewesen. Ich kann leider nicht kämpfen, wenn es mir nicht gutgeht.

Zwei Wochen lag ich im Krankenhaus. Als ich nach Hause kam, bin ich in ein absolutes Tief gerutscht. Da unten kaputt, und die Anstrengung allein mit dem Baby. So was habe ich noch nicht erlebt. Ich glaube, ich war richtig depressiv. Ich hatte das Gefühl, ich lebe überhaupt nicht mehr. Alles war so dumpf. Körperlich und geistig war ich gar nicht richtig anwesend. Alles lag wie in einem dunklen Nebel.

Den Wundschmerz habe ich nur am Rande wahrgenommen. Viel schlimmer waren für mich die Gefühle, die diese Wunde erzeugt hat. Das Gefühl, da unten kaputt zu sein. Da unten ein Loch zu haben. Mich nicht mehr richtig bewegen zu können. Wenn ich stand oder ging, war es, als fiele unten alles aus mir raus. Meine Klitoris fühlte sich dauernd überstimuliert an. Ich dachte damals, ich werde nie wieder ganz. Ich fühlte mich sehr allein mit meinem Problem.

Hinzu kam die erste Zeit mit dem Baby zu Hause, die ich als wahnsinnige physische und psychische Anstrengung in Erinnerung habe. Ich hätte nie gedacht, daß ein Baby einen so aktionsunfähig machen kann. Ich war nicht mehr in der Lage, meinen Kontakt nach außen aufrecht zu halten. Wenn nicht ein paar Leute von sich aus auf mich zugekommen wären, ich glaube, ich wäre in die Elbe gesprungen.

Meine Zeit habe ich so verbracht: Von morgens bis abends vor der Glotze gehockt und alle zwei Stunden mein Kind gestillt. Ich hatte das Gefühl: In zwei Stunden kommt sie sowieso wieder, da kannst du gleich sitzen bleiben. Meine Tochter war kein nerviges Kind. Nachts ließ sie sich zwar erst um eins ins Bett bringen, aber meistens schlief sie fünf bis sechs Stunden, so daß ich auch schlafen konnte. Den Schlaf brauchte ich dringend. Wenn sie doch mal nachts schrie, brachte mich das an die Grenzen dessen, was ich leisten konnte. Ich kriegte da so Phantasien, daß ich dachte: So, jetzt nehme ich ein Kissen und dann mache ich mal Ruhe. Manchmal bin ich wirklich ausgerastet. Da war ein unglaublicher Sog, meine Aggressionen an meinem Kind auszulassen. Ich habe sie dann geschüttelt und einmal habe ich sie sogar aufs Bett geworfen. Natürlich habe ich sofort ein tierisch schlechtes Gewissen bekommen und gedacht: Wie furchtbar! Was bist du für ein Monstrum von Mutter! Irgendwann habe ich gesagt: »So kann das nicht weitergehen. Du mußt dir was ausdenken, damit dein Kind das nicht abkriegt.« Ich habe eine Lösung gefunden: Wenn ich nachts gemerkt habe, sie schreit und ich werde so sauer, daß ich in ein Stück Holz beißen könnte, dann bin ich ins Wohnzimmer gegangen und habe auf mein Sofa eingeprügelt. Danach konnte ich wieder hingehen und sie hochnehmen.

Dabei hat meine Freundin mir sehr geholfen. Wenn ich erzählt habe, was ich wieder für schlimme Sachen gemacht habe, hat sie mich beruhigt. Sie hat gesagt: »Das geht anderen Frauen auch so, das ist so, wenn man nicht mehr kann. Mit dem Sofa hast du eine gute Lösung gefunden.«

Ich habe mich oft mit Schuldgefühlen zerquält. Ich weiß nicht, wie ich das ohne meine Freundin durchgestanden hätte.

Ich kann heute nachempfinden – das hört sich jetzt ganz schlimm an –, daß Mütter ihren Kindern was antun. Das ist die totale Überforderung.

Der Dammschnitt wuchs zwar wieder zusammen, aber ich hatte keinen vernünftigen Scheidenschluß mehr. Außerdem bildete sich häßliches wulstiges Narbengewebe.

Meine Nachsorgehebamme empfahl mir schließlich einen guten Arzt. Endlich einen, der Erfahrung mit Dammschnitt hatte. Der mir sagte, es gebe solche Fälle von Überstimulierung der Klitoris. Das hätten nur wenige Frauen, vielleicht drei von 1000. Das würde zwischen drei Monaten und einem Jahr dauern. Das machte mich zwar nicht glücklich, aber ich war sehr beruhigt, daß ich dieses Problem nicht alleine hatte.

Ich wußte jetzt: So was gibt es, und es geht wieder weg. Du bist kein medizinisches Monstrum, andere Frauen haben das auch. Der Arzt erzählte mir auch, daß es Frauen gebe, die irrsinnig lange Probleme hätten und sich nicht trauten, zum Arzt zu gehen. Dabei reiche ein kleiner Schnitt, damit sie wieder mit Vergnügen mit ihren Männern schlafen könnten.

Ich mußte auch noch mal operiert werden. Der Arzt hat das bestimmt nicht ruppig gemacht, aber ich habe das ganz subjektive Gefühl, es war schrecklich. Noch mal wurde alles aufgeschnitten. Der reinste Horror. Für mich war die Zone total tabu. Ich habe mich da weder angefaßt noch hatte ich Geschlechtsverkehr. Ich habe mich lediglich gebadet und den ganzen Bereich ansonsten unangetastet gelassen.

Nachdem der Arzt alles noch mal aufgeschnitten hatte, hat er eine subkutane Naht gemacht. Also nicht einfach Kreuzstich obendrauf, sondern eine unterirdische kosmetische Naht. Hinterher habe ich erfahren, das sei der totale Luxus. Ich hätte großes Glück mit dem Arzt gehabt. Ich halte das eigentlich für selbstverständlich, daß das da unten wieder so korrekt wie möglich wird.

Es ist jetzt, nach sieben Monaten, noch so, daß ich mich da unten nicht berühren mag. Ich benutze auch keine Tampons, und ich kann mir überhaupt nicht vorstellen, mit einem Mann zu schlafen. Der Bereich ist für mich immer noch sehr verletzt, und ich bin froh, daß da keiner ist, der mit mir schlafen will. Es würde bestimmt Konflikte geben. Das braucht jetzt alles seine Zeit. Mein Scheidenschluß ist immer noch nicht optimal, so daß das möglicherweise Folgen auf die Empfindungen hat. Der Arzt sagte mir, nur dadurch, daß ich so speckige Oberschenkel habe, stimme der Scheidenschluß, sonst würde ich den nicht haben. Nun gut, da muß ich abwarten, wie es sich entwickelt.

Ich hatte große Angst davor, daß mein Leben nie wieder normal werden würde, daß ich nie wieder die alte werde. Meine Freundin hatte mir vorher gesagt: »Es dauert ein halbes Jahr, bis du wieder halbwegs normal wirst und ein ganzes, bis du dich wieder wie vorher fühlst.« Ich konnte es kaum glauben, aber jetzt weiß ich, daß es stimmt.

Ich glaube manchmal, ich habe einen zu hohen Anspruch an mich als Mutter. Mein Anspruch ist, immer für meine Tochter da zu sein und ihr immer alles zu geben, was sie gerade braucht. Das kann man aber nur bis zu einem gewissen Punkt, dann stößt man an seine Grenzen.

Ich mache jetzt eine Therapie. Ich habe extra die Krankenkasse gewechselt, meine alte zahlte das nicht. Das tut mir unheimlich gut. Wenn man seinem Kind immer nur gibt, braucht man auch selbst jemanden, bei dem man wieder auftanken kann, wo man selber Kind sein kann. Es geht nicht, nur Verantwortung zu haben und zu geben, geben, geben. Wenn kein Partner da ist, der mit einspringt, muß man sich was anderes suchen. Ich jedenfalls hätte es alleine nicht geschafft.

Wie vorher bin ich immer noch nicht wieder. Aber auf dem Wege dahin. Ich fühle mich nicht mehr so massiv unfähig und hilflos, ohnmächtig und häßlich. Seit der Geburt habe ich auch 20 Kilo abgenommen. Aber zehn Kilo müssen noch mal runter, damit ich mir nicht mehr vorkomme wie eine neapolitanische Tonne. Schlank war ich nie, aber ich habe ein Ausgangsgewicht, mit dem ich mich wohl fühle und attraktiv finde. Aber das schaffe ich auch noch. Ich bin jetzt ganz zuversichtlich.

»Bei Dammschnitten wird die Nachsorge oft vernachlässigt.«

Theodore Reincke *(34) ist Hebamme.*

Seit zehn Jahren bin ich Hebamme. Ich arbeite in einem Krankenhaus, wo ich sehr viel zur natürlichen Geburtshilfe dazugelernt habe. Das hat mir noch mal mehr Freude am Beruf gebracht. Seit einiger Zeit mache ich Nachsorgebesuche zu Hause. In der Nachsorge habe ich einen Aspekt kennengelernt, der mich sehr schockiert hat. Ich sehe viel zu viele offene oder halboffene Dammnähte. Ich wußte anfangs gar nicht, wie ich damit umgehen sollte, denn auf der Hebammenschule war dieses Problem nie angesprochen worden. Ich wußte Bescheid über Stillprobleme, schreiende Babys und überforderte Mütter, aber nichts von offenen Dammnähten. Da konnten mir nur erfahrene Kolleginnen durch ihr Wissen weiterhelfen.

Ich frage die Frauen regelmäßig: »Haben Sie denn mit Ihrem Arzt darüber gesprochen?« Die häufigste Antwort: »Ja, aber der hat gesagt, da kann man nichts machen.«

Das hat mich zutiefst erschüttert. Heute kann ich die Kolleginnen verstehen, die deswegen auf die Barrikaden gehen. Solange ich nur in der Klinik gearbeitet habe, dachte ich, die übertreiben. Seit ich Nachsorge mache, fange ich an zu begreifen. Diese Dammschnitte sind ein großes Tabu. Von der Ärzteseite her besteht sehr viel Desinteresse. Aber auch Unwissenheit, denn für die Krankenhäuser gibt es ja keine Rückmeldungen, wie viele von ihren Dammschnitten wieder aufgegangen sind.

Wie viele Frauen haben denn dieses Problem?

Von 20 Frauen, bei denen ich nachuntersuche, haben bestimmt drei eine ganz offene und vier eine halboffene Naht. Das ist ein Drittel.

Woran liegt es, daß die Schnitte wieder aufgehen?

Das Problem liegt beim Nähen und in der Nachbehandlung. Man muß sich beim Nähen sehr viel Mühe geben. Ich weiß, daß das oft nicht der Fall ist.

Die Nähte müßten täglich angesehen und gekühlt werden. Davon sind wir noch weit entfernt. Wir haben erst jetzt durchgesetzt, daß die Naht wenigstens bei der Entlassung angesehen wird. Früher gab es nicht mal das.

Wird bei uns zu oft geschnitten?

Auf jeden Fall. Der Dammschnitt wird bei uns noch viel öfter gemacht als unbedingt notwendig. Jeder Schnitt birgt das Risiko, daß er nicht heilt. An dieser Stelle ist das besonders hoch, weil die Frau darauf sitzt und der infektiöse Wochenfluß drüberläuft.

Ein Dammschnitt ist ja immer eine schmerzhafte Angelegenheit.

Das ist richtig. Ich habe Frauen erlebt, die haben ohne Schmerzmittel entbunden, und nach der Entbindung mußten sie wegen des Dammschnittes starke Schmerzmittel nehmen. Dazu kann man nicht sagen: Frauen stellen sich an.

Eine schlechte Naht hat natürlich häßliche Narben zur Folge.

Ja, und das merken die Frauen oft ihr Leben lang. Sie spüren jeden Wetterumschwung. Sie haben starke Schmerzen beim Geschlechtsverkehr. Weil durch die wulstige Naht alles viel zu eng geworden ist. Mir haben Frauen anvertraut, sie hätten ihr zweites Kind bekommen, damit unten alles noch mal aufgeht. Die hatten so arge Schmerzen beim Geschlechtsverkehr. Manche Frauen fühlen sich verstümmelt durch das Narbengewebe. So sehr, daß sie sich nicht mehr mögen und nicht mehr erotisch finden. Oder sie sind dauernd wund an der Stelle. Auch wenn das Kind bereits 20 ist.

Woran liegt es, daß über dieses Thema nicht gesprochen wird?

Ich glaube, weil es um ein Problem an einer Stelle des Körpers geht, über die man nicht spricht und die man sich schon gar nicht anguckt. Ich habe oft von Ärzten gehört: »Da muß es ja nicht so hübsch sein.« Und dann hauen sie die Naht irgendwie zusammen.

Und Frauen genieren sich ja leicht und glauben, daß sie sich nicht beschweren dürfen. Weil das so aussieht, als würden sie sich anstellen.

Was raten Sie betroffenen Frauen?

Frauen sollen ganz viel Mut haben, ihren Gynäkologen konkret darauf anzusprechen. Auf keinen Fall aus Scham nur durch die Blume. Wer sich nicht traut, kann einen Brief schreiben. Oder mit dem Mann zusammen hingehen. Das ist ja auch ein Eheproblem. Wenn der Gynäkologe nicht reagiert, sollte die Frau den Arzt wechseln. Wenn es sein muß, mehrmals. Pro familia ist auch eine Möglichkeit. Da wird das Problem bestimmt ernst genommen.

Was muß sich ändern?

Die Krankenhäuser brauchen Rückmeldungen, bei wieviel Frauen Komplikationen eingetreten sind. Und: Es sollte auf jeden Fall viel weniger geschnitten werden. Ärzte müssen mit großer Sorgfalt nähen, und mit der gleichen Sorgfalt muß nachbehandelt werden.

VIII.

FALSCHE ERWARTUNGEN

»Ich wollte die perfekte Mutter sein. Mein Mann ist vorübergehend ausgezogen.«

Laura *(37) ist Sozialpädagogin, verheiratet und hat zwei Töchter und einen Sohn (13 Monate, drei und sieben Jahre).*

Als ich mit dem ersten Kind schwanger war, habe ich Jean Liedloff gelesen: »Auf der Suche nach dem verlorenen Glück«. Ein Buch, das die erste Zeit mit dem Kind total idealisiert. Ein tolles Buch, fand ich, als ich es zum ersten Mal las. Ein schreckliches Buch, sage ich heute. Ich gewann dadurch den Eindruck, es sei unabdingbar, mein Kind ständig wie eine südamerikanische Indiofrau mit mir herumzutragen. Daß ich immer und zu aller Zeit nur auf die Bedürf-nisse des Kindes achten müsse. Wenn ich das nicht täte, würde ich dem Glück des Kindes massiv im Wege stehen. Genauso habe ich mich bei meinem ersten Kind verhalten und habe totalen Schiff-bruch damit erlitten.

Durch meine Arbeit als Sozialpädagogin war ich eher an kaputte Familien gewöhnt. Ich brauchte also ein Gegengewicht zu den Schwierigkeiten, die mir die Arbeit mit Kindern aus sozial schwa-chen Familien machte. Außerdem hatte ich auch durch meine Mut-ter das Bild in mir, Mutter einer glücklichen, heilen Familie werden zu wollen.

Nach der Liedloff-Lektüre kam das Ziel dazu: Mein Kind soll niemals unglücklich sein. Es würde nicht schreien müssen. Mein Kind würde beim geringsten Muckser sofort hochgenommen und getragen. Falls es nicht sowieso den ganzen Tag getragen würde. Es würde nach seinen Bedürfnissen gestillt werden. Wobei ich das Kind schließlich immer dann gestillt habe, wenn es geweint hat, denn ich wußte ja nicht, ob es nun Hunger hatte oder etwas anderes.

Das Kind sollte sich frei entwickeln, keinerlei Zwängen ausgesetzt sein, sondern seinen Lebensrhythmus, sein Tempo selbst bestimmen dürfen. Ohne Rücksicht auf den Rest der Familie. Dann würde sich daraus ein kluger, emotional heiler, glücklicher, ausgeglichener, harmonischer und gerader Supermensch entwickeln. Der Mensch der Zukunft. Mein Kind. Das war meine Vorstellung. Und ich dachte, da das ja offenbar das natürliche und normale Verhalten von Müttern ist – man denke nur an die Naturvölker, die ihre Babys immer bei sich haben –, würde es mir auch ganz leichtfallen, so zu leben. Ich dachte, wenn ich es so mache, ist das Kind so zufrieden, daß es gar nicht nötig hat zu schreien. Um uns beide herum sollte wohlwollend der Vater kreisen.

Die Schwangerschaft sah ich völlig verklärt. Ich erinnere mich an das noch ganz genau: Dieses köstliche Gefühl, schwanger zu sein. Ich schwebte über dem Boden. Ich war etwas Besonderes. Ich fühlte mich auserkoren. Du hast ja als Erstgebärende so viele ideale Vorstellungen. Die erfahrenen Mütter, die versucht haben, mich auf den Alltag vorzubereiten, habe ich zu hartherzigen Rabenmüttern erklärt. Die sagten: »Sei stark genug, auch mal an dich selber zu denken. Besorg dir bald einen zuverlässigen Babysitter, damit ihr mal wieder ein Paar sein könnt. Damit ihr mal alleine essen gehen könnt. Und rennt nicht bei jedem Mucks los. Babys können nicht anders als schreien. Also dürfen sie das auch mal. Das ist ihre Art, sich zu äußern.« Wenn ich so was gehört habe, habe ich gedacht: Die haben überhaupt keine Ahnung von der Seele eines Kindes. Ich wollte die Wahrheit nicht hören...

Es kam alles ganz anders. Schon die Geburt war ganz anders. Meine Tochter war in Beckenendlage und blieb in Beckenendlage, obwohl ich alles dagegen zu tun versucht hatte. Außer einer äußeren Wendung, davor hatte ich Angst.

Der Gynäkologe, bei dem ich entbunden habe, sagte: »Das nehme ich nicht auf mich, beim ersten Kind eine Steißlage normal zu entbinden. Das wird ein Kaiserschnitt.« Dabei blieb es dann. Danach ging es nur noch um die Art der Narkose und um den Termin.

Das hat mich sehr getroffen, denn ich hatte mir nicht nur die perfekte Mutterschaft, ich hatte mir auch die perfekte Geburt vorgestellt.

Vor dem Kaiserschnitt hatte ich genausoviel Angst wie vor einer spontanen Geburt. Und ich hatte das Gefühl: Ich bin schuld, daß es ein Kaiserschnitt wird.

Von meiner Geburtsvorbereiterin kam bloß der Hinweis, sie würde in der Gruppe nicht gerne über solche Dinge sprechen, um die anderen Frauen nicht zu ängstigen. Was mich natürlich noch ängstlicher machte. Es war schlimm.

Der Termin war festgesetzt. Drei Tage vor dem offiziellen Entbindungstermin sollte das Kind geholt werden. Zehn Tage vor dem Termin setzten die Wehen ein. Da war ich froh. Weil ich gedacht habe: So weiß ich wenigstens, was Wehen sind. Und: Das Kind bestimmt selbst den Zeitpunkt seiner Geburt. Das fand ich ganz toll. Nach acht Stunden Wehen bin ich mit meinem Mann ins Krankenhaus gefahren. Eine Hebamme nahm mich sehr liebevoll auf. Der Gynäkologe war nicht in der Klinik, und ich hörte, wie die Hebamme sich am Telefon mit ihm beratschlagte und sagte: »Das sehe ich überhaupt nicht ein, daß ich da ein wehenhemmendes Mittel geben soll. Es sind Wehen, das Kind kommt, und jetzt muß der Kaiserschnitt gemacht werden.« Er hatte keine Lust. Aber sie hat gesagt: »Wir holen das Kind heute.« Obwohl der OP-Plan sehr voll war.

Dann bin ich vorbereitet worden. Ich hatte mich vorher für die Vollnarkose entschieden, weil ich dachte, ich hielte es nervlich nicht durch, die Atmosphäre im Kreißsaal so zu erleben. Das Vertrauensverhältnis zu meinem Mann war zu der Zeit sehr gestört – er hatte das Kind nicht gewollt –, und deshalb wollte ich die Geburt allein machen. Möglichst wenig davon mitkriegen. Ich dachte: Ich bekomme eine Spritze, ich schlafe ein, und wenn ich aufwache, ist alles vorbei. Ich war nicht darauf vorbereitet worden, daß die Betäubung erst in allerletzter Sekunde gemacht wird. Alle äußeren Vorbereitungen werden bei vollem Bewußtsein getroffen. Du wirst auf den unbequemen, schmalen, harten Tisch gelegt, festgeschnallt, rasiert, es kommt ein Katheder in die Blase, die Bauchdecke wird desinfiziert. Das alles ist in ziemlicher Eile passiert, mir wurde keine Handreichung erklärt, mein Bauch wurde plötzlich eiskalt, und ich habe geschrien: »Was ist denn jetzt los?« Da sagte jemand: »Ihr Bauch wird desinfiziert.« Hätten sie mir ja eher sagen können.

Die Wehen waren sehr unangenehm zu dem Zeitpunkt. Gott sei Dank war die Anästhesistin einfühlsam. Sie hat meine Hand gehalten, mir ein bißchen Zuversicht gegeben. Ich habe vor Angst geschlottert. Es war so schrecklich, ich dachte: Ich möchte am liebsten sterben. Das will ich nicht aushalten. Die Wehenschmerzen, die kalte Atmosphäre, daß alle mich behandelten wie ein Ding. Das war schlimm. Ganz schlimm. Ich war froh, als ich merkte, daß die Narkose wirkte.

Als ich aufwachte, war ich nur Schmerz. Daran erinnere ich mich noch sehr gut. Alle Zellen meines Körpers taten weh. Als ich in mein Bett gelegt wurde, habe ich nur gejault, gewimmert und geschrien. Weil ich das Gefühl hatte, mein Bauch wird von Feuer zerfressen. So arg war der Wundschmerz.

Die Anästhesistin sagte zu mir: »Sie haben ein Mädchen bekommen.« Ich wollte gerne ein Mädchen haben, aber in dem Moment war mir das völlig wurscht. Es war mir auch egal, wo das Kind war. Wer es gerade hatte, ob es ihm gut ging, ob es gesund war. Ich war nur Schmerz. Und Ablehnung. Und ich bin dann auch gleich wieder eingeschlafen.

Mein Mann wartete im Kreißsaal, die Hebamme zeigte ihm das Kind. Sie badeten es gemeinsam und warteten, bis ich ins Zimmer geschoben wurde. Mein Mann stand da, noch in grüner OP-Kluft. Hatte was im Arm. Man sagte mir, das sei meine Tochter. Man legte sie mir in den Arm. Ich tastete und fand: Ein völlig breitgesessener Kopf. Weil sie wochenlang gegen das Zwerchfell gestoßen war, hatte sie einen dreieckigen Schädel. Ich habe gedacht: Kind, breiter Kopf. Meinen Mann sah ich irgendwo grün leuchten.

Ich wollte plötzlich alles wieder rückgängig machen. Mein Mann mußte mir das Kind wieder abnehmen, ich wollte nichts damit zu tun haben. Es hat Stunden gedauert, bis ich meine Tochter angukken konnte. Bis ich sie annehmen konnte. In den Abendstunden konnte ich sie endlich bewußt ansehen. Ich bat die Schwester, sie auszuziehen, damit ich sie ganz sehen konnte. Und dann fand ich sie wunderschön. Endlich kam auch das Gefühl: Das ist meine Tochter. Sie war so ein typisches Kaiserschnittbaby. Gar nicht zerknautscht. Rund, glatt und schier. Vier Stunden vorher war ein Baby geboren worden, auf normalem Wege, das war rot, knitterig und schief. Das war ein Riesenunterschied.

Auf die Schmerzen hinterher war ich nicht vorbereitet. Sie waren ganz anders, als ich mir vorgestellt hatte. Ich konnte mich nicht auf die Seite drehen, ohne das Gefühl zu haben, es zerreißt meinen Bauch. Ich konnte nicht aufstehen und mußte immer, wenn ich meine Tochter haben wollte, um Hilfe bitten. Ich habe mein Baby dadurch ganz viel in meinem Bett gehabt. Weil ich es ganz nah bei mir haben wollte.

Mir war gesagt worden, ich könnte nach dem Kaiserschnitt stillen. Das sei gar kein Problem. Ich wollte auch stillen. Nur nicht sofort. Ich hatte das Gefühl, ich müßte einmal durchgereinigt worden sein. Ich fühlte mich so voller Medikamente. Abends habe ich meine Tochter zum ersten Mal angelegt. Auch das war nicht so, wie ich gehört hatte. Es tat unheimlich weh. Wann und wie die Milch kam, darüber war ich genau informiert. Aber mir hatte keiner gesagt, daß das Kind beim Stillen mit den Füßen und dem Körper die Narbe berührt. Es waren doppelte Schmerzen, weil sich ja beim Stillen auch die Gebärmutter zusammenzieht. Ich weiß gar nicht, wie ich das hingekriegt habe, daß die Milch geflossen ist. Das finde ich im nachhinein ganz toll: daß ich meine Milch trotz der Schmerzen abgeben konnte.

Zu Hause war es schwierig, ich hatte Probleme mit der Narbe. Es hat Abszesse gegeben, und ich mußte oft zur Behandlung.

Meine Erwartungen waren natürlich alle im Eimer. Einmal durch die Geburtserfahrung. Und zu Hause zeigte sich, daß meine Tochter mitnichten glücklich schlief und sich nur von Zeit zu Zeit vor Hunger meldete. Alle zwei Stunden machte sie sich laut krähend bemerkbar. Mein Mann konnte das gar nicht begreifen, und von meiner Mutter kam: »Früher, als ihr klein wart, war das anders. Ihr seid alle vier Stunden gefüttert worden, und nach ganz kurzer Zeit habt ihr durchgeschlafen. Abends um zehn gab es die letzte Mahlzeit und morgens um sechs die erste. Und zwischendurch war Ruhe.« Das mußte ich einfach schlucken. Ich habe gedacht: Irgend etwas ist nicht in Ordnung. Mit mir nicht und auch mit meiner Tochter nicht. Mein Mann fühlte sich ständig gestört. Wir hatten nur eine ganz kleine Wohnung und schliefen alle drei in einem Zimmer. So daß ich, um ihn nicht noch mehr zu belasten, sowieso beim kleinsten Mucks aufgesprungen bin, das Kind aus dem Bett gerissen habe und ins Wohnzimmer geflüchtet bin. Damit der brummelnde Vater nicht noch saurer wurde. Im Wohnzimmer habe ich sie gestillt bis zum Überlaufen. Und wenn sie wieder schlief, habe ich sie zurückgebracht.

Nach fünf Wochen hatte meine Tochter einen Rhythmus gefunden, nach dem sie besser schlief. Das war aber nach drei oder vier Monaten wieder vorbei. Dann begann eine Zeit, in der sie tagsüber fröhlich und ausgeglichen war und durchaus nur alle vier oder fünf Stunden gestillt werden wollte. Nachts kam sie dafür jede halbe Stunde.

Ich war nur noch erschöpft. Ich war auch nicht mehr ich selber. Ich habe nur noch verschwommene Erinnerungen an diese Zeit. Ich habe nur noch funktioniert. Ich erinnere mich, daß ich irgendwann dazu übergegangen bin, lange Zettel zu schreiben. Um die Kleinigkeiten nicht zu vergessen, die ich zu erledigen hatte. Und mein Einkaufszettel fing immer an mit: Haare kämmen! Weil ich so was vergessen habe.

Ich bin manchmal auf die Straße gegangen, habe da einen Nachbarn getroffen, und der sagte: »Wie siehst du denn aus?« Dann war ich nicht gekämmt, hatte auf der Schulter alles vollgespuckt von dem Kind, weil ich das immer getragen habe. Und das war mir völlig egal. Hauptsache, das Nötigste funktionierte. Ich bin wie ein Geist durch den Alltag gewandelt. Ich hatte auch große Probleme, Sätze zu formulieren. Und wenn ich telefoniert habe, habe ich manchmal nicht mehr gewußt, wen ich angewählt hatte. Ich war oft gespannt, wer sich melden würde. Bei mir ging richtig der Verstand flöten. Das muß ich einfach so sagen. Das war bei mir übrigens bei jedem Kind so. Das Stillen hat mich immer dick und dumm gemacht. Ich habe mit viel Neid gehört, wenn Frauen mir sagten: »Durch das Stillen bin ich wieder schön dünn geworden.« Ich bin immer dick geblieben und dabei ganz blöd. Wie vernagelt. Das hat immer die ganze Stillzeit gedauert.

Für meine Partnerschaft war die Belastung durch die Schwangerschaft und die Zeit nach der Geburt zuviel. Ich war irgendwann so erschöpft, daß ich gesagt habe: »Ich will nichts mehr. Ich will keine Ehe mehr, ich will auch keine Paartherapie machen. Mach du irgendwas, ich will nur noch meine Ruhe haben.« Ich hatte immer das Gefühl, ich bin eine alleinstehende Mutter mit einem Neugeborenen und einem 30jährigen Kind. Wir haben uns dann bald für ein Jahr getrennt.

Bei vielen meiner Freundinnen, die vor mir Kinder bekommen haben, hatte ich mit Entsetzen gesehen, wie sie sich verwandelten. Ich habe mich da immer nach der Schuld der Frauen gefragt. Ich hatte ja den Anspruch, es muß alles funktionieren. Und wenn du Mutter bist, dann mußt du die perfekte Mutter sein. Und die perfekte Partnerin. Und wenn du berufstätig bist, mußt du außerdem im Beruf genauso funktionieren wie vorher. Wenn du das nicht leisten kannst, bist du nicht geeignet, Kinder in die Welt zu setzen. Also, mit welcher Arroganz ich geurteilt habe, das finde ich heute unfaßbar. Aber ich erlebe es jetzt, daß mir kinderlose Leute genauso begegnen. Auch wenn ich um Verständnis werbe. Und erkläre, wieviel Kraft es kostet, ein Kind zu haben. Ich glaube, es ist schwer zu verstehen, wenn man nicht mit kleinen Kindern gelebt hat.

Ich bin sehr bald nach der Geburt zum Rückbildungs-Yoga gegangen. Da hat sich schnell ein fester Kern von Frauen zusammengefunden. Unsere Kinder waren in einem Alter. Wir sind nach dem Yoga immer zu Dimitri gegangen, dem Griechen gegenüber. Da haben wir gesessen und über all diese Probleme geredet. Ich glaube, diese Abende in der Kneipe waren für mich genauso wichtig wie das Yoga. Da sind Groschen gefallen. Ich habe Mütter erlebt, die extrem überbehütend waren. Noch schlimmer als ich. Die mir bittere Vorwürfe machten, daß ich nach sechs Monaten wieder arbeiten ging und das Kind bei der Tagesmutter ließ. In der Auseinandersetzung mit diesen Frauen bin ich wieder realistisch geworden.

Auch das Berufsleben hat mich in die Realität zurückgebracht. Mir klargemacht, was ich leisten konnte. Durch die Berufstätigkeit habe ich angefangen, wieder an mich selbst zu denken. Ich hatte da ein Schlüsselerlebnis. Mein Mann war auf Geschäftsreise. Meine Tochter hatte wieder nächtelang geschrien. Da habe ich mir in der Apotheke diese fabelhaften Ohrstöpsel geholt, habe meinen Schlafsack genommen und habe zu meiner Tochter gesagt: »Paß auf, ich kann nicht mehr. Noch so eine Nacht, und ich breche zusammen. Du schläfst heute nacht, und wenn du nicht schläfst, hast du Pech gehabt.«

Ich habe mich ins Wohnzimmer gelegt mit meinem Schlafsack, habe alle Türen zugemacht, die ich zumachen konnte, bin abends um neun ins Bett gegangen und morgens um sieben wieder aufgewacht. Bin ins Kinderzimmer gestürzt, weil ich dachte, durch meinen Egoismus sei sie jetzt vielleicht tot, atme vielleicht nicht mehr. Ich fand sie friedlich schnarchend in ihrem Kinderbettchen. Sie sah ruhig und entspannt aus, keine Tränenreste, nichts zerwühlt. Ganz friedlich und glatt lag sie da und wurde eine halbe Stunde später vergnügt wach.

Beim zweiten Kind habe ich viel öfter gesagt: »Ich kann jetzt nicht kommen. Ich lese jetzt mit Julia ein Buch.« Dann mußte mein Sohn eben mal zehn Minuten schimpfen. Sein Geschrei hat mich nicht mehr in Panik versetzt.

Das dritte Kind war nicht geplant. Nach zweien fand ich: Es reicht, mehr schaffe ich nicht. Meine Mutter lag im Sterben, als ich wieder schwanger wurde. Ich war sehr nah an einer Abtreibung. Aber das wäre zuviel Tod gewesen. Mein Gynäkologe hat zu mir gesagt: »Sie haben nicht die Kraft, eine Abtreibung zu überstehen. Aber Sie haben sehr wohl die Kraft, ein drittes Kind großzuziehen.« Er hatte recht.

Beim zweiten und besonders beim dritten Kind war ich viel gelassener und souveräner. Zwar fühlte ich mich oft müde – was ich aber gut akzeptieren konnte als berufstätige Mutter von drei Kindern in problematischer Ehe lebend –, aber diese verzweifelte Erschöpfung wie beim ersten Kind kam nicht mehr vor. Ich habe gelernt, meine Kräfte einzuteilen und auch, meine Energie zu erhalten, durch Selbstdisziplin im Alltag, durch Yoga, Meditation und Sport. Mein drittes Kind betrachte ich als Geschenk.

»Ich hatte immer das Gefühl, zu kurz zu kommen.«

Renate *(38) ist Sozialpädagogin, verheiratet, und hat eine dreijährige Tochter.*

Kinder wünschte ich mir erst, als ich Konrad kennenlernte. Da war ich 33. Früher hatte das nie zur Diskussion gestanden. Ich war eine richtige Kneipentante. Bin abends sehr gerne weggegangen. Meine Freundinnen und ich, wir wollten nie Hausfrau und Mutter werden. Aber mit Konrad war alles anders. Da dachte ich: Von dem Mann, den ich liebe, ein Kind zu bekommen, das wäre das Größte.

Konrad ist 12 Jahre älter als ich und hat schon drei Kinder aus erster Ehe. Er sagte immer: »Du wirst schon sehen, ein Kind wird dich sehr verändern. Du wirst ganz schön angekettet sein.« Er konnte es mir aber nicht richtig vermitteln, ich hab's ihm nicht geglaubt. Ich war ja schon in vielen Gruppen, die mir geholfen haben, zu mir selbst zu finden. Vom Selbstbild her dachte ich: Du bist bestimmt eine Supermutter, die sich hingebungsvoll um ihr Kind kümmert.

Als ich endlich schwanger war, war ich überglücklich. Mir ging es super. Ich war fit und habe es genossen, ein Baby im Bauch zu haben. Die Schwangerschaft war eine sehr schöne Zeit für uns beide.

Die Geburt war weniger schön. Das lag am Krankenhaus. Ich hatte 15 Stunden Wehen, bis Laura endlich kam. In diesen 15 Stunden war ich ständig an irgendwelche Apparate angeschlossen, aber ohne menschliche Betreuung. Ich lag immer da und dachte: Mein Gott, die ganzen Entspannungsübungen, die ich gelernt habe, sind wie weggeflogen, kann mir denn keiner helfen? Sehr unangenehm fand ich, daß in der Gynäkologie vorwiegend Männer arbeiten, die ja das Geburtserlebnis nicht selbst durchlebt haben. Diese Klinikatmosphäre hat mich so deprimiert, daß ich aus Verzweiflung, weil

Konrad noch nicht da war, meine Mutter angerufen habe. Einfach, damit ein Mensch bei mir war.

Als Laura endlich auf meinem Bauch lag, überkam mich ein wahnsinniges Glücksgefühl. So wie ich das immer gelesen hatte. Ich legte sie sofort an. Die Ärzte belächelten mich dafür, was ich nicht verstand. Sie nahmen mir mein Kind ziemlich schnell weg.

Ich mußte im Krankenhaus einige Kämpfe durchstehen, damit ich mit meinem Kind umgehen konnte, wie ich es für richtig hielt. Zum Beispiel gaben die einfach die Flasche, obwohl ich stillen wollte und konnte.

Ich war froh, als ich endlich zu Hause war. Da bin ich so gut zurechtgekommen, daß ich nicht mal meine Nachsorgehebamme brauchte. Ich war glücklich und zufrieden mit Laura, ich hab' vor lauter Glück dauernd geheult. Mir ging's echt gut. Ich hatte nicht mal eine Wochenbettdepression. Aber alles drehte sich um 180 Grad, als ich drei Wochen zu Hause war.

Laura schrie immer mehr. Und sie spuckte immerzu. Kaum habe ich gestillt, hat sie gespuckt. Ich dachte: Was mach' ich nur mit dem Baby? Es muß doch was drinbleiben. Der Kinderarzt hat mich getröstet. Laura sei ein Speikind. »Speikinder – Gedeihkinder«. Alle haben mir gut zugeredet und gesagt: »Hab ein bißchen Geduld, es wird immer besser.« Aber bei Laura wurde es immer schlimmer. Sie hat immer mehr geschrien. Immer mehr gespuckt. Was habe ich dieses Kind umhergetragen! Irgendwann dachte ich dann: So ein Kind macht einen ja mehr fertig als der Beruf. Im Beruf hat alles ein Ende. Aber so ein Kind, das läßt sich ja nicht abstellen. Das gibt keine Ruhe. Du kannst die Tür nicht zumachen. Irgendwann verstand ich, daß Menschen sagen: »Ich könnte mein Kind an die Wand klatschen.« Wirklich, ich habe das gedacht.

Nachdem Laura ein halbes Jahr alt war, sind wir nach Norddeutschland in eine Kleinstadt gezogen. Ich mußte meine Stelle als Sozialpädagogin im Schuldienst kündigen. Ursprünglich hatte ich auf jeden Fall wieder arbeiten wollen.

In der Kleinstadt wurde es ganz schlimm: Auf der einen Seite

Laura, die zwar nicht mehr spuckte, aber ständig schrie und kaum schlief. Ich empfand sie inzwischen als äußerst fordernd. Andererseits kannte ich niemanden. Ich war mit dem Kind allein zu Hause. Ich habe nie geglaubt, daß mir mal die Decke auf den Kopf fallen würde. Aber da ist mir richtig zu Bewußtsein gekommen, wie sehr eine Mutter mit einem kleinen Kind isoliert ist. Da fingen meine Gedanken an: Ich kümmere mich ums Kind, ich kümmere mich um den Mann, ich mache den Haushalt. Und wo bleibe ich? Ich konnte morgens nicht in Ruhe duschen, ich hatte keinen, bei dem ich das Kind mal kurz lassen konnte. Verabreden konnte ich mich schon gar nicht. Kontakte ergeben sich ja auch nicht von heute auf morgen. Man sagt zwar, Mütter finden leichter Kontakt. Für mich stimmt das nicht. Es paßt einem ja nicht jede Frau, nur weil sie Mutter ist. Mir wurde immer mehr bewußt, daß ich auf der Strecke bleibe. Von dem Kind fühlte ich mich völlig vereinnahmt.

Der Prozeß hat sich dann verselbständigt. Je mehr das Kind mich forderte, desto mehr lehnte ich es ab. Je mehr ich es ablehnte, desto anhänglicher wurde es. Ich kam mir vor, als wäre ich nie mehr im Leben für mich. Immer, wenn ich mit mir selbst zu tun hatte, ließ sie mich nicht in Ruhe. Bis heute ist das so. Ein typisches Beispiel: Ich habe eine Verabredung. Da brauche ich Zeit für mich. Ich stehe vorm Kleiderschrank und überlege: Was ziehe ich an? Was tut mein Kind – es fängt an, den Kleiderschrank auszuräumen. Dann will ich mich schminken. Das Kind wuselt in meinen Kosmetiksachen herum. Je mehr sie merkt, sie ist jetzt nicht dran, desto zudringlicher wird sie. Meine innere Ruhe geht flöten. Ich werde ungehalten. Mir geht das über die Hutschnur. Ich bin fertig. Ich fange an zu heulen. Danach sehe ich natürlich aus wie ein unglücklicher Kater, dann mag ich auch nicht mehr weggehen. Aggressionen kommen hoch gegen das Kind, und ich schreie es an: »Deinetwegen komme ich zu nichts mehr, ewig hängst du an mir rum.«

Ich heule oft. Immer, wenn ich das Gefühl habe, Laura hat mir wieder alles verpatzt. Dabei richte ich mich doch schon ständig nach ihr. Immer bemühe ich mich, zuerst das Kind zufriedenzustellen.

Ich denke oft ziemlich verzweifelt: Ich gebe dem Kind alles, was ich habe. Trotzdem ist sie nicht zufrieden. Mehr kann ich ihr aber nicht geben, mehr habe ich nicht.

Heute sage ich manchmal: »Wenn ich das gewußt hätte, dann hätte ich auf ein Kind verzichtet.« Mein Selbstbild von der Supermutter ist immer mehr abgebröckelt. Ich habe festgestellt, daß ich das gar nicht bin. Daß es mir auf den Geist geht, dauernd mit dem Kind zusammen zu sein. Die Supermutter ist eben eine Wunschvorstellung. Du hast 'ne Illusion, bildest dir alles mögliche ein, und hinterher schaut es ganz anders aus. Meine früheren Freunde hatten gesagt: »Die und ein Kind, das gibt's doch gar nicht!« Die haben mich wohl besser gekannt als ich mich selbst.

Natürlich habe ich Laura lieb, und wir erleben auch schöne Stunden. Nur, es ist mir insgesamt zuviel. Und viel zu einseitig. Wenn ich zum Beispiel einen ganz normalen Tagesablauf nehme. Total unbefriedigend: Um sechs Uhr wird das Kind wach und steht auf. Dann kommt sie an mein Bett und rüttelt mich wach. Sie läßt mir keine Ruhe, bis ich's leid bin und sage: »Na gut, dann steh' ich eben auf.« Das stinkt mir. Aber wenn ich mit anderen Müttern drüber sprechen will, bekomme ich nur zu hören: »Kinder reißen einen immer aus dem Schlaf, das ist nichts Besonderes. Wieso soll's dir bessergehen als anderen?« Na gut, der Vormittag geht dann weg wie nichts. Ich müßte in der Stadt Besorgungen machen. Aber Laura ist quengelig. Ich denke also: Was sollst du das Kind mit in die Stadt schleppen? Da wird es ja noch quengeliger. – Also tu' ich erst mal, was dem Kind gefällt, weil ich mir sage: Ist das Kind erst zufrieden, dann wird es sicher besser. Also fahren wir Dreirad, das heißt sie fährt, und ich tigere wie ein Dackel hinterher. Hat ihr Spaß gemacht. Wir also nach Hause, ich will noch schnell aufräumen und Blumen schneiden. Aber das Kind läßt mich nicht in Ruhe. Bis die Grenze erreicht ist. Dann schimpfe ich, und sie kriegt 'nen Klaps auf den Hintern. Ich wollte mein Kind nie schlagen. Aber als Mutter mußt du dein Wesen ändern. Ich war nie ein strenger Mensch, immer liebevoll und zärtlich. Und jetzt muß ich Sachen machen, die mir total widerstreben. Einfach um mich ein Stück weit zu schützen. Manchmal füttere ich sie auch mit Gummibärchen ab, damit sie mal fünf Minuten ruhig ist.

Also gut, es geht auf Mittag zu. Ich sag': »Los, jetzt kochen wir was.« Ich koche extra was, wo sie mitmachen kann. Bevor sie da war, hab' ich mir zum Beispiel vorgestellt: Wenn ich mal zu Hause bin, werde ich immer wunderbar kochen. Ich koche nämlich wahnsinnig gerne. Ich schneide mir immer alle möglichen tollen Menüvorschläge aus. Aber mit dem Kind kann ich die gar nicht machen. Haute cuisine kochen ist ja Konzentrationssache. Heute bin ich froh, wenn ich das Nötigste auf den Tisch kriege.

Der Mittag ist dann um. Ich bin zu nichts gekommen. Nach dem Essen schläft sie endlich. So daß ich mich fertig machen kann. Wir fahren in die Stadt. Als wir zurückkommen, ist Konrad da. Er fragt: »Wie war dein Tag?« – »Furchtbar«, sage ich.

Dann kommt der Abend. Ich würde mich am liebsten an Konrad kuscheln und meine Ruhe haben. Aber das Kind will nicht alleine ins Bett. Ein Miteinander ohne Kind ist gar nicht mehr möglich. Oft liegt sie noch mit in unserem Bett. Wenn sie endlich schläft, bin ich auch todmüde. So geht der Tag zu Ende. Was habe ich gemacht? In erster Linie mein Kind zufriedengestellt.

Das ist die Welt der Mütter. Die totale Fixierung aufs Kind. Das Kind wird zum Lebensinhalt. So bin ich erzogen. Erst kommt das Kind, dann der Mann, dann erst die Arbeit. Ich suche jetzt wieder Arbeit. Halbtags. Aussichtslos. Ich habe mich schon x-mal vorgestellt. Halbtagsstellen werden nicht vergeben. Meinen Eltern darf ich gar nicht erzählen, daß ich mit dem Kind wieder arbeiten will. Die finden das unmöglich. Solange ich zu Hause bin, bringe ich es aber nicht fertig, mir eine Putzfrau oder eine Tagesmutter zu nehmen. Ich habe einfach den Anspruch, als Hausfrau und Mutter sei alles meine Aufgabe.

Ich will mal wieder ich sein. Machen können, was ich will. Es würde sich sicher vieles ändern, wenn ich den halben Tag berufstätig und von zu Hause weg wär'. Aber das ist ja das Mutterbild in unserer Gesellschaft: Du mußt zu Hause beim Kind sein, ob du versauerst oder nicht! Früher war mein Selbstbild über Freundeskreis und Beruf definiert. Plötzlich ist der Beruf weg, Partner und Kind bleiben. Das ist der totale Umbruch. Die wenigsten Frauen können sich das vorher vorstellen. Die denken: Dann nehme ich mein Kind einfach überall mit hin und mache weiter wie vorher.

»Ich hätte nie gedacht, daß mich das Kind so fordern würde.«

Sabine *(32) ist Grafikerin (zur Zeit im Mutterschaftsurlaub). Sie ist verheiratet und hat einen elfmonatigen Sohn.*

Die Geburt hat bei mir zwei Tage gedauert. Es war sehr anstrengend und ging so schleppend, daß der Oberarzt schließlich meinte, er müsse schneiden und die Zange nehmen. Zusätzlich zum Schnitt bin ich dann noch zweimal gerissen. Als mein Sohn endlich da war, bekam ich ihn nur ganz kurz auf den Bauch gelegt, so daß ich ihn kaum ansehen konnte. Dann wurde er mir weggenommen, und das Nähen ging los.

Ich habe sofort gemerkt, es gab Unstimmigkeiten zwischen Oberarzt und Ärztin. Die saßen ja genau vor mir, und ich konnte sie direkt ansehen. Sie schauten sich an und hatten einen Wortwechsel. »Nee, so geht das nicht, das müßte man ganz anders machen.« »Nein, laß mich mal.« Das war eine sehr unangenehme Situation für mich. Genäht hat jedenfalls der Oberarzt. Und zwar nicht jede Hautschicht für sich, sondern in einem durch, wie ich später erfuhr.

Dementsprechend war auch mein Gefühl. Es war von Anfang an so eine komische Spannung da. Ich hatte sehr starke Schmerzen. Aber ich dachte: Die mußt du aushalten, es geht allen so. – Andererseits hatte ich das Gefühl, da stimmt was nicht. Ich fühlte mich nicht in Ordnung. Ich fühlte mich verstümmelt. Mißhandelt durch den Schnitt. Und ich dachte: Das kann doch nicht normal sein. Aber eben auch: Stell dich nicht so an. Ich habe mich dann beruhigt: Warte ein paar Tage ab. Man wird ja sehen, ob es in Ordnung ist.

Im Krankenhaus hat sich keiner um den Schnitt gekümmert. Nach fünf Tagen wurde ich entlassen. Ich wunderte mich, daß die Naht nicht noch mal untersucht wurde. Mein Gefühl, was den Schnitt anging, war nicht besser geworden. Ich fragte eine Schwester, und die sagte: »Das machen wir, kurz bevor Sie gehen.« Die Zeit war so knapp, ich hatte schon gepackt.

Ein Arzt sah sich meine Dammnaht an und sagte nichts. Ich fragte ihn, was er von der Naht hielte. Er sagte: »Wenn Sie mich so fragen, ich würde sie wieder aufmachen. Aber ich weiß nicht, ob ich es darf.« Dann wurde der Oberarzt gerufen, der die Naht gemacht hatte. Er kam rein und wie es so seine Art war, sagte er locker: »Das ist eine Supernaht. In ein, zwei Tagen sind die Knoten weg. Toll, eine Supernaht.« Ja, dachte ich, wenn er das so sagt, dann muß es ja wenigstens Durchschnitt sein – ein paar Abstriche mache ich immer. »Super« – das habe ich ihm natürlich nicht geglaubt. Zu Hause war ich erst mal froh, überhaupt meine eigenen vier Wände um mich zu haben.

Einen Tag später kam die Nachsorgehebamme. Sie sah dann gleich die Bescherung: Die Naht war aufgegangen. Einen Tag, nachdem der Oberarzt gesagt hatte: eine Supernaht. Ich mußte vier Wochen stramm liegen. Es wurde nicht noch mal genäht. Es mußte so zusammenwachsen. Das hat mich doch sehr gewundert. Aber auch andere Frauenärzte haben mir später gesagt, da könne man nichts machen. Das sei normal so. Ich finde das nicht normal.

Ich konnte nicht laufen, nicht sitzen, nichts. Nicht mal die einfachsten Sachen im Haushalt erledigen. Ich mußte stillen, deshalb mußte ich vernünftig essen. Niemand machte mir was. Ich selbst konnte mir nichts machen. Ich mußte funktionieren, aber wenn man liegen muß, funktioniert das Drumherum nicht. Lediglich zweimal die Woche kam eine Haushaltshilfe.

Acht Monate habe ich mich mit diesen Damm-Problemen herumgeschlagen. Acht Monate lang hatte ich starke Schmerzen und Schwierigkeiten beim Verkehr. Jetzt, nach elf Monaten, ist das tatsächlich gut zusammengewachsen und verheilt. Aber das war eine schlimme Zeit, und ich glaube nicht, daß das so normal ist, wie die Ärzte behaupten.

Das alles erschwerte natürlich die Situation, mutterseelenallein und isoliert mit dem Baby zu Hause zu sein. Mein Mann arbeitet in einer anderen Stadt, er ist in der Woche nicht da. Ich hatte mir nicht träumen lassen, daß das Kind mich so fordern würde. Ich bin in meinem ganzen Leben noch nicht so gefordert worden. Auch nicht in meinem Beruf. Das hatte ich nicht erwartet. Mein Sohn hat mich zeitlich total in Anspruch genommen.

Ich hatte immer die Vorstellung, kleine Kinder schlafen viel. Ich hatte mir das Muttersein überhaupt romantischer vorgestellt. Mit mehr Muße, mit mehr Gedankenfreiheit.

Mein Sohn hat von Anfang an wenig geschlafen. Ich konnte mir das nie erklären. Aber durch Gespräche mit anderen habe ich dann erfahren, daß es sehr verschieden ist. Manche Babys schlafen, andere wieder nicht, alles ist möglich. Aber selbst wenn er mal schlief, hatte ich meine Gedanken nie frei: Meine Gedanken waren immer beim Kind, den ganzen Tag. An Muße war gar nicht zu denken. Als Mutter hat man sehr schnell den Babystundenplan im Kopf, und danach lebt man. So ein richtig harter Tagesablauf mit Terminen. Er muß gewickelt werden, dann hat er Hunger, die Windel hält drei Stunden vor. Dazwischen ist das Schläfchen dran, sonst wird er quengelig. Egal, wo man ist, was man macht, das Baby hat immer um eine bestimmte Zeit bestimmte Bedürfnisse. Und wenn ich nur mal ins Café gehen und ein Stück Kuchen essen will, muß ich mir genau überlegen, um wieviel Uhr ist es günstig? Hat er dann geschlafen? Ist er satt? Ist die Windel frisch? Diese Termine muß ich immer alle im Auge behalten. Nur dann kann ich mit ihm was unternehmen. Ich weiß, wann er voraussichtlich mal eine Stunde nicht quengeln wird. Oder ich weiß, wenn wir jetzt rausgehen, dann wird er ziemlich unerträglich werden, denn er bekommt bald Hunger und wird deshalb ungenießbar. Dadurch war ich anfangs total fixiert auf das Kind.

Mein Mann hatte diese Termine überhaupt nicht im Kopf, der wollte immer munter etwas unternehmen. Ich mußte ständig sagen: »Das geht jetzt nicht. In einer halben Stunde ist er wieder dran mit Essen, und dann muß er schlafen.«

Es gab natürlich auch jede Menge schöne Stunden. Wenn er ruhig und schmusig war, wenn er Laute von sich gab, und ich mich innerlich ganz auf ihn eingestellt hatte. Das waren wunderschöne Momente. Schön finde ich auch, und das ist natürlich das Wesentliche, zu sehen, wie er sich entwickelt. Daß er sich dauernd entwickelt, daß sich dauernd was ändert. Babys machen ja alles rein gefühlsmäßig. Die lassen sich nicht beeinflussen, die machen, was sie machen müssen. Und es ist schön zu sehen, wenn ein Mensch nur macht, wonach ihm zumute ist.

Aber es gibt kein Abschalten. Abschalten ist einfach nicht drin. Man ist vorher nicht drauf eingerichtet, daß das Baby den Tagesablauf so sehr bestimmt. Früher gab es Großfamilien. Heute bin nur ich die Familie, und das ist zu wenig Umfeld, zu wenig Unterstützung, zu wenig Hilfe drumherum. Man muß sich Hilfe herbeiholen, erjagen, erkaufen, und das ist sehr anstrengend.

Als Mutter bin ich nicht nur gedanklich gebunden, ich muß auch immer präsent sein, man kann sich nicht auf andere verlassen, und da hat man ganz schön dran zu tragen.

Mein Mann hat mir sehr früh gesagt, ich müßte versuchen, mir Hilfen zu schaffen, um auch alleine was zu machen. Er hat mir sogar eine Haushaltshilfe vorgeschlagen, aber das fand ich übertrieben.

Ich bin heute noch dabei, mir Hilfen zu suchen. Eine gewisse Unterstützung habe ich durch meine Schwiegereltern und meine Eltern. In der Anfangszeit war das aber auch mit mehr Arbeit verbunden. Weil ich alles vorbereiten und nachbereiten mußte. Wenn ich dann mal eine Stunde für mich hatte, war da immer das Gefühl: Die mußt du jetzt nutzen, nicht mit Kaffeetrinken verplempern, sondern mit Muße nutzen. – Das geht aber irgendwie nicht. Denn die Muße stellt sich nicht plötzlich für eine Stunde ein. Und man hat auch nicht gleich die tollsten Gedanken, man ist ja noch bei dem Kleinen. Also in dieser Stunde die tollen Sachen für mich machen, das klappte nicht. Insofern waren die Stunden für mich wohl wichtig, später habe ich sie einfach genutzt, um mal in Ruhe zu überlegen. Aber das Gefühl: Jetzt kannst du mal richtig was für dich tun – das hatte ich nicht.

In der Beziehung gab es Probleme, die es vorher nicht gab. Einfach schon dadurch, daß mein Mann die ganze Woche weg war. Ich mußte alles alleine machen, und das hat mich ziemlich genervt. Er mußte sein Leben kaum ändern, das ging so weiter. Er hat in der Anfangszeit einen Tag mehr freigenommen, das war alles. Das ist für mich ein Problem, weil ich nicht weiß, wie ich ihn dazu motivieren kann, daß er sich mehr einbringt. In unserer Gesellschaft ist es ja so: Eine beruflich engagierte Mutter ist trotzdem hauptsächlich eine Mutter, und ein beruflich engagierter Vater ist hauptsächlich beruflich engagiert. Ich weiß gar nicht, wie sich das ändern soll. Die ganze Verantwortung bleibt an der Frau hängen. Natürlich kann man nicht einfach wieder die Großfamilie einführen, die Zeiten sind ja ganz anders.

Ich frage mich, warum ist das eigentlich so? Warum müssen wir Frauen alles alleine machen? Meine Überzeugung ist, man müßte die Männer mehr beteiligen. Ich sehe den einzigen Weg bei den Männern. Es muß von ihnen kommen. Aber daß Männer zu Hause richtig mitziehen, das sind doch Einzelfälle.

Für die Männer ist es ja auch sehr schwierig, beruflich eine Änderung herbeizuführen. Ein Mann, der im Job sagt: »Ich muß gehen, ich muß mein Kind abholen«, der hat effektiv weniger Chancen in bestimmten Berufen. Das ist ein Problem, was wohl erst mal noch so bleibt.

Mein Mann meint, daß ich mir mit diesen Ansichten alles noch viel schwerer mache. Damit hat er recht. Wenn man etwas ändern will – und es muß sich etwas ändern –, dann hat man es halt schwer. In der kurzen Zeit, in der mein Mann da ist, kümmert er sich viel um unseren Sohn. Das ist in Ordnung. Darüber bin ich auch ganz glücklich. Mein Mann wechselt nach dem nächsten Urlaub die Firma. Dann ist er auch in der Woche hier, und ich hoffe, es wird einiges anders.

Ich habe versucht, Kontakte zu Gleichgesinnten zu knüpfen. Das ist gar nicht so einfach. Mich wundert das sehr. Ich wohne mitten in der Stadt, und ich sehe hier so viele Frauen mit Kinderwagen.

Ich hatte anfangs ein unglaubliches Bedürfnis, wenigstens stundenweise loszukommen. Und es geht ja vielen Frauen ähnlich. Aber es ist sehr schwierig, jemanden zu finden, der auch das Anliegen hat, und dann mal gegenseitig die Babys zu hüten. Es muß wohl eine Barriere geben, für ein oder zwei Stunden ein fremdes Baby zu nehmen. Ich weiß nicht, woran es liegt. Ich habe mich mal mit einer Frau getroffen, weil wir das Babysitten in Angriff nehmen wollten. Am Telefon kamen wir gut miteinander klar. Aber irgendwie brach das wieder ab. Wahrscheinlich hatte ich ein sehr viel stärkeres Bedürfnis als sie, weil mein Mann nicht da war und ich auch für abends niemanden hatte. Viele haben ja wenigstens abends, wenn der Mann da ist, eine Stunde Zeit, aus dem Haus zu gehen. Bei der anderen Frau war das Bedürfnis vielleicht nicht so groß.

Ich habe jetzt endlich eine private Krabbelgruppe gefunden. Das finde ich sehr schön. Wir treffen uns regelmäßig einmal die Woche. Immer die gleichen Frauen, und jede nimmt das sehr ernst. Wir haben das Ziel, dahin zu kommen, daß wir unsere Babys mal gegenseitig hüten können. So eine Gruppe ist schon eine Entlastung. Wir tauschen auch unsere Probleme aus.

Einmal die Woche habe ich jetzt einen Babysitter. Für zwei bis drei Stunden. Ich gehe aus dem Haus, ich kann eine Ausstellung besuchen, in Ruhe für mich sein. Auch das zu organisieren, ist mir schwergefallen. Schon, einen Babysitter zu suchen. Die Frage, ob es der richtige ist. Man investiert immer so ungeheuer viel Zeit. Man hat Gespräche. Man probiert, ob es geht. Ich hatte erst eine Frau, mit der ging es nicht. Jetzt habe ich eine, mit der es einigermaßen klappt. Aber noch nicht so gut, daß ich hundertprozentig abschalten könnte. Wenn ich wiederkomme, schreit mein Sohn. Und dann schreit er schon seit einer halben Stunde. Das ist alles ganz schön schwierig für mich.

»Mutter-Werden ist ein langer Lernprozeß.«

Sat Hari Kaur *(32) ist Yogalehrerin und Geburtsvorbereiterin. Sie ist verheiratet und hat zwei Kinder.*

Was bedeutet es, sich aufs Muttersein vorzubereiten?

Sich auf Muttersein vorbereiten heißt: sich erstens um ein realistisches Mutterbild bemühen. Viele Frauen sehen die Mutterschaft verklärt und voller Illusionen. Es heißt zweitens: Bedingungen schaffen, die es leichter machen, in die Mutterrolle hineinzuwachsen.

Welches sind die häufigsten Illusionen, die Frauen sich machen?

Viele Frauen wollen ein Kind, weil sie sich nicht ganz fühlen. Sie glauben, nur der biologische Prozeß, Mutter zu werden, rechtfertige ihr Dasein als Frau. Eine Frau kann sich aber sehr gut ohne Kind verwirklichen.

Viele denken auch, wenn sie vom Mutter-Werden reden, nur an Schwangerschaft und Gebären. In der Schwangerschaft fühlen sie sich erfüllt und gut. Wenn das Kind da ist, bricht eine Welt zusammen.

Viele Frauen glauben, nur ein Kind gebe dem Leben einen Sinn.

Jede Frau sollte sich darüber klarwerden, warum sie ein Kind haben will. Will sie einen Mann halten? Eine brüchige Beziehung retten? Ein Kind als Krönung des gemeinsamen Glücks, nachdem ein Haus gebaut und Karriere gemacht ist? Oder möchte sie ihren Beruf aufgeben? Vielleicht denkt sie: Endlich werde ich für jemanden wichtig sein, ich werde nicht mehr einsam sein. Oder eben: Das Kind wird meinem Leben einen Sinn geben. Diese Frauen sind dann enttäuscht, wenn das Kind da ist, weil sie feststellen, es erfüllt ihre Wünsche nicht. Kinder sind nicht ruhig, artig, bescheiden, angepaßt, sauber, fleißig, problemlos, dankbar und rücksichtsvoll. Mit dem Kind kommt kein stillvergnügt vor sich hin schnullerndes Wesen zu uns, das rosig dreinlächelt, wenn wir ihm die Windeln wechseln und sein Breichen kochen.

Was erwartet uns mit Kindern?

Ein Kind hat alle Aspekte, die ein Erwachsener auch hat. Die meisten Kinder sind fordernde Kinder, besser gesagt, lebendige Kinder. Wir empfinden ihre Lebendigkeit als fordernd. Natürlich gibt es Kinder, die weniger Lebensenergie haben. Die sind dann ruhiger. Aber das ist nicht die Norm.

Fürs Kind ist es eine Selbstverständlichkeit, daß man bedingungslos für es da ist. Es nimmt keine Rücksicht und sieht auch keinen Grund, dankbar zu sein. Je mehr du dich zurückziehst, desto mehr fordert es. Kinder werden unsicher, wenn man sich zurückzieht, denn sie sehen es als ihr Geburtsrecht an, daß Vater, Mutter, die ganze Welt, für es da sind. Deshalb sind Kinder nicht unartig. Sie wissen einfach nicht, wie die Welt funktioniert. Das müssen sie erst lernen, und dabei müssen wir sie unterstützen.

Was bedeutet dann Mutter-Werden?

Mutter-Werden, das ist der Schritt von dem, der etwas bekommt, zu dem, der gibt. Geben, ohne zurückzuverlangen. Mit dem Kind kommt ein Wesen zu dir, das viel hilfloser ist als ein Tierbaby. Die Mutter leiht ihm Arme, Beine, ist sein Sprachrohr, gibt dem Baby ihre Milch. Die Mutter muß da sein für ein Wesen, das sie 24 Stunden am Tag fordert. Das ist Knochenarbeit, und sie bekommt weder gesellschaftliche Anerkennung noch Achtung dafür. Mütter führen ein unscheinbares hartes Dasein in unserer Gesellschaft.

Man sagt oft: »Das verstehst du erst, wenn du selbst ein Kind hast.« Müssen wir erst Kinder kriegen, um Mütter zu verstehen?

Eigene Erfahrungen sind natürlich nicht zu ersetzen. Wer aber ohne rosarote Brille beobachtet und sich mit offenen Augen und Ohren hinsetzt, kann eine Menge mitbekommen. Als mein erster Sohn geboren war, haben mich zwei Freundinnen rund um die Uhr betreut. Die eine hat hinterher gesagt: »Gut, daß ich das gemacht habe, ich will erst mal kein Kind haben.«

Frauen, die ein Baby haben wollen, sollten viel mit Müttern und Säuglingen zusammenkommen. Sich regelrecht mit Muttersein konfrontieren. Mit Müttern ehrlich über ihre Situation reden. Einer Mutter anbieten, ihr zu helfen. Babysitten. Bei der Schwester oder Freundin mit Baby eine Weile wohnen, um die Situation kennenzulernen.

Mit den eigenen Eltern sprechen, wie es für sie mit den Kindern war. Bevor man sich für ein Baby entscheidet, sollte man sich, so gut es geht, darüber informieren, was auf einen zukommt. Nicht einfach ins kalte Wasser springen.

Wie können Frauen sich das Hineinwachsen in ihre Mutterrolle erleichtern?

Eine Frau sollte sich für die Zeit nach der Geburt Helfer organisieren: Freundinnen, Bekannte, Verwandte, Leute, die sie gern um sich hat und die ihr beistehen. Sie soll nicht versuchen, die Rollen von früher gleich wieder aufzunehmen: Hausfrau, attraktive Partnerin, Geliebte des Mannes. Das ist zuviel. Der ganze Haushalt sollte von anderen erledigt werden. In den ersten Wochen nach der Geburt muß die Mutter die Chance haben, sich zu erholen und ihr Baby kennenzulernen. Sie sollte sich nur Zeit für sich und ihr Baby nehmen. Lesen, schlafen, ausruhen. Wenn sie will, den ganzen Tag im Bett verbringen. Einfach nur sie selbst sein. Ich habe festgestellt, daß Frauen, die das so machen, sehr viel besser in ihre Mutterrolle hineinwachsen. Daß sie eine sehr viel bessere Ausgangsbasis für später haben.

Man trifft wenige wirklich zufriedene Mütter...

...und es gibt viele gequälte Kinderseelen. Unzufriedene Mütter neigen dazu, ihre Kinder für ihre Enttäuschung verantwortlich zu machen. Wir kennen das: Du bringst mich noch mal ins Grab! Du bist schuld an meinem verpfuschten Leben! Du bist ganz anders, als ich mir vorgestellt habe! Du bist nicht richtig, so wie du bist! In Wirklichkeit meinen Mütter nicht ihre Kinder, sondern ihre unbefriedigende Situation, die sie sich vorher so anders vorgestellt hatten.

Und wie können wir zufriedene Mütter werden?

Mütter müssen mehr für sich tun. Wer unter falschen Voraussetzungen Mutter geworden ist, muß Abschied nehmen von seinen Idealvorstellungen. Und lernen, sich damit nicht schlecht zu fühlen. Wir müssen auch Gedanken zulassen, die nicht so schön sind, wie: Mein Kind geht mir auf die Nerven. Und dann aber nicht brutal werden dem Kind gegenüber, sondern sich fragen: Was kann ich tun, daß das Leben mit dem Kind erträglicher wird? Es ist ein schwerer Lernprozeß, das Wesen, das zu einem gekommen ist, zu respektieren als vollständiges Wesen. Ihm helfen, sich weiterzuentwickeln. Nicht die Achtung verlieren vor seinem Kind, es unterstützen, auf der Erde seinen Weg zu gehen. Aber sich nicht aufopfern, nicht sich selbst dabei aufgeben. Im Gegenteil: Mütter sollten mehr tun, was ihnen Spaß macht. Ein- bis zweimal die Woche etwas Schönes unternehmen. Dafür sorgen, daß es ihnen gutgeht, auch in ihrer Beziehung zum Partner. Manchmal braucht das ganz bewußte Schritte, denn die Müdigkeit ist groß. Vielleicht reicht für den Anfang ein kleiner Spaziergang ohne das Baby. Eine Nachbarin kann vielleicht kurz aufpassen. Diese Zeit gehört jedoch ganz dem Paar. Daß es den Eltern gutgeht, ist der Boden, auf dem unsere Kinder gedeihen können.

Wie sieht eine realistische Geburtsvorbereitung aus?

Schwangere und ihre Partner haben meist eine sehr romantische Vorstellung über das Leben mit dem Baby. Eine Romanze ist nicht die Realität. Aber niemand will sich die Romanze nehmen lassen. Noch weniger, wenn es kein Zurück mehr gibt. Für die Schwangere gibt es kein Zurück. Deshalb hat sie einen Selbstschutzmechanismus entwickelt: Wird die Aufklärung zu massiv, schaltet sie ab. Oder sie wird aggressiv. Für die Geburtsvorbereiterin ist das nicht einfach. Viele Vorbereiterinnen schwimmen auf der romantischen Welle mit. Andere geben mechanische (technische) Erklärungen über den Geburtsvorgang. Oder es werden nur gymnastische Übungen gemacht. Der beste Weg ist, die Frauen behutsam auf die Realität vorzubereiten. Raum geben für Probleme und Ängste, die in der Schwangerschaft schon da sind. Damit die Eltern lernen, Probleme offen auszusprechen. Und merken: Sie stehen damit nicht alleine da. Vielleicht ist da eine Frau, die sich seit Jahren ein Kind wünscht und nun endlich schwanger ist. Trotzdem ist sie nicht glücklich. Sie merkt jetzt, daß der Beruf ihr viel bedeutet. Das macht ihr Probleme. Wie erleichternd ist es da, Frauen zu treffen, denen es ähnlich geht. Wie gut, wenn die Fassade von »eitel Sonnenschein« ein wenig bröckeln darf. Und die Erfahrung gemacht wird: Mein Problem ist normal, ich bin nicht allein. So wird eine Vertrauensbasis geschaffen, und die Geburtsvorbereiterin kann allmählich auch über die »schweren Geburtsthemen« sprechen: Wie es zu Geburtskomplikationen kommen kann. Daß Wehen schmerzen, und das überwältigend stark.

Ich spreche immer auch über die Zeit nach der Geburt. Froh bin ich immer, wenn es in einem Kurs schon erfahrene Eltern gibt, die von sich und der ersten Zeit mit dem Kind erzählen. Wenn Eltern selbst Tips und Erfahrungen weitergeben, wird das eher angenommen.

IX.

DEN EIGENEN GEFÜHLEN VERTRAUEN

»Ich habe versucht, so nah wie möglich bei mir selbst zu bleiben.«

Anna *(29) ist Hausfrau, verheiratet, und hat zwei Söhne und drei Töchter (zwei, vier, sechs, acht und zehn Jahre).*

Ich wollte immer Kinder haben. Mein erstes bekam ich mit 20. Wenn man mit 20 ein Kind bekommt, ist der Horizont natürlich ein anderer als mit 30. Gedanken an Ängste oder Schwierigkeiten gab es bei mir nicht. Unterm Muttersein habe ich mir vorher nichts vorgestellt. Ich habe das einfach auf mich zukommen lassen. Wir haben nie geplant. Eher im Gegenteil. Es sind alles unverhoffte Kinder, die ich bekommen habe. Ein Kind trotz Pille, ein Spiralen-Kind...

Das erste Kind brachte die größte Veränderung. Damals, es ist jetzt zehn Jahre her, bekam man überhaupt nicht gezeigt, wie man mit dem Neugeborenen umgehen kann. Nicht mal, wie man es wikkelt. Man wurde total alleingelassen. Nach dem Motto: Du findest schon jemanden, der es dir beibringt. Daß man dann in ein Loch fällt, ist doch ganz normal. Man muß alles völlig neu lernen. Alles Bekannte, Vertraute ist weg, und plötzlich stehst du vor einer so unglaublich neuen Aufgabe, daß du erst mal total fertig bist und in dir zusammensackst.

Ich muß sagen, ich war fix und fertig. Allein der Vorgang der Geburt war so wahnsinnig anstrengend, daß ich mir wie durch die Mangel gedreht vorkam. Das Krankenhaus gab mir noch einigermaßen Sicherheit, aber zu Hause fühlte ich mich unheimlich alleingelassen. Als ich schließlich am ersten Abend erschöpft in meinem Bett lag, hatte ich das Gefühl: Ihr könnt mich alle mal. Selbst, wenn der Säugling etwas gewollt hätte, es wär' mir egal gewesen. Irgendwelche tollen Muttergefühle waren da nicht. Ich war nur müde, kaputt und hilflos, unheimlich hilflos.

Im ersten Jahr bist du ja gewissermaßen Sklave deines Kindes, das ist einfach so. Du mußt rund um die Uhr Bedürfnisse befriedigen. Du kannst deinem Kind nicht sagen, mach das mal selber. Du kannst wirklich nur direkt was fürs Kind tun und fertig. Mir war klar: Das gehört dazu, das ist jetzt eben so. Ich glaube, dadurch habe ich das ganz gut geschafft.

Ich kenne viele Frauen, die werden allzu bewußt Mutter. Die lesen tausend Bücher und machen aus dem Kinderkriegen eine Wissenschaft. Das hat dann nichts Normales mehr. Dieses einfach Weitergehen im Leben: Da kommt eben ein Kind dazu, aber trotzdem geht es ganz normal weiter. Diese Frauen stellen sich dann schnell selbst in Frage, wenn etwas anders läuft, als in den Büchern steht. Das habe ich nie gemacht. Ich habe mich auch in den schwierigsten Situationen nicht selbst in Frage gestellt.

Im Augenblick durchlebe ich eine schwierige Situation, weil mein zweiter Sohn eine Therapie machen muß. Der hat ein ganz merkwürdiges, schiefes Selbstbild. Er ist nicht in der Lage, verbal Konflikte zu lösen. Ich überlege mir da natürlich: Was ist schiefgelaufen? Wo hätte ich was anders machen müssen? Aber ich denke, es ist viel wichtiger, zu überlegen, was wir tun müssen, um ihm da rauszuhelfen. Es tut einer Mutter natürlich weh, wenn ihr Kind leidet. Aber ich stelle mich nicht hin und sage, ich bin eine schlechte Mutter. Ich fange nicht an, mir ausschließlich die Schuld zuzuweisen. Das sehe ich gar nicht ein. Ich bin ja nicht die einzige, die auf ihn eingewirkt hat.

Viele Frauen, die Mutter werden, kranken auch daran, daß sie keine Bestätigung mehr haben. Ich habe bei vielen beobachtet, die sagen: Gut, ich bleibe das erste Jahr bei meinem Kind zu Hause. Weil die aus Büchern wußten, das ist das Beste für das Kind. Aber die sind kreuzunglücklich dabei. Anstatt zu sagen: Ich kann das nicht, ich gehe lieber nach sechs Wochen wieder arbeiten. Und ich bin dann die Zeit, die ich mit meinem Kind zusammen bin, glücklich.

Ich halte solche Kopfgeschichten einfach für gefährlich. Du kannst dich nicht so einlassen, wenn es vom Kopf her kommt. Und einlassen können, das ist das Wichtigste. Wenn du dich innerlich an einer Theorie festhältst, wenn du was machst, nur weil dein Kopf dir sagt, das ist das Beste für dein Kind, das geht schief. Nur wenn man sich auf Kinder einlassen kann, dann geht es. Ich habe immer nach meinen eigenen Vorstellungen gelebt und mich nicht so sehr von Theorien beeinflussen lassen. Ich finde, du mußt als Mutter stark genug sein, deine eigenen Sachen zu vertreten. Die einzige Chance, mit dem Muttersein umzugehen, ist meines Erachtens, so nah wie möglich bei dir selbst zu bleiben. Das ist natürlich nicht leicht.

Wenn du zum Beispiel merkst, du bist stinksauer, dann schreist du eben mal los. Oder wenn dein Säugling zum zigsten Mal schreit und du kannst einfach nicht mehr, dann gehst du eben mal nicht hin. Ich glaube, das muß man sich einfach zugestehen. Man kann nicht von sich selber verlangen, ein absolut perfektes Wesen zu werden, nur weil man Mutter geworden ist. Und man kann nicht immer gleich ein schlechtes Gewissen bekommen, wenn man etwas anders gemacht hat, als es die öffentliche Meinung zur Zeit als richtig empfindet. Das ist doch völliger Unsinn. Es ist einfach nicht wahr, daß du immer ruhig bleibst, wenn dir ewig einer am Rockzipfel hängt und an der Bluse rumzerrt oder dir die Marmelade in den Schoß kippt.

Natürlich habe ich mal Aggressionen gegen meine Kinder. Ich habe meine Kinder schon manchmal geschüttelt und gedacht: Laßt mich bloß in Ruhe. Ich habe sie auch mal angebrüllt. Dann hat sich das Kind erschrocken, ich habe es in den Arm genommen und es beruhigt, und dann war es wieder gut. Ich habe festgestellt, daß Kinder damit durchaus umgehen können. Die müssen ihre Gefühle bei mir auch nicht unterdrücken, die dürfen genauso losschreien.

Manchmal habe ich auch nur so schlechte Laune, das ist dann eine Folge von Ereignissen gewesen, und jetzt schreit als I-Tüpfelchen auch noch mein Kind. Dann trete ich voller Wucht gegen den Türrahmen. Oder ich habe schon Löffel geschmissen, daß sie krumm waren. Aber ich versuche, schlechte Laune nicht an meinen Kindern auszulassen. Weil ja nicht das Schreien meines Kindes der Grund ist, daß ich sauer bin. Mein Kind denkt das aber, wenn ich es persönlich anbrüllen würde. Da versuche ich, genau zu differenzieren. Ich denke, es ist viel schlimmer für ein Kind, mit unterschwelligen Geschichten leben zu müssen. Was nützt es, wenn irgendwelche geschluckten Sachen zehn Jahre später rauskommen? Es ist ja kein Geheimnis, daß viele Mütter ihren Kindern im nachhinein ganz fiese Vorwürfe machen. So nach dem Motto: Du hast mir mein Leben zerstört. Das finde ich ganz furchtbar. Diese Mütter verstricken ihre Kinder doch in absolute Schuldgefühle.

Ich glaube, bei vielen gibt es eine Grundunzufriedenheit, weil sie die Arbeit mit ihren Kindern als eine Last erleben. Der Unterschied zu einer »richtigen Arbeit« ist ja auch ganz gravierend. Wenn du am Schreibtisch sitzt und liest oder schreibst, dann ist das eine so grundsätzlich andere Geschichte, als wenn du mit deinen Kindern zusammen bist. Am Schreibtisch hast du was Kontinuierliches, Lineares. Mit Kindern gibt es immer Hin und Her und ständig was Neues.

Ich könnte immer hochgehen, wenn Mütter ihre Unzufriedenheit auf mich übertragen. Wenn die sagen: »Du Arme, du hast ja so viel Arbeit mit deinen fünf Kindern.« Und das sagen die oft in Gegenwart der Kinder. Gerade meine Älteste, die ist da sehr sensibel. Die sagt mir mittlerweile: »Ich will aber nicht lästig sein.« Sie hört eben, was andere sagen, und da werde ich richtig böse, weil meinen Kindern ein Bild vermittelt wird, als seien sie nur immer anstrengend und eine Last. Das finde ich ganz furchtbar, denn so ist es ja wirklich nicht.

Ich finde es mit meinen Kindern einfach schön. Es ist nicht so, daß man nur gibt. Man bekommt auch eine ganze Menge. Einfach sich einlassen auf so ein kleines Wesen, das macht Spaß. Rumknuddeln, Schmusen, mich um die Kinder kümmern. Das gibt mir unheimlich viel. Man bekommt ja eine Menge Gefühle, positive und negative, freundliche und wütende oder traurige. Ich finde das aufregend. Es ist interessant, das Wachsen der Kinder zu sehen, wie sie sich verändern, was da so abläuft. Es passiert ganz viel an Entwicklung, und das finde ich spannend und schön zu beobachten. Die Kinder geben so viel Wärme.

Mit den Großen kannst du viel unternehmen. Du kannst mit ihnen spielen, dein eigenes Spielgefühl wiederholen. Du kannst mit ihnen spazierengehen und weiß der Teufel was machen. Bei mir ist ganz stark ausgeprägt das Gefühl, daß es schön ist, für jemanden dazusein. Also, für mich ist das ein Wohlbefinden mit den Kindern.

Und was noch wichtig ist: Ich denke, mein Mann und ich, wir haben außergewöhnliches Glück miteinander gehabt. Es hat bei uns wegen der Kinder nie eine Krise gegeben, das kann ich wirklich ganz klar sagen. Aber wenn ich mich in meinem Bekanntenkreis umsehe, erlebe ich mich mit meiner Einstellung zu mir als Mutter und zu meinen Kindern als Ausnahme.

»Beim zweiten Kind kann man sich viel eher erlauben, sich so zu verhalten, wie man sich fühlt.«

Eva (34) ist Diplom-Psychologin, verheiratet und hat eine Tochter (fünf Jahre) und einen Sohn (acht Monate).

Seit ich meinen kleinen Sohn habe, würde ich wirklich zum zweiten Kind raten. Ich habe das Gefühl, der ganze Aufwand, der ganze Streß, das ganze Depressivsein, das, was ich beim ersten Kind investiert habe an Energie, an Durchhalten und Zähnezusammenbeißen, an Auseinandersetzungen und An-mir-Arbeiten – das alles trägt jetzt beim zweiten Kind Früchte. Das zweite ist – für meine Erfahrung – viel einfacher als das erste Kind. Weil die ganzen Unsicherheiten wegfallen. Dieses Dringend-eine-Anleitung-Brauchen, aber keine haben. Nicht wissen, wie gut muß ich sein als Mutter. Muß es mir so gehen wie den lächelnden Reklamemüttern mit den sauberen Babys? Beim zweiten Kind weißt du, du hast es schon mal hingekriegt, und das erste hat keinen Schaden davongetragen.

Beim ersten Kind war es keineswegs nur sonnig. Ich kenne sehr harte Zeiten. Man traut sich wenig. Man kommt immer in die Bedrängnis: Wieviel muß ich für das Kind da sein? Wieviel darf ich noch für mich da sein? Man bekommt, sobald man für sich sein will, ein schlechtes Gewissen. Weil eine gute Mutter nicht für sich zu sein hat. Das scheint immer noch der Mythos zu sein. Damit hatte ich ganz extreme Schwierigkeiten.

Als ich mit meinem ersten Kind, meiner Tochter, schwanger war, hatte ich sehr gemischte Gefühle. Einerseits haben wir das Kind gewollt, und ich habe mich auch ganz doll gefreut. Ich habe die Schwangerschaft sehr genossen. Mir Ruhe nehmen zu können, weniger zu arbeiten. Die andere Seite war die: Meine persönliche Situation war denkbar kompliziert. Bevor ich mit meinem Mann zusammenzog, hatte ich mich von einem anderen Mann getrennt. Der hat sich drei Tage nach unserer Trennung das Leben genommen. Nur ein halbes Jahr später war ich schwanger. Da war nicht viel Zeit, um diese Geschichte zu verarbeiten. Alles ging zu schnell. Es war noch sehr viel Abschied da, aber auch schon dieses ganz Neue, und das empfand ich als unheimlich anstrengend. Geburt und Tod so dicht beieinander.

Über die erste Zeit mit dem Kind habe ich mir in der Geburtsvorbereitung nicht viele Gedanken gemacht. Ich wollte eine Hausgeburt machen, und deshalb war ich sehr mit dem Thema Geburt beschäftigt. Ich hatte das Gefühl, bei einer Hausgeburt kommt es stark auf mich an. Ich bin ja nicht in einer Klinik, wo zur Not eingegriffen werden kann.

Die Geburt war kompliziert, weil sich mein Muttermund nicht öffnete. Das lag an einer früheren Operation. Die Hebamme mußte ihn mit dem Finger weiten, nachdem ich schon stundenlang in Wehen lag. Das war höllisch. Das war der Moment in meinem Leben, wo ich jemanden hätte umbringen können. Ich fand es bis zum Schluß sehr anstrengend. Doch in der Austreibungsphase spürte ich: Gleich kommt mein Baby, und ich bekam noch mal einen Powerschub. Als meine Tochter dann da war, fühlte ich mich sofort wieder prima. Ich war unsäglich glücklich, als sie auf meinem Bauch lag. Nach einer Weile konnte ich tatsächlich wieder aufstehen. Obwohl ich vorher gedacht hatte, ich werde mich tagelang nicht mehr bewegen.

An die ersten zwei Wochen erinnere ich mich als wunderschön. Solange hatte mein Mann sich freigenommen. Meine Tochter ist im Mai geboren. Das Wetter war toll, und es war, als lebten wir in einem kleinen Lichtnest. Es gibt Fotos aus der ersten Zeit, wo wir auf der Matratze auf dem Balkon liegen. Alle aneinandergekuschelt. Die Fotos sehen so aus, wie es war: wie Honeymoon. Das waren die Flitterwochen.

Wir hatten dafür gesorgt, daß kaum Besuch kam. Wenn, dann

nicht zu mir und dem Baby. Besucher haben sich in der Küche von meinem Mann erzählen lassen, wie es war. Wir hatten uns vorher ziemlich genau überlegt, daß das Wichtigste in den 14 Tagen ist, daß wir uns ans Elternsein gewöhnen. Und daß das Baby eine Chance hat, in Ruhe hier anzukommen. Wenn zuviel Besuch kommt – selbst, wenn es schön ist, und man freut sich ja auch –, kostet es doch viel Energie. Es strengt unheimlich an. Ich denke, für die Babys ist Besuch nicht so toll. Die haben genug Umstellung, die sie verarbeiten müssen.

Es gab natürlich auch Unsicherheit. Machen wir alles richtig? Ich habe mich überwältigt gefühlt von der Aufgabe, für ein Leben verantwortlich zu sein. Ich konnte eigentlich nur darauf vertrauen, daß es die Natur so eingerichtet hat, daß es gut funktioniert. Natürlich konnte ich auch was dazu beitragen. Aber im Grunde hatte ich keine Ahnung, wie es geht. In der Zeit bekam ich diese Dünnhäutigkeit für alles, was irgendwie das Leben bedroht oder verletzt. Weil man als Mutter permanent damit beschäftigt ist, Leben aufzubauen, zu schützen, zu nähren und zu pflegen. Das ist viel Arbeit. Es kommt nicht von selber. Wenn man gleichzeitig merkt, wie achtlos und lieblos von anderen mit dem Leben umgegangen wird, das macht aggressiv und wütend. Es verletzt.

Nachdem mein Mann wieder arbeiten ging und ich mit dem Kind allein zu Hause war, bekam ich so ein Unzulänglichkeitsgefühl. Ich fühlte mich oft allein und verlassen. Ich merkte, es war bei weitem nicht so, wie ich mir vorher vorgestellt hatte. Ich bekam Schwierigkeiten mit meinen Ansprüchen, eine gute Mutter sein zu müssen. Wobei ich kein klares Bild entwerfen konnte, was eine gute Mutter wäre. Ich konnte eher sagen, wie man als Mutter nicht sein durfte: Ich durfte nicht schlecht gelaunt sein. Nicht genervt. Nicht morgens aufwachen und die Schnauze schon voll haben, weil ich die ganze Nacht nicht geschlafen hatte. Meine Tochter ist nachts acht- bis zehnmal wachgeworden.

Ich habe Listen darüber geführt, weil es mir schlichtweg niemand geglaubt hat. Und ich habe es auch selber nicht geglaubt. Ich habe dann immer auf die Uhr gesehen, wie oft sie wach geworden ist und wie lange sie wach war.

Ich habe ziemlich lange gestillt. Sie hat immer nur kurz geschlafen und lange getrunken. Ich hatte morgens das Gefühl, ich bin ausgelutscht und ausgepowert. Ich hatte überhaupt nicht die Energie, den Tag anzufangen. Was wohl auch niemand nachvollziehen kann außer Müttern, die es selbst erlebt haben. Ich habe bisher keinen Vater getroffen, der das so nachempfinden konnte. Die erleben das einfach anders. Bei Müttern ist das Aufwachen ja immer mit der Panik verbunden: Huch, was ist jetzt schon wieder? Das ist bei Männern nicht so.

Oft hatte ich das Gefühl: Ich müßte jetzt tagelang nur Ruhe haben und schlafen. Wenn ich mal eine Nacht etwas besser geschlafen hatte – also nur drei- statt zehnmal aufgewacht bin –, hatte ich sofort einen blendenden Tag. Und das hat mir wieder Zuversicht gegeben, daß doch nicht alles zum Verzweifeln ist. Daß das nicht heißt, daß ich auf Jahre hinaus schlapp und unleidlich sein werde. Solche Phantasien hatte ich nämlich: Ich werde nie wieder so, wie ich mal war. Das ist dann so ein eigener Kreislauf. Weil man anfängt, auf seinen Schlaf ganz erpicht zu sein, geht es nicht mehr um wirkliche Entspannung und Erholung. Man kann sich ja schon beim Zwei-Stunden-Schlaf enorm erholen. Sondern es geht nur noch darum: Ich brauche soundsoviel Schlaf, und wenn ich den nicht kriegen kann, klappt sowieso nichts mehr.

Dieses Schlafdefizit ist etwas Unglaubliches. Das habe ich vorher schlichtweg nicht gewußt. Meine Kinder sind nachts beide oft gekommen. Und ich habe sie nie schreien lassen. Ich bin immer hingegangen.

Dieses Schlafdefizit wirkt persönlichkeitsverändernd. Vieles von dem Launisch-Sein oder psychisch Labil-Sein ist darauf zurückzuführen. Mal abgesehen von allen anderen physischen und psychischen Umstellungen.

Es kam hinzu, daß meine Tochter Dreimonatsblähungen hatte. Daher war es auch abends sehr hart. Sie hat viel geweint, und das hat mir bei ihr unheimlich zugesetzt. Mein Sohn hatte das auch, aber das konnte ich besser aushalten.

Bei meiner Tochter hatte ich das Gefühl: Ich kann mein Kind nicht zufriedenstellen. Es weint die ganze Zeit, und eigentlich müßte ich doch dafür sorgen können, daß es nicht die ganze Zeit weint. Und ich müßte dafür sorgen können, daß es keine Schmerzen hat. Da war eben dieser Anspruch, alles unter Kontrolle haben zu müssen. Das geht natürlich nicht.

Und so konnten die Abende ziemlich frustrierend sein. Wir hatten rausgekriegt, daß sie gut einschläft, wenn wir laute Musik machten. Twist oder Rock. Das haben wir dann mit ihr auf dem Arm getanzt. Sie mochte dieses starke Schütteln und Wiegen. Aber immer half das nicht.

Erst bei meinem Sohn später konnte ich diese Erfahrung richtig nutzen. Bei meiner Tochter bin ich viel zu sehr an meine Grenzen gestoßen. Da bin ich an mir als Mutter verzweifelt. Es gibt ja immer zwei Möglichkeiten: Man kann entweder ganz in seine Verzweiflung reingehen und sich der ganz hingeben, was oft in Tränen und Depressivsein endet: Ich schaffe das nicht! Mein armes Kind hat eine unfähige Mutter. Oder man kann Abstand schaffen. Wenn man es hinkriegt, die Situation von außen zu betrachten. Denn jede Situation hat ja auch etwas Komisches, etwas Groteskes. Dabei hat mein Mann mir sehr geholfen. In der Regel geht das besser, wenn man zu zweit ist. Allein ist das sehr schwierig, weil man so emotional drinsteckt. Da braucht man schon jemanden, der einem auf die Schulter tippt und einen rausreißt.

Ich habe dann versucht, ganz viel mit Leuten zu reden, die schon Kinder hatten. Die habe ich wirklich ausgefragt. Wie es für sie war. Was sie in den verschiedenen Situationen gemacht haben. Da habe ich rausgekriegt, daß sie die Probleme größtenteils kannten und daß sie auch Phasen hatten, wo sie heulend vorm Wickeltisch saßen. Und genau das hat mir sehr geholfen. Es hat mich entlastet, zu wissen: Es geht anderen auch so.

Das waren alles Paare, wo es nach außen immer ziemlich easy und locker zu gehen schien. Nach außen wirkte nichts auffällig oder schwierig. Sie waren ein bißchen verpennt und auch sozial zurückgezogen. Aber sonst hatte nichts auf Probleme hingedeutet.

Auch als ich eine tierische Wut auf meine Tochter entwickelte, haben mir die Gespräche geholfen. Sie hat eine Weile dauernd gequengelt und genörgelt. Und dann kommt ja hinzu, daß du ständig aus deinen Sachen rausgerissen wirst. Darüber konnte ich völlig verrückt werden. Kaum hatte ich angefangen, mich anzuziehen, brüllte sie schon wieder. Kaum wollte ich endlich den Küchentisch abräumen, wollte sie wieder was. Überhaupt nicht mehr den eigenen Lebensplan verfolgen zu können, das machte mich so wütend auf sie. Ich hätte sie würgen können. Ich hab's natürlich nicht gemacht. Ich habe rumgebrüllt oder ein Kissen an die Wand gehauen, aber versucht, es möglichst nicht in ihrem Beisein zu machen. Im Grunde war's ja eine geballte Ladung, die sie so nicht verdient hatte. Und die sie auch nicht abkriegen sollte.

Eine Freundin erzählte mir, in der Zeit, als sie so unglaublich wütend auf ihren Sohn war, da hat sie sich eine Babypuppe besorgt. Wenn sie einen Wutanfall bekam, dann ist sie auf diese Babypuppe losgegangen. Und hat die vertrimmt.

Das fand ich einerseits ein bißchen schaurig, aber verständlich. Genau das ist es. Irgend etwas braucht man, denn es ist ja so viel Frust da. Immer wieder unterbrochen zu werden. Sich ständig umstellen müssen. Früher war ich immer die, die bestimmt hat – natürlich oft in Absprache, aber da hat man es ja mit erwachsenen Menschen zu tun. Die machen Kompromisse. Mit deinem Baby kannst du keinen Kompromiß machen. Wenn das Baby kacken muß, kackt es, egal wohin. Wenn es getröstet werden will, muß es getröstet werden. Wenn es Hunger hat, muß es gestillt werden. Und daran gibt es kein Rütteln. Das war für mich die größte Lektion. Mein Mann hat das treffend ausgedrückt. Der hat gesagt: »Kinder sind die größten Egobrecher.« Das ist wahr. Man muß wirklich viel vom eigenen Ich fallenlassen, viel flexibler werden, und das ist schwer.

Ich denke, das war mein Hauptproblem: Der Kampf um mein Ich

gegen die Bedürfnisse des Babys. Mit der Zeit habe ich gelernt, daß es keinen anderen Weg gibt als loszulassen. Es hat überhaupt keinen Sinn, wenn ich zum Beispiel an der Idee festhalte, in einer Stunde will ich mich pünktlich mit einer Freundin im Café treffen. Das klappt nie. Denn entweder ist meine Tochter gerade eingeschlafen. Oder sie wacht gerade auf, dann muß sie noch erst was zu essen bekommen. Und wenn ich versuche, trotzdem alles in einer Stunde hinzukriegen, endet es darin, daß sie in Tränen aufgelöst ist. Ich bin's vielleicht auch, und schließlich geht gar nichts mehr. Das ist oft genug passiert, und es passiert mir heute noch. Man muß einfach zu so einer Einstellung kommen: Wenn es nicht hinhaut, dann treffen wir uns vielleicht später oder morgen.

Und: Statt meinen Artikel weiterzuschreiben, gehe ich eben zu meiner Tochter, um ein Stündchen mit ihr zu spielen. Ich habe festgestellt, daß das letztlich nicht so schlimm ist. Ich habe nämlich auch gelernt, daß vieles anders geht, als man es gewöhnt ist. Ich kann inzwischen ganz gut Viertelstunden nutzen. Wenn mal eine Viertelstunde Ruhe ist, kann ich mich ohne Vorbereitung einfach hinsetzen und arbeiten. Ich sammle die kleinen ruhigen Etappen. Früher hätte ich immer gedacht: Was, für die paar Minuten? Das lohnt sich doch gar nicht. Heute kriege ich Viertelstunde für Viertelstunde eine Menge getan.

Was mir damals noch geholfen hat: Ich habe mich früh nach einer Krabbelgruppe umgesehen. Das ging hier in der Nachbarschaft unheimlich gut. Das war schon mal ein Lichtblick in der Woche. Da waren die Mütter zwar nicht ganz offen. Ich glaube, wir haben unsere wirkliche innere Belastung eher zurückgehalten. Aber wir hatten doch das Gefühl: Wenn es einmal ganz schrecklich war, kann ich es sagen. Wenn alle anderen dann bestätigten: »O ja, genauso ist es«, dann hast du gemerkt: Du bist nicht die einzige. Die anderen tun sich genauso schwer.

Für unsere Paarbeziehung war das erste Kind eine dicke Krise in vielerlei Hinsicht. Die Hauptschwierigkeit ist ja die, daß man in diese neuen Rollen hineinfinden muß: Wie soll man die füllen? Was bedeutet das, auf einmal eine Mutter zu sein? Mein Mann ist ein Vater. Was sind unsere Aufgaben? Wie können wir das lösen?

Wir haben zwar viel darüber geredet, aber es war schwer, uns über unsere inneren Vorstellungen auszutauschen. Das hat lange gedauert. Es ist uns auch schwergefallen, verbindliche Absprachen zu treffen. Mir war wichtig, diese alltäglichen Dinge zu klären, weil die ja mein Leben ausfüllten. Wer kauft ein? Wer kümmert sich wann um den Haushalt? Ich hätte am liebsten ganz feste Absprachen gehabt. Mein Mann hat sich unheimlich dagegen gewehrt, bei dem war das nicht drin.

Dann dieses ganze Thema: Inwieweit machen wir die Rollenverteilung mit? Bleibe ich zu Hause bei dem Kind, und er geht Geld verdienen? Das haben wir halb besprochen und halb offengelassen, und uns darüber ziemlich in die Haare gekriegt.

Dann die ganze Verlagerung im sexuellen Bereich. Da war die große Überraschung die, daß wir für nichts mehr Energie hatten. Außer für unsere Tochter, das Inganghalten des täglichen Lebens und mein Mann noch für seine Arbeit. Für mich war es sehr erleichternd, als ich von Freundinnen hörte: »Klar, im ersten Jahr läuft doch sexuell fast gar nichts.«

Aber auch die Zweisamkeit, diese Form von Nähe, in der man selber mal das Kind sein darf, das Baby, sich wirklich hingeben, die Kontrolle aufgeben kann – das ging nicht mehr. Plötzlich war ja ein wirkliches Baby da und nahm dauernd diesen Platz ein. Trotzdem haben wir drum gerangelt, wer von uns denn bitteschön noch mal Baby sein darf.

Insgesamt hatte ich das Gefühl, wir beide waren so erschlagen und überwältigt davon, was bei uns passierte, daß wir für nichts anderes mehr Kraft hatten. Es gab schon die Sehnsucht nach Sexualität, nach intensiver Nähe. Manchmal ist es uns auch gelungen, das zu leben. Aber im großen und ganzen waren wir beide nicht in der Lage, das dauerhaft aufrechtzuerhalten oder Vorstöße in die Richtung zu machen.

Mir war klar, daß ich gerne ein zweites Kind haben wollte. Aber ich wollte warten, bis meine Tochter drei Jahre alt sein würde. Meine Vorstellung war, daß sie dann auch etwas selbständig wäre und nicht mehr nur von mir abhängig. Ich habe mir nie vorstellen können, wieder schwanger zu werden, wenn das erste Kind erst knapp ein Jahr alt ist. Wenn das passiert wäre, ich glaube, ich wäre zusammengebrochen. Vielleicht nicht wirklich, man mobilisiert ja immer noch unglaubliche Energien. Aber ich hätte es mir nicht gewünscht. Für mich war erst mal wichtig, wieder zu arbeiten. Ich mußte diese Erfahrung haben: Kann ich ein Kind haben und außerdem noch arbeiten? Ich glaube, ich brauchte sogar die Gewißheit, daß ich arbeiten kann, um zur Not meine Tochter und mich ernähren zu können. Ich fühlte mich überhaupt nicht wohl in der finanziellen Abhängigkeit von meinem Mann. Es ging zwar erst mal nicht anders. Aber für mich ist das keine Grundlage für eine Partnerschaft.

Wir haben aufgehört zu verhüten, als meine Tochter knapp drei war. Da hätte das zweite Kind schon kommen können. Aber ich wurde erst wieder schwanger, als sie viereinhalb war. Zu diesem Zeitpunkt habe ich wieder so viel gearbeitet, daß ich das Gefühl hatte, zu wissen, wie es geht. Und das Gefühl: Meine Tochter ist jetzt so groß, jetzt kann ich mir vorstellen, wieder für ein Baby dazusein. Mich wieder ganz reingeben. Da war dann wohl wieder die Empfängnisbereitschaft da. Und dann haben wir uns sehr gefreut. Die zweite Schwangerschaft war ganz toll. Ich hatte einfach andere Voraussetzungen. Ich wußte, wie sich alles anfühlt, und wie es sein wird. Dadurch war es beim zweiten Kind viel einfacher, auf alles positiv einzugehen.

Auch die Geburt war viel leichter. Die war richtig toll. Wie aus dem Geburtsbilderbuch. Es war wieder eine Hausgeburt, und diesmal konnte ich mit den Geburtsschmerzen viel besser umgehen. Auch die Zeit danach war sehr viel einfacher. Ich habe zwar bis heute nicht das Gefühl, ich bin eine supertolle Mutter. Aber ich bin eine von den Müttern, die gut genug sind. Das ist es ja, worum es geht. Gut genug zu sein, um einem Kind ein Leben zu schaffen, in dem es sich wohl fühlen kann. Das reicht.

Viele von diesen Idealvorstellungen sind weg: Ich soll mich nicht mit meinem Kind streiten. Ich soll nicht genervt sein von meinem Kind. Solche Sachen habe ich fallenlassen. Beim zweiten Kind kann man sich viel mehr erlauben, so zu sein, wie man ist. Ohne gleich das Gefühl zu haben, jetzt bin ich eine Katastrophe für mein Kind. Und irgendwie kann man auch das Kind so lassen, wie es ist. Man möchte ja auch, daß dieses Baby immer freundlich und zufrieden ist, einem Glück bereitet und das Gefühl gibt, eine wunderbare Mutter zu sein. Das sind ja zwei Seiten derselben Medaille. Wenn man das Gefühl hat, man ist keine gute Mutter, dann hat man auch das Gefühl, man hat ein Scheißbaby. Wieso kann das nicht so sein wie das der Freundin? Das Baby schläft nachts zwölf Stunden und wenn es aufwacht, strahlt es und ist freundlich, und alles ist wunderbar. Ob es diese Babys wirklich gibt, weiß ich nicht. Da ist sicher auch viel Fiktion, Mythos und Projektion im Spiel. Man sieht ja immer das, was man gerne sehen möchte. Eins muß ich aber sagen: Ich denke, ich habe Glück gehabt mit beiden Kindern. Jedes ist auf seine Art ganz toll.

»Nur wenn du zufrieden bist, kann es deinem Kind wirklich gutgehen.«

Ute Ehrhardt *(34) ist Diplom-Psychologin und lebt mit dem Vater ihrer Tochter zusammen. Ihre Orientierungshilfe für Mütter:*

Das solltest du wissen, wenn du dein erstes Baby bekommst:

Nichts bleibt, wie es war. Alles ändert sich. Viele Veränderungen sind schmerzhaft. Wenn du akzeptierst, daß fast alles anders wird, wirst du dich in deiner neuen Welt bald zurechtfinden. Wenn du versuchst, das Vergangene um jeden Preis zu retten, wirst du dich und dein Kind unnötig belasten.

Du wirst vielleicht Schuldgefühle haben, weil du deinem Kind nicht immer die »gute Mutter« bist, die du dir vorgenommen hast zu sein.

Niemals zuvor hat jemand so viel von dir gefordert: Aufmerksamkeit, Zeit, Schlaf – die ganze Person. Kein Mensch kann allein die Bedürfnisse eines Kleinkindes vollständig abdecken. Eine Frau, die glaubt, 24 Stunden am Tag die Signale eines Kindes allein beantworten zu können, irrt. Sie wird sich und dem Kind schaden. Richte dein Leben so ein, daß du jeden Tag eine kurze Zeit uneingeschränkt zu deiner Verfügung hast. Mal alleine, mal mit deinem Partner zusammen. Nehmt euch einmal die Woche einen Abend für euch. Eltern haben die Pflicht, sich um ihr persönliches Wohlergehen zu kümmern. Nur, wenn du zufrieden bist, kann es deinem Kind wirklich gutgehen.

In dieser freien Zeit sollte eine dritte Person dein Kind betreuen. Nachbarin, Babysitter, Kindermädchen, Au-pair-Mädchen, Tante, Schwester, Freundin, Oma, eine Baby-Gruppe. Es gibt viele Möglichkeiten. Auch Männer kommen in Frage! Schaff dir eine regelmäßige Lösung. Mußt du nämlich jede Entlastung wieder neu verhandeln, ist die Belastung größer als der Gewinn.

Du wirst manchmal Zweifel haben, ob deine Entscheidung für ein Kind richtig war.

Solche Zweifel sind völlig normal. Viele Eltern stellen sich von Zeit zu Zeit diese Frage. Vielleicht mutest du dir einfach zuviel zu. Suche dir noch mehr Lösungen, die dich bei der Kinderpflege entlasten.

Du wirst ab und zu Wut auf dein Kind spüren.

Weil es dich nicht schlafen läßt, weil es untröstlich weint, weil es deine ganze Zeit beansprucht ... Die Liste der möglichen Gründe ist lang. Akzeptiere deine Wut. Rede mit deinem Partner oder einer Freundin, die auch Kinder hat, darüber. Laß dir bestätigen, daß andere diese Gefühle auch kennen. Schließe alle Episoden, in denen du Wut auf dein Kind hattest, ab, indem du ihm sagst: »Ich bin wütend auf dich. Du hast keine Schuld. Wir werden uns auch wieder mögen.« Das Baby wird dich verstehen.

Dein Partner wird sich, im Vergleich zu dir, weniger für das Kind engagieren.

Männer tun sich schwer, ihre zärtlichen Gefühle zu leben. Gib deinem Mann Hilfestellung, damit er seine Zuneigung zu dem Säugling ausdrücken kann. Stell den Hautkontakt zwischen beiden her. Liebe geht über die Haut. Ermögliche viele solcher Kontakte.

Du wirst viel weniger Zeit für eure Partnerschaft haben. Die Partnerschaft wird sich wandeln.

Richte dich auf Veränderungen ein. So wird es leichter, einen neuen Weg zu finden. Die Art des Zusammenlebens vor der Geburt eures Kindes war nur *eine* Möglichkeit, die Partnerschaft zu leben. Es gibt viele andere. Hab Geduld mit deinem Partner und mit dir.

Viele Freundschaften werden sich verändern.

Freunde ohne Kinder tun sich oft schwer, die Bedürfnisse eines Kindes zu verstehen und zu akzeptieren. Manchmal ist sogar Eifersucht im Spiel. Steh immer deinem Kind bei. Erwachsene können andere Freunde finden. Dein Kind nicht. Es braucht deine Unterstützung. Freunde müssen das akzeptieren und damit umgehen lernen. Such dir mit den Freunden, die dir viel bedeuten, Möglichkeiten, die gemeinsame Zeit neu zu gestalten.

Viele Menschen werden sich einmischen wollen in deine Art, mit deinem Baby umzugehen.

Verbitte dir von Anfang an jede Einmischung. Selbst wenn du unsicher bist, ob deine Entscheidung richtig war. Du mußt deinen Weg mit deinem Kind finden. Wenn du nach fremden Normen handelst, bekommst du nie ein sicheres Gefühl für den richtigen Umgang mit dem Kind. Dein Gefühl ist dein Maßstab. Vorschläge kannst du annehmen oder verwerfen. Ein »du mußt« gehört kategorisch abgelehnt.

Du wirst vielleicht überhaupt keine Lust haben, mit deinem Partner wie früher sexuell zu verkehren.

Laß dir Zeit, setz dich nicht unter Druck. Das erste Jahr nach der Geburt deines Kindes ist ein Umstellungsjahr. Es ist ganz natürlich, daß du nicht sofort so funktionierst wie früher. Meistens normalisiert sich das von selbst wieder, wenn du dich nicht zwingst, etwas zu tun, wonach dir nicht zumute ist.

X.

Selmas Vater

»Es entschädigt mich immer, wenn meine Tochter ihre Ärmchen um meinen Hals legt und zufrieden ist.«

Ismail *(31) ist Diplom-Ökonom und lebt mit der Autorin und ihrer gemeinsamen Tochter Selma (16 Monate) zusammen.*

Wir hatten uns gerade getrennt, da sagte meine Freundin, sie sei schwanger. Ich studierte noch und wohnte in einer anderen Stadt. Ich wollte zwar immer Kinder haben, aber erst, nachdem ich beruflich Fuß gefaßt hatte. Meine Freundin teilte mir mit, sie bekäme das Kind auf jeden Fall, eine Abtreibung käme für sie nicht in Frage.

Für mich war das der total falsche Zeitpunkt. Das Kind kam überraschend und ungelegen. Ich hatte eher die Vorstellung einer traditionellen Rollenteilung. Ich wollte mich zwar immer um meine Kinder kümmern, aber in erster Linie sah ich mich doch als Ernährer der Familie.

Nachdem ich von der Schwangerschaft wußte, habe ich mich erst mal zurückgezogen, um nachzudenken. Ich muß sagen, ich hatte sehr schlechte Laune. Ich mußte ja nun eine Entscheidung treffen, mich der Situation stellen. Nachdem ich einen Tag überlegt hatte, bin ich zu dem Ergebnis gekommen: Es ist ein Lebewesen, das wir beide gezeugt haben. Es ist da. Ich muß damit klarkommen. Es nützt nichts, wenn ich überlege, ob oder ob nicht. Ich habe mir Gedanken darüber gemacht, wie ich damit fertig werde. Ich wollte versuchen, das Beste daraus zu machen. Ich wollte positiv denken. Vielleicht, dachte ich, ist da ein Sinn drin, den ich jetzt noch nicht sehe. Ich habe mir vorgenommen, es noch mal mit meiner Freundin zu versuchen.

Wir fanden eine gemeinsame Wohnung. Ich habe mein Studium

beendet und mich danach selbständig gemacht. So hatte ich am schnellsten einen Job, den ich ja nun besonders dringend brauchte.

Die Schwangerschaft blieb für mich sehr unwirklich. Eher wie ein Spiel. Ich habe registriert, daß der Bauch meiner Freundin immer dicker wurde, aber ich hatte keinen richtigen Zugang dazu. Es war der Bauch meiner Freundin, nicht meiner. Ich hatte nur immer Angst, wenn wir zusammen schliefen, ich könnte dem Kind weh tun. Das war für mich ein unsicheres, fremdes Gefühl.

Als man merken konnte, wie das Kind sich bewegt, habe ich oft mit ihm gespielt. Es hat auch immer reagiert. Ich freute mich, daß es mich hörte und sich meldete. Das waren sehr glückliche Momente. Aber es blieb trotzdem irgendwie unwirklich. Ein reales Kind konnte ich mir nicht vorstellen.

Zur Geburtsvorbereitung bin ich in erster Linie mitgegangen, um meine Freundin zu unterstützen. Geburtsvorbereitung hat den Sinn, dachte ich, den Körper zu trainieren und für die Geburt fit zu machen.

Ich fand es schön, zwischen werdenden Eltern zu sein. Mit zukünftigen Vätern Erfahrungen austauschen zu können. Geburt und Elternschaft habe ich nur positiv gesehen. Wenn die Geburtsvorbereiterin etwas berichtet hat, was ich negativ fand, habe ich sie gleich angegriffen: »Warum jagst du uns Angst ein? Geburt und Kinderhaben ist doch etwas Tolles, etwas Positives!« Ich habe mich sogar einmal richtig mit ihr darüber gestritten. Ich bin damals nicht auf die Idee gekommen, daß man sich bewußt psychisch und geistig aufs Elternsein vorbereiten muß. Ich war der Meinung, Eltern-Werden passiert irgendwie von selber. Man bereitet sich automatisch gefühlsmäßig vor, weil man ja weiß, daß man ein Kind bekommt. Ich habe gedacht, das läuft ganz natürlich ab und wird sich schon ergeben. Ich habe mir das nicht schwer vorgestellt und habe es deshalb gar nicht an mich herankommen lassen.

Ich denke, wenn ich die gleiche Geburtsvorbereitung mit meinem heutigen Bewußtsein noch mal mitmachen würde, würde ich mehr mitnehmen. Vielleicht sollte am Anfang ganz eindringlich gesagt werden, daß viele Konflikte auftauchen werden, auf die man sich vorbereiten sollte. Daß man nicht wie von selbst Eltern wird, sondern daß man die neuen Rollen erst lernen muß. Und daß das nicht problemlos abläuft.

Vor der Geburt hatte ich keine Angst. Ich war als Kind öfter bei Geburten dabei gewesen. Ich komme aus einem Dorf in der Türkei. Geburten werden dort als etwas ganz Natürliches angesehen. Sie finden zu Hause statt. Fünf bis zehn Frauen sind während der Geburt mit der Gebärenden zusammen. Sie stehen um sie herum und helfen. Erfahrene Frauen, die die Anweisungen geben und unerfahrene Frauen, die Erfahrungen sammeln sollen. Wir Kinder konnten anwesend sein, wenn wir nicht Krach gemacht oder gestört haben. Nur Männer waren nicht zugelassen. Die Frauen gebären stehend. Die Gebärende hält sich an einem Strick fest, der von der Decke herunterhängt und wird dabei ermutigt, kräftig zu schreien.

Eine Geburt war für mich also etwas ganz Normales. Bei meiner Freundin ging es so los: Sie weckte mich morgens um drei. Das Fruchtwasser lief nur so, und sie hatte starke Wehen. Ich war schrecklich aufgeregt, weil ich dachte, das Kind käme jeden Moment. Das machte mich ganz hektisch.

Im Krankenhaus mußte ich meine eigenen Sachen ausziehen und grüne OP-Kleidung anlegen. Ich hatte erwartet, daß meine Freundin nun von einer erfahrenen Hebamme begleitet würde, die ihr sagt, was sie tun soll. Meine Aufgabe im Krankenhaus habe ich darin gesehen, einfach dazusein und meine Freundin psychisch zu unterstützen.

Die Hebamme, die uns in Empfang nahm, war sehr nett. Aber sie schien zu glauben, daß wir alles wüßten. Als hätte meine Freundin schon fünf Kinder bekommen. Dabei ist es doch so: Selbst wenn man gut vorbereitet ist, vergißt man in solch einem Moment alles. Meine Freundin stöhnte und war ziemlich ängstlich. So wurden wir stundenlang alleingelassen. Meine Freundin sollte auf und ab gehen. Keiner kümmerte sich weiter um uns. Irgendwann wurden wir in den Kreißsaal gebracht, und auch da waren wir stundenlang allein.

Hatte ich meine Rolle hier falsch eingeschätzt? Sollen die Männer heute Hebammenaufgaben übernehmen? Ich war sauer auf mich, daß ich mir nicht mehr aus der Geburtsvorbereitung gemerkt hatte. Ein paarmal versuchte ich, meine Freundin zu massieren, aber sie konnte keine Berührung mehr ertragen. So fühlte ich mich ziemlich hilflos. Die ganzen Apparate, von denen man umgeben ist, und die ganzen Kabel, an denen Frau und Kind hängen, haben mir angst gemacht. Dadurch wird Geburt so eine ernste Sache wie eine Operation. Einmal dachte ich: Die Herztöne unseres Kindes lassen nach. Es stellte sich aber heraus, der Wehenschreiber war nicht ganz in Ordnung. Ich mußte ein paarmal zur Hebamme laufen, bis das geklärt war.

Sehr nervös gemacht hat mich, daß meine Freundin nach einigen Stunden eine Periduralanästhesie haben wollte. Ich habe gemerkt, sie war inzwischen in einer Verfassung, wo sie alles akzeptiert hätte, nur um keine Wehen mehr aushalten zu müssen. Sie hat zu dem Zeitpunkt schon überhaupt nichts mehr mitgekriegt. Sie brüllte nur noch vor Schmerzen, weil eine Wehe nach der anderen kam. In dieser Situation fragte der Arzt: »Wissen Sie wirklich, was Sie da wollen?« Meine Freundin hat nur noch »ja« geschrien, eine klare Entscheidung konnte sie gar nicht mehr treffen.

Ich wußte, daß diese Spritze nicht ganz ungefährlich ist. Deshalb las ich das Formular durch, das meine Freundin unterschreiben sollte. Vor lauter Aufregung verstand ich aber nur die Hälfte.

Der Anästhesist brauchte drei Versuche, bis er die Nadel richtig gesetzt hatte. Dabei flüsterten die Ärzte pausenlos. Eine sehr beunruhigende Situation. Als die Betäubung endlich wirkte, hörten plötzlich die Wehen auf. Obwohl der Muttermund vollständig auf war. Das war ein Streß. In diese kritische Phase fiel ein Hebammenwechsel.

Die neue Hebamme war geradezu feindselig. Als wenn sie einen Haß auf uns gehabt hätte. Sie hat uns nicht geholfen. Der Professor, der endlich kam, holte das Kind schließlich mit der Zange. Davon habe ich nicht viel gesehen. Ich habe meiner Freundin den Kopf auf die Brust gedrückt, und dann ging es ganz schnell. Plötzlich sah ich den kleinen Kopf mit vielen schwarzen Haaren.

Eigentlich hatte ich mir eher einen Sohn gewünscht. Aber der Moment, wenn das Kind dann da ist, ist so überwältigend. Da ist es einem völlig egal, ob es ein Junge oder Mädchen ist. Ich war glücklich, daß meine Tochter gesund war und daß alles an ihr dran war. Den Streß im Kreißsaal habe ich schnell wieder vergessen. Im nachhinein muß ich aber sagen, die menschliche Betreuung im Krankenhaus fehlte völlig. Ich fand das alles sehr lieblos. Als die Hebamme unsere Tochter gewickelt hatte und meine Freundin genäht war, ließ man uns allein im Kreißsaal. Wir haben uns alle drei umarmt, das war ein sehr schöner Moment. Meine Freundin strahlte, als ob ihr die Welt gehörte. Sie nahm unsere kleine Tochter in den Arm, streichelte sie pausenlos und sprach mit ihr. Ich habe sie dann auch lange umhergetragen, und wir haben sie immer angesehen.

Meine Freundin blieb die ganze Woche im Krankenhaus. Von Tag zu Tag ging es ihr schlechter. Sie war von Tag zu Tag genervter und mußte dauernd weinen.

Als sie mit unserer Tochter nach Hause kam, war sie völlig fertig. Sie hatte das Gefühl, sie schaffe es nicht, das Kind zu versorgen. Ich wunderte mich, denn ich hatte den Eindruck, daß sie sehr gut zurechtkam. Bei dem leisesten Pieps unserer Tochter hat sie alles fallenlassen und ist zu ihr gelaufen. Ich fand, daß sie eine sehr gute Mutter war, die sich engagiert um alles gekümmert hat. Das Kind ging immer vor. Ich fand es einerseits gut, daß sie sich in erster Linie um das Kind gekümmert hat, andererseits fühlte ich mich auch zurückgesetzt. Unsere Beziehung hat in der Phase sehr gelitten. Wir haben uns viel gestritten. Ich empfand meine Freundin als launisch, unzufrieden und ständig fordernd. Ich fühlte mich ständig unter Druck gesetzt. Ich fragte mich: Was will sie von mir? Denn sie interessierte sich nur noch für das Baby. Das war eine schwere Zeit, in der wir auch an Trennung gedacht haben, weil dauernd die Fetzen flogen. Wir hatten überhaupt keine Verständigungsbasis mehr. Unsere Tochter ließ uns nie Zeit, in Ruhe über etwas zu reden. Besser wurde es, als wir hörten, daß so eine Beziehungskrise nach der Geburt ganz normal ist. Da haben wir aufgehört, über eine Trennung zu reden. Im nachhinein finde ich, darauf hätte man vorbereitet werden können.

Meine Freundin hat ziemlich bald wieder gearbeitet. In der Zeit habe ich mich dann um unsere Tochter gekümmert. Wenn die Mutter auf Dienstreise war, habe ich die Kleine versorgt. Ich konnte mir meine Zeit ganz gut einteilen.

Voll verantwortlich für ein Baby zu sorgen, war eine ganz neue Erfahrung für mich. Ich wollte wohl immer viel mit meinem Kind spielen, aber an Windelwechsel, Baden und Füttern hatte ich weniger gedacht. Ich hatte mir das auch leichter vorgestellt. Ich hatte mir gedacht, wenn das Baby gefüttert, gewickelt und müde ist, schläft es in der Tragetasche, und ich nehme es mit zum Kunden. Das habe ich genau dreimal gemacht. Dann war mir klar, arbeiten und gleichzeitig um das Kind kümmern, geht nicht. Es war eine Katastrophe. Meine Tochter schrie immer dann, wenn ich es am wenigsten brauchen konnte. Alles drehte sich um sie. Die Kunden hatten nur Augen für die Kleine. Versicherungen interessierten überhaupt nicht mehr. Das war der totale Streß. Mir war schnell klar: Ich kann entweder nur arbeiten oder das Kind versorgen.

Es ist äußerst anstrengend, sich den ganzen Tag um ein Baby zu kümmern. Ich hatte nicht mit solch einem Aufwand gerechnet. Unsere Tochter schrie viel öfter, als ich mir vorgestellt hatte. Dauernd wollte sie irgend etwas. Wenn sie satt und trocken war, wollte sie beschäftigt werden. Tagsüber schlief sie äußerst wenig. Und immer nur kurz. Ich habe mich praktisch den ganzen Tag nur ums Kind gekümmert. Abends war ich dann fix und fertig. Obwohl ich ja nichts Richtiges gemacht hatte. Nur die Bedürfnisse unserer Tochter befriedigt. Ich kann mich an einen Tag erinnern, da bin ich fünfmal eingeschlafen, wenn die Kleine Ruhe gab. So fertig war ich.

Eines Tages wollte ich mit unserer Tochter meinen Freund besuchen. Um 15 Uhr hatten wir uns zum Tee verabredet. 17 Uhr wurde es, bis wir endlich bei ihm ankamen.

Erstens schlief sie nämlich ausnahmsweise mal viel länger als sonst. Ich wollte sie natürlich nicht aus dem Schlaf reißen. Als sie endlich wach war, habe ich sie gefüttert, gewickelt und angezogen. Ich hatte gerade die Haustür zugeschlagen, da bemerkte ich, sie hatte die Hose voll. Ich also wieder rein, das Kind ausgezogen. Sie war so voll, daß ich sie untenherum duschen mußte. Ich wollte sie gerade wieder anziehen, da merkte ich, ihr Oberteil war auch naß geworden. Also mußte ich sie ganz ausziehen und frisch anziehen.

Ich hatte etwa 15 Minuten Fahrzeit gerechnet. Gebraucht habe ich eine Stunde. Ich mußte nämlich doch immer wieder auf den Stadtplan sehen. Das fand meine Tochter langweilig. Sie quengelte. Also habe ich auch jedesmal kurz mit ihr gespielt. Je länger die Fahrt dauerte, desto ungeduldiger wurde sie, vor allem an roten Ampeln. Ich mußte fahren, den Weg suchen und mich gleichzeitig um das Kind kümmern. Als ich bei meinem Freund ankam, war ich naß geschwitzt.

Mein Freund hat sich sehr gefreut, als wir endlich da waren. Nun wollten wir in Ruhe Tee trinken. Es sollten trotz Verspätung gemütliche zwei Stunden werden. Das gefiel meiner Tochter aber nicht. Sie wollte unterhalten werden. Also hatten wir sie abwechselnd auf dem Arm, warfen sie in die Luft, sprachen mit ihr. Kaum ließen wir in unseren Bemühungen nach, machte sie Theater. Wir haben keine drei Worte miteinander gewechselt. Als ich merkte, daß ihre Hose wieder voll war, machte ich sie sauber und fuhr nach Hause.

Unterwegs wieder Theater. Wir kamen nämlich in einen Stau. Meine Tochter ließ sich nicht mehr so einfach besänftigen. Sie wurde so unerträglich, daß ich rechts an den Bordstein gefahren bin, um das Kind auf und ab zu tragen. Als sie sich beruhigt hatte, habe ich versucht, ein Stück weiterzukommen. Das ging fünf Minuten gut, dann schrie sie wieder. Ich also wieder rechts ran und sie hin- und hergetragen. Schließlich steckten wir so im Stau, daß ich nicht mehr rechts ran konnte. Ich hatte so viel Frust angestaut, daß ich das Fenster runtergekurbelt und laut gebrüllt habe. Als der Druck weg war, ging es besser. Fast zwei Stunden waren wir unterwegs. Zu Hause war ich zu nichts mehr zu gebrauchen. Als meine Tochter in ihrem Bettchen lag und schlief, habe ich mich gleich dazugelegt.

Ich glaube, das ist so anstrengend, weil man Verantwortung für ein Wesen hat, das nicht sagen kann, was es hat und was es will. Du weißt nie, ob es richtig ist, was du tust. Du versuchst den ganzen Tag, dieses Wesen zufriedenzustellen. Oft schreit das Kind aber trotz aller Bemühungen. Das ist zum Verzweifeln.

Die Babyversorgung ist auch nichts Regelmäßiges. Diese Babys haben ja keinen Rhythmus. Man hat nichts, wonach man sich richten kann. Egal, was man tut, mit einem Auge oder Ohr muß man ständig beim Baby sein. Ich habe es kaum geschafft, auch noch etwas im Haushalt zu machen. Schon, wenn ich geduscht habe, habe ich immer zwischendurch das Wasser abgestellt, um zu lauschen, ob ich unsere Tochter höre. Egal, was man macht, man macht es nicht ruhig. Man will so schnell wie möglich fertig werden. Ich kann heute verstehen, daß Frauen es unbefriedigend finden, nur Hausfrau und Mutter zu sein. Man ist in einer ständigen Tretmühle rund um die Uhr, auch samstags und sonntags. Man kann sich nicht regenerieren. Man kann nicht abschalten.

Ich habe manchmal richtige Aggressionen auf meine Tochter bekommen. Einmal wollte ich sie ins Bett bringen. Egal, was ich machte, sie schrie. Und hörte nicht auf. Ich konnte sie einfach nicht beruhigen. Ich habe sie getragen, ihr die Flasche angeboten, es war nichts zu machen. Da habe ich sie in ihr Bettchen gelegt, die Kinderzimmertür zugemacht. Und dann habe ich getobt. Wie ein Wahnsinniger. Bis die Wut raus war. Danach ging es mir besser. Ich war wieder in der Lage, mich weiter um das schreiende Kind zu kümmern. Und dann konnte ich sie auch beruhigen.

Ich muß sagen: Nur Hausmann würde ich nicht sein wollen. Man macht den ganzen Tag unheimlich viel, aber man sieht abends nicht, was man getan hat. Obwohl man völlig erschöpft ist. Eine schwere, aber völlig unproduktive Arbeit. Man hat keine Erfolgserlebnisse.

Was mich dann doch immer entschädigt hat, war, wenn meine

Tochter ihre Ärmchen um meinen Hals gelegt hat und zufrieden war. Was mich auch sehr befriedigt, ist, daß ich eine sehr intensive Beziehung zu meiner Tochter habe. Die Beziehung wäre nicht so gut, wenn ich mich nicht von Anfang an gleich verantwortlich um sie gekümmert hätte. Diese tolle Beziehung, die wir haben, ist die viele Mühe wert. Deswegen lohnt es sich, den ganzen Streß als Vater auch mitzumachen.

Heute finde ich es eine gute Regelung, wenn beide Partner sich die Arbeit mit dem Kind teilen. Es ist einfach zeitgemäß. Hier in Deutschland, wo es keine Großfamilien mehr gibt, wie bei uns in der Türkei, sehe ich keine andere Möglichkeit. Denn auch die Frau muß sich ja mal sammeln und sich ihren Interessen widmen können. Es bleibt den Männern also gar nichts anderes übrig, als sich auch um ihre Kinder zu kümmern. Es müßten aber beruflich andere Möglichkeiten geschaffen werden.

Bei uns hat sich die Arbeitsteilung inzwischen gut eingespielt. Egal, wer von uns beiden weg ist, unsere Tochter hat immer einen, auf den sie sich ganz verlassen kann und dem sie vertraut. Es zeigt sich schon heute, sie ist 16 Monate alt, daß sie ein zufriedenes, ausgeglichenes Kind ist.

Es war eine schwere Zeit, bis sich unser Leben wieder eingependelt hatte. Heute wissen wir, daß wir auch für uns als Paar etwas tun müssen. Das muß man sich bewußt vornehmen, sonst lebt man irgendwann nebeneinander her.

Seit einem halben Jahr haben wir eine ganz tolle Tagesmutter. Auf sie können wir uns 100prozentig verlassen. Früher habe ich nie verstanden, wie man sein Kind zur Tagesmutter geben kann. Heute bin ich froh, daß wir eine gefunden haben, mit der wir so prima klarkommen.

XI.

AGGRESSIONEN GEGEN KINDER

»Wenn uns die kleinen Monster reizen, bleibt von der guten Mutter oft nicht viel übrig.«

Claudia Clasen-Holzberg *(36) ist Diplompsychologin und Psychotherapeutin, verheiratet und hat eine Tochter (7) und einen Sohn (2).*

»Wenn Daniel dich total nervt und du völlig am Ende bist – wirst du dann auch so maßlos wütend?« – »Ach, nein. So richtig auf ihn wütend werden, das kann ich eigentlich gar nicht. Er ist doch so klein und süß.« Barbara, alleinerziehende Mutter eines friedlichen Einjährigen, kennt offensichtlich die wilde Wut nicht, die meine Kinder in mir auslösen können. Seltsam. Entweder sie ist bewundernswert gelassen. Oder sie hat eines jener legendären Superpflegeleicht-Babies, die durchschlafen, blähungslos verdauen, tränenlos zahnen, nicht nörgeln und kreischen, kurzum, den Eltern nur das reinste Vergnügen bereiten. Ist ihr Sohn noch nicht in der Phase, in der er sie bis zur Weißglut reizen kann? Oder macht sie sich vielleicht was vor?

Denn welche Mutter traut sich schon, ganz offen über die Schattenseite des Mutterseins zu reden? Über die Momente, wo uns der Kragen platzt, wir die Kleinen keifend anschreien, mit eisiger Verachtung anstarren, ihnen unsanft das wunderbar laute Spielzeug entreißen oder Schlimmeres. Darüber liegt der Bann des Schweigens, der mächtige Mythos von der »guten Mutter«, deren unerschöpfliche Mutterliebe die lieben Kleinen unerschütterlich durch die Fährnisse des Lebens trägt. In diesem Mythos ist Aggression nicht erlaubt, die Wut der Mütter ist ein Tabu. Wenn Mütter sich trauen, den Mund aufzumachen, erzählt die Wirklichkeit ganz andere Geschichten.

»Irgendwann dachte ich dann: So ein Kind macht einen ja mehr fertig als der Beruf. Im Beruf hat alles ein Ende. Aber so ein Kind, das läßt sich ja nicht abstellen. Das gibt ja keine Ruhe. Du kannst die Tür nicht zumachen. Irgendwann verstand ich, daß Menschen sagen, sie könnten ihr Kind an die Wand klatschen. Wirklich, ich hab' das auch gedacht« (siehe Seite 185).

Ähnliche Gedanken quälen viele Mütter gerade in den ersten drei Lebensjahren ihrer Kinder, wo sie als Bezugspersonen fast nur geben, ohne viel zurückzubekommen. Wo Babies oft trotz aller mütterlichen Zuwendung empfindlich, reizbar und schwierig sind, viel schreien und sich schwer beruhigen lassen. Jedem Baby gelingt es, in dieser Zeit mal seiner Mutter das Gefühl zu geben, eben doch nicht »gut genug« zu sein. Für Mütter eine harte Probe. Nicht nur das Baby entspricht nicht ihren Erwartungen, auch sie selbst entpuppen sich nicht als die perfekte Mutter, die das Kind immer zufriedenstellen kann. Hilflosigkeit und Enttäuschung schlagen leicht um in Wut auf das Kind:

»Oder das Kind hat gebrüllt und ich hab' gedacht: Ich könnt's jetzt aus dem Fenster schmeißen. Das hab' ich natürlich alles nicht getan. Aber gedacht hab' ich's. Manchmal ist meine Hilflosigkeit in Haß umgeschlagen. Dann habe ich Johanna, wenn sie gebrüllt hat, in ihr Bettchen geschmissen. Sie hat natürlich noch mehr geweint« (siehe Seite 140).

»Dann kamen Gedanken wie: Du schaffst das nicht, du wirst mit deinem Sohn nicht fertig. Manchmal hatte ich das Gefühl, der will mich ärgern. Der will mir was Böses. So eine gewisse Wut kam hoch. Wenn er drei oder vier Stunden am Stück gebrüllt hatte. Ich hatte auch nicht damit gerechnet, so schnell an meine Grenzen zu stoßen« (siehe Seite 50).

Zwischen Mutter und Kind besteht eine enge und unglaublich intensive Beziehung, auf deren Anforderungen Mütter oft nicht vorbereitet sind. Sie werden bedingungslos geliebt und bewundert, aber auch gnadenlos gebraucht, gefordert und bis an die Grenzen ausgelastet. Der enge Kontakt mit der Bedürftigkeit unserer Kinder rührt immer wieder auch an die eigenen kindlichen Bedürfnisse und

Ängste, die wir meist – wohlverborgen – in uns tragen. Gerade auf die eigenen Kinder reagieren wir oft nicht als gelassene vernünftige Erwachsene, sondern selbst wie Kinder. »Zwangsläufig werden wir genauso abhängig, wütend, aufsässig und unersättlich, verspüren also all jene Emotionen, die ein Kind erlebt. Wenn wir Kinder großziehen, kommen häufig die Dinge zum Vorschein, die wir selbst erst meistern, kontrollieren oder überwinden müssen, um unseren Kindern nicht weh zu tun«, konstatiert Jane Swigart, klinische Psychologin aus den USA.

»Das hat mich beinahe verrückt gemacht. Wissen Sie, man wird wahnsinnig, wenn man alles versucht und nichts funktioniert. Es gab Zeiten, da hätte ich die Kleine am liebsten umgebracht. Es gab Nächte, in denen ich sie fast erwürgt hätte, bloß um diesem schrecklichen Gewimmer ein Ende zu bereiten.« Das gestand mir Carola, eine Klientin. Im besten Fall gelingt es Müttern an solchen Punkten, einzusehen, daß ein Baby oder Kleinkind, egal wie nervtötend der Quälgeist sein mag, nicht der angemessene Partner für Wutanfälle ist. Im schlimmsten Fall wird in solchen Momenten die ohnehin unscharfe Grenze zur Kindesmißhandlung überschritten. Carola schützte sich und ihr Kind vor ihrem Zorn, indem sie sich eine große Babypuppe besorgte. Die hat sie regelrecht verdroschen, wenn ihre kleine Tochter sie weder duschen, noch sich anziehen oder in Ruhe frühstücken ließ. Eine andere Mutter fand eine ähnliche Lösung: »Wenn ich nachts gemerkt habe, sie schreit und ich werde so sauer, daß ich in ein Stück Holz beißen könnte, dann bin ich ins Wohnzimmer gegangen und habe auf mein Sofa eingeprügelt. Danach konnte ich wieder hingehen und sie hochnehmen« (siehe Seite 168).

Mütter sind gerade in den ersten Jahren oft zugleich überfordert und selbst emotional (häufig auch materiell) unterversorgt. Die ständige praktische Fürsorge, das Sich-Einfühlen und Kümmern, erschöpfen Körper und Seele. »Emotionale Deprivation« nennen Psychologen diesen Zustand und sehen darin eine Ursache »für Depressionen, Zorn und Schuldgefühle (Wer wird denn wütend sein auf einen hilflosen Säugling, der einen braucht!) und für das Gefühl der Wertlosigkeit, das daher kommt, daß unsere Kultur die Mühen des Kinderaufziehens eindeutig sehr gering bewertet.« (Jane Swigart). In diesem Spannungsfeld zwischen hohen Ansprüchen an die »ideale Mutter« einerseits und mangelnder praktische Unterstützung, fehlender materieller Entlohnung und niedrigem gesellschaftlichem Ansehen andererseits sind Mütter prädestinierte Opfer dessen, was man in »richtigen« Berufen schon längst als »Inneres Ausbrennen« (Burn-out) erkannt hat. »Ausgebrannte« Manager erwekken Mitleid und werden in Spezialkursen wieder hochgepäppelt. Mütter, denen in derselben Belastungssituation bei ihren Kindern die Sicherungen durchbrennen, werden als »Rabenmütter« angeprangert.

Meine gegen Aggressionen gefeite Freundin Barbara klingelte kürzlich Sturm: »Ich halt's zu Hause nicht mehr aus. Daniel kommt jetzt überall dran, und er macht mich verrückt. Kaum hab' ich irgendwas weggeräumt, zerrt er es wieder raus. Macht ihm einen Mordsspaß, aber ich könnte platzen. Jetzt weiß ich, was Du damals meintest mit der Wut.«

Daniel ist inzwischen zwei Monate älter und kommt Mami allmählich in die Quere. Denn Mütter sind in den verschiedenen Entwicklungsphasen ihrer Kinder unterschiedlich aggressionsanfällig: Die einen gehen problemlos auf im innigen Verbundensein mit dem Baby, das ganz auf sie angewiesen ist, werden aber unberechenbar, wenn das Zweijährige lautstark auf dem eigenen Willen besteht, Mama anspuckt, im nächsten Moment aber wieder auf den Schoß möchte. Andere fühlen sich gerade von den kleinen abhängigen Säuglingen gepeinigt, die dauernd etwas brauchen, verstehen sich aber prächtig mit den neugierigen Drei- bis Vierjährigen, die eifrig beginnen, die Welt zu erkunden.

Wenn es in der Mutter-Kind-Beziehung knallt, erwischt es uns meist da, wo wir selbst von unseren Müttern drangsaliert wurden. Viele eigentlich überaus geduldige Mütter können erstaunlich erbarmungslos reagieren, wenn der süße Sprößling die Beschaffenheit

seiner Mahlzeit genüßlich mit den Fingern untersuchen will.
(»Wenn ich sah, wie mein Sohn mit seinem Essen herumspielte
und es sich in die Haare schmierte, hätte ich ihn am liebsten erwürgt«, beschreibt eine Mutter ihre Gefühle.) Plötzlich wird mit
harter Stimme geschimpft und mit nassem, kaltem Lappen un-
wirsch im Gesicht des Babies herumgeputzt. Wer wird da zur Fu-
rie? Mütter, die früher selber »alles ordentlich aufessen« mußten
und »niemals mit Essen herumspielen« durften. Für diesen wie für
viele andere Konflikte gilt: Wir neigen nicht nur dazu, uns so zu
verhalten, wie sich unsere Eltern verhalten haben, wir empfinden
auch oft unseren Kindern gegenüber das, was unsere Eltern in diesem Stadium uns gegenüber empfunden haben. Das bestätigen
auch die Erfahrungen des Kinderschutzbundes: Kinder, deren Eltern als Kind selber geschlagen oder anders mißhandelt wurden,
sind besonders gefährdet, der Aggression ihrer Eltern zum Opfer
zu fallen.

Was können Sie tun, wenn Sie »zum aggressiven Monster« werden
oder wenn Sie Ihre Kinder als Monster erleben?

1. Vorbeugende Maßnahmen
   Überprüfen Sie Ihre eigenen Ansprüche ans Muttersein. Sortie-
ren Sie überflüssige Idealvorstellungen von der »guten Mutter«
aus. Es reicht, als Mutter »gut genug« zu sein. Ideale Mütter, die
ihre Kinder rund um die Uhr immer nur lieben, gibt es nicht. Unrealistische Erwartungen führen zu Schuldgefühlen und unter-
schwelliger Aggression.

Werden Sie sich über Ihre eigenen Wünsche und Grenzen klar und
trauen Sie sich, den Kindern deutliche Grenzen zu setzen – bevor
Sie ausrasten. Kinder versuchen andauernd, Grenzen auszutesten.
Das Bedürfnis eines Kindes zu wissen, wie seine Eltern wirklich
sind – welche Verhaltensweisen sie tolerieren, was sie nicht aussste-
hen können und wo die Grenzen der eigenen Macht verlaufen – ist

(nach Ansicht des Kinderpsychiaters Dr. Henry Massie) so groß wie das Bedürfnis nach Luft, Nahrung und Wasser.

Seien Sie egoistisch. Leben Sie nicht nur für die Bedürfnisse der lieben Kleinen. Bewahren Sie Ihre eigenen Interessen und setzen Sie sie auch durch. Sorgen Sie für genug Freiräume, in denen Sie auftanken können.

Lernen Sie, eigene Ziele und Pläne auch aufgeben zu können, ohne es den Kindern heimzuzahlen. Kinder sind »Ego-Brecher«. Sie erleben sich selbst anfangs natürlicherweise als Mittelpunkt der Welt. Und sie sind dadurch eine harte Konkurrenz für alle (Mütter/Erwachsenen), die diese Haltung selbst nie aufgegeben haben. (Kinder erfordern auch Altruismus, innere Flexibilität und die Fähigkeit, loslassen zu können.)

Teilen Sie mit den Kindern nicht nur den Streß, sondern auch den Spaß. Lieber eine dicke Staubschicht auf den Möbeln als dicke Luft mit den Kindern. Nehmen Sie sich Zeit für Spiele und Unternehmungen, die Sie mit den Kindern zusammen genießen können.

Versuchen Sie herauszufinden, worum es eigentlich geht. Kinder, die ihre Eltern immer wieder aggressiv machen, fühlen sich oft emotional vernachlässigt und finden kein anderes Mittel, auf sich aufmerksam zu machen. Dabei geht es ihnen bei aller Provokation oft vor allem darum, gesehen und beachtet zu werden. Nach dem Motto: »Besser angeschrien als übersehen werden. Besser Zoff als gar kein Kontakt.«

Nehmen Sie Abschied von falschen Wunschvorstellungen. Versuchen Sie wahrzunehmen, wie Ihr Kind wirklich ist. Wenn Sie immer von einer zarten Elfe geträumt haben, die sich als Ballerina prima machen würde, hat Ihre kräftige, vitale Tochter gute Aussichten, als »Trampel« Ihren Ärger auf sich zu ziehen. Nicht, weil sie so ist, wie sie ist, sondern weil sie nicht so ist, wie Sie sie haben wollen. Die Verantwortung für eine Lösung liegt dann bei Ihnen: Indem Sie das Wesen Ihres Kindes erkennen und anerkennen, nicht, indem Ihr Kind sich Ihren Wünschen anpaßt.

Machen Sie sich klar, daß Kinder keine Erwachsenen sind. Wir sind geneigt, auf Zornesausbrüche von Kindern so zu reagieren, als kämen sie von einem Erwachsenen. Aber das mit blitzenden Augen hervorgebrachte »Hau ab, Du Blöde« eines Vierjährigen mag uns zwar verletzen, hat jedoch eine ganz andere Qualität als bei einem Großen. Kleine Kinder können keine ambivalenten Gefühle ertragen. Sie fühlen sozusagen schwarz oder weiß in schnellem Wechsel: Entweder Mami ist ganz toll oder ganz scheußlich. Genauso kraß drücken sie das aus, genauso schnell haben sie ihren Groll wieder vergessen.

Überlegen Sie, wo in Ihrem Leben (Partnerschaft, Familie, Arbeit, soziale Situation, Vergangenheit) eventuell ungelöste Konflikte schwelen, die sich ersatzweise an Ihren Kindern entzünden. Wagen Sie mehr Konfliktbereitschaft und Aggression in diesen Bereichen – das kann die Beziehung zu Ihren Kindern wesentlich entspannen.

2. Wenn die Wut in Ihnen hochkocht:
Sorgen Sie möglichst für eine Unterbrechung der Situation und für (räumlichen) Abstand, bevor die Situation eskaliert. Es kann schon helfen, Ihr Kind rauszuschicken oder selbst in ein anderes Zimmer zu gehen. Mal reicht es, tief durchzuatmen und einfach einen Moment Ruhe zu haben, mal hilft es, die Wut abzureagieren (laut schreien, Kissen verprügeln, Sofa treten usw.).

Wenn Ihr Kind Ihnen gerade besonders auf die Nerven geht, überlegen Sie, wer Ihnen helfen könnte. Kann Ihr Partner, eine Freundin, Nachbarin oder Verwandte das Kind eine Weile beaufsichtigen? Können Sie gemeinsam mit dem Kind eine Freundin oder eine andere Mutter aufsuchen und dort erst mal Dampf ablassen? Es kann wunderbar entlasten, zusammen mit einer anderen Mutter ungehemmt über die Brut zu schimpfen (Kinder möglichst außer Hörweite!).

Sorgen Sie längerfristig für Entlastung und Unterstützung, spannen Sie den Vater mit ein und fordern überhaupt mehr Hilfe. Zu besonders »kritischen Zeiten«, in denen Sie erfahrungsgemäß Ihr Kind einfach nicht ausstehen können (nachts, frühmorgens, spätnachmittags...) sollten Sie seine Versorgung möglichst anderen überlassen. Kinder sind oft besser bei anderen liebevollen Bezugspersonen aufgehoben als bei ihrer überlasteten und gereizten Mutter (Babysitter, Tagesmutter, Krabbelgruppe, Kindergarten...).

Wenn Sie das Gefühl haben, zu weit gegangen zu sein, Ihr Kind ernstlich verletzt oder verstört zu haben (Kinder können Blicke oder Sätze ähnlich »schneidend« erleben wie körperliche Grausamkeit) machen Sie den Schritt, sich bei Ihrem Kind zu entschuldigen. Erklären Sie, wie es dazu kam. Machen Sie ihm klar, daß Sie ihm eigentlich nicht (seelisch oder körperlich) weh tun wollen. Für Kinder ist es wichtig, daß ihre Grenzen wieder »restauriert« werden, und daß »alles wieder gut werden kann«. (Diese Sicherheit brauchen sie für den Umgang mit ihren eigenen aggressiven Impulsen.)

Wenn Sie oft außer Kontrolle geraten und aggressive Reaktionen auf Ihre Kinder sich häufen: Holen Sie sich kompetente Hilfe. Kinderschutzzentren und Erziehungsberatungsstellen gehen davon aus, daß Mütter, die ihre Kinder »mißhandeln«, nicht Strafe oder Ächtung, sondern dringend Hilfe und Unterstützung brauchen: »Nur wenn man den Müttern hilft, hilft man auch den Kindern.«

Dankeschön

Es gibt eine Reihe von Menschen, bei denen ich mich bedanken möchte, denn ohne ihre Unterstützung wäre dieses Buch nicht entstanden:

Bei meiner Lektorin Marita Heinz, die mir geholfen hat, diese Buchidee zu entwickeln und zu konkretisieren und die mir immer wieder Anregungen gegeben hat.

Bei den Frauen, die offen über ihre Empfindungen gesprochen und damit geholfen haben, den Zuckerguß, der so gerne über Schwangerschaft, Geburt und die erste Zeit mit dem Baby gegossen wird, durchsichtiger zu machen.

Bei meiner Therapeutin Helga Kreikenbaum, die mich durch die Täler begleitet hat, die sich im ersten Jahr nach Selmas Geburt aufgetan haben.

Bei meiner Geburtsvorbereiterin Sat Hari Kaur, die mir während des Schreibens immer wieder mit Tips und Anregungen weitergeholfen hat.

Bei Selmas Vater Ismail, der unsere Tochter an den vielen fürs Schreiben draufgegangenen Wochenenden mit unermüdlicher Geduld gehütet hat.

Bei unserer tollen Tagesmutter Birgit, die Selma auch außer der Reihe genommen hat, und bei der ich immer sicher wußte, daß Selma sich wohl fühlt und gerne dort ist.

Und natürlich bei meiner kleinen Tochter Selma, ohne die dieses Buch gar nicht hätte entstehen können.

Wichtige Adressen

Deutschland – alte Bundesländer

Deutsche Arbeitsgemeinschaft Selbsthilfegruppen e.V.
Friedrichstr. 28 – 35392 Gießen
(Die AG vermittelt Kontakte zu bestehenden Selbsthilfegruppen
und gibt Tips zu deren Gründung.)

Notmütterdienst e. V. – Sophienstr. 28
60487 Frankfurt am Main   Tel.: 0 69 / 77 66 11
(Vermittelt Ersatzmütter für die Zeit des Wochenbetts oder bei
Krankheit der Mutter)

Zentralstelle für Deutschland
La Leche Liga Deutschland – Postfach 65 00 96
81214 München
(Stillgruppenvermittlung und telefonische Stillberatung)

Arbeitsgemeinschaft freier Stillgruppen (AfS)
Rheingaustr. 14 – 56357 Welterod/Ts.
(Vermittelt Kontakte zu anderen Müttern)

Bund Deutscher Hebammen e.V. – Postfach 17 24
76050 Karlsruhe   Tel.: 07 21 / 2 64 97
(Vermittelt Adressen der Landesverbände, die wiederum Adressen
von Hebammen in den Bezirken weitergeben.)

Arbeitsgruppe für natürliche Geburt
Eppendorfer Weg 209
20259 Hamburg   Tel.: 0 40 / 4 20 36 36

Pro Familia
Gesellschaft für Sexualberatung und Familienplanung e.V.
Cronstettenstr. 30 – 60322 Frankfurt
(Niederlassungen: siehe örtliches Telefonbuch)

Geburtshaus für eine selbstbestimmte Geburt
Beratungsstelle für natürliche Geburt
Horstweg 8 – 14059 Berlin

Arbeitsgemeinschaft Tagesmütter
Bundesverb. für Eltern, Pflegeeltern und Tagesmütter e.V.
Bödekerstr. 85
30161 Hannover   Tel.: 0511/623302

Verband Alleinstehender Mütter und Väter e.V.
Von-Groote-Platz 20
53173 Bonn

Evangelische Konferenz für Familien- u. Lebensberatung e.V.
Matterhornstr. 84 – 14129 Berlin

Deutscher Kinderschutzbund e.V.
Schiffgraben 29
30159 Hannover   Tel.: 0511/304850

Deutschland – neue Bundesländer

Sämtliche Beratungs- und Anlaufstellen in den neuen Bundesländern befinden sich noch im Umbruch. Ein von Ex-DDR-Frauen
veröffentlichtes Handbuch hilft weiter:
Wegweiser für Frauen in den fünf neuen Bundesländern. Hrsg.:
Katrin Rohnstock, Frauenbuch bei Basisdruck, Berlin 1991

Österreich

Beratungsstelle für natürliche Geburt
Rosensteingasse 82 – A-1170 Wien

Mütterberatung Salzburg-Stadt
Anton-Neumayr-Platz – A-5020 Salzburg

Kontaktstelle der Aktion Leben für werdende Mütter und Väter in
Konfliktsituationen
Hellbrunner Straße 13 – A-5020 Salzburg

Eltern-Kind-Zentrum Neualm
Sikorastr. 20a – A-5400 Neualm

La Leche League Stillgruppen – La Leche Liga Österreich
Postfach – A-6500 Landeck

Schweiz

Verein zur Förderung vielfältiger Gebärmöglichkeiten
Nicole Christen
Brambergrain 3 – CH-6004 Luzern

Verein zur Förderung natürlicher Geburten
Informationsstelle für Schwangerschaft, Geburt und Stillzeit
Obmannamtsgasse 15 – CH-8001 Zürich

Interessengemeinschaft natürliche Geburt
c/o Ruth Grand
Goethestraße 20 – CH-9008 St. Gallen

Verein Nabelschnur
Obereggerstraße 28b – CH-9410 Heiden

Birgit Ebnöter
Weieren – CH-9523 Züberwangen

Ausgewählte Bücherliste

Ich habe – bewußt subjektiv – eine kleine Bücherauswahl getroffen, wobei mir drei Kriterien besonders wichtig waren:

1. Alles sind realistische Darstellungen ohne rosarote Brille.
2. Mütter werden nicht mit unerfüllbaren Normen oder Forderungen unter Druck gesetzt.
3. Alle Bücher lassen sich leicht lesen.

Belsky, Jay/John Kelly: Und dann waren wir plötzlich zu dritt. Wie das erste Kind die Beziehung verändert. Goldmann, München 1995

Brazelton, T. Berry/Bertrand G. Cramer: Die frühe Bindung. Die erste Beziehung zwischen dem Baby und seinen Eltern, Klett-Cotta, Stuttgart 1991

Brehmer, Gisela: Aus der Praxis einer Kinderärztin. rororo, Reinbek 1988

Bullinger, Hermann: Wenn Paare Eltern werden. rororo, Reinbek 1986

Chesler, Phyllis: Mutter werden. Die Geschichte einer Verwandlung. rororo, Reinbek 1980

Dörpinghaus, Eva: Mütter zwischen Familie und Beruf. Knaur, München 1994

Hilsberg, Regina: Schwangerschaft, Geburt und erstes Lebensjahr. rororo, Reinbek 1988

Hochschild, Arlie R./Anne Machung: Der 48-Stunden-Tag. Wege aus dem Dilemma berufstätiger Eltern. Knaur, München 1993

Kitzinger, Sheila: Das Erlebnis der Geburt. Kösel, München 1992

Kitzinger, Sheila: Hausgeburt. Kösel, München 1994

Kitzinger, Sheila: Schwangerschaft und Geburt. Das umfassende Handbuch für junge Eltern. Kösel, München 1992

Kitzinger, Sheila: Wenn mein Baby weint. Praktische Hilfen und Informationen für Eltern. Kösel, München 3. Aufl. 1993

La Leche League (Hrsg.): Handbuch für die stillenden Mütter, 1980 (zu beziehen über La Leche League, siehe S. 247)

Leyrer, Katja: Rabenmutter, na und? rororo, Reinbek 1986

Lothrop, Hannah: Das Stillbuch. Kösel, München 1982

Minker, Margaret: Hormone und Psyche. Im Wechselbad der Gefühle. Antje Kunstmann, München 1990

Mühlratzer, Eva/Dr. med. Wilhelm Horkel: Kaiserschnitt. Kösel, München 1990

Nacke, Kornelia/Jürgen P. Lipp (Hrsg.): Ambulante Geburt. Kösel, München 1988

Reim, Doris (Hrsg.): Frauen berichten vom Kinderkriegen. dtv, München 1984

Remy-Schwabenthan, Sabine/Vivian Weigert: Mutter und Kind. Mosaik, München 1990

Scarr, Sandra: Wenn Mütter arbeiten. Wie Kind und Beruf sich verbinden lassen. Beck'sche Reihe, München 1987

Sichtermann, Barbara: Leben mit einem Neugeborenen. Ein Buch über das erste halbe Jahr. Fischer, Frankfurt 17. Aufl. 1994

Swigart, Jane: Von wegen Rabenmutter. Die harte Realität der Mutterliebe. Knaur, München 1993

Weigert, Vivian: Geburt. Bereit für das Baby. Mosaik Verlag, München 1994

Windsor-Oettel, Veronika: Angst und Selbstwert von Frauen vor und nach der Entbindung in Abhängigkeit von der Entbindungsform. Peter Lag, Frankfurt 1992

Mosaik-Bücher helfen weiter!

GOLDMANN

Mann, Frau, Kind –
Probleme in der Familie

Dennis Danziger, Die Kunst,
ein guter Vater zu werden   12301

Barbara Franck,
Mütter und Söhne   11420

Barbara Franck, Ich schau in den
Spiegel und sehe meine Mutter 11416

Libby Purves, Die Kunst, (k)eine
perfekte Mutter zu sein   11500

Goldmann · Der Taschenbuch-Verlag